사회적 **기업**의 **활성화** 요인

거버넌스적 시각을 바탕으로

KSI 한국학술정보(주)

사회적 기업의 활성화 요인

요인

강병준 지음

거버넌스적 시각을 바탕으로

KSI 한국학술정보(주)

책머리에

사회적 기업(Social Enterprise)은 최근 더 이상 국가와 시장이 해결할 수 없는 경제위기와 사회적 양극화 해소를 위한 대안으로 떠오르고 있다. 사회적 기업이 활성화되기 위해서는 정부와 기업, 시민사회가 상호작용하는 거버넌스(Governance)가 전제되어야 한다. 그러나 한국사회에서 사회적 기업에 대한 인식은 저조한 편이고, 선행연구 또한 이론적·선험적 연구에만 집중되어 있을 뿐 사회적 기업에 대한 실증적 연구는 부족한 편이다. 따라서 본서에서는 거버넌스적 시각에서 한국사회에 적합하고 지속 가능한 정부와 기업 그리고 시민사회가 상호작용하는 거버넌스 체제하에서 사회적 기업의 활성화 요인을 실증연구를 통해 밝혀내는 것을 목적으로 한다.

이러한 연구목적을 달성하기 위해 사회적 기업과 거버넌스에 대한 이론적 논의를 전개하여 사회적 기업의 활성화 요인을 도출하였다. 또한 주요 국가의 사회적 기업 현황과 한국의 사회적 기업 현황을 논의하여 한국의 사회적 기업에 대한 문제점을 밝혀내고자 하였다. 그리고 이론적 논의를 통해 도출한 사회적 기업 활성화 요인에 따라 설문조사와 심층 인터뷰 조사를 실시하여 실증 분석을 하였으며, 실증 분석결과를 통해 사회적 기업 활성화 요인에 대한 가설을 검증하고 연구의 함의를 제시하였다.

본서에서는 통합적 연구방법을 사용하여 사회적 기업의 이해관계 자들을 대상으로 설문조사와 심층 인터뷰 조사를 병행 실시하였다. 설문조사는 직접 방문조사, 우편조사, 인터넷 설문조사, 전화조사 등을 통하여 주로 서울·강원권과 경인권을 대상으로 실시하였고, 사회적 기업가 아카데미가 실시되는 서울·강원권, 경인권, 대전·충청권, 광주·전라권, 제주권 등 전국을 대상으로 설문조사를 실시하였다. 설문조사지는 오프라인과 온라인을 통해 총 500부가 배포되었고, 수거된 설문지는 320부이며, 최종적으로 분석에 사용한 설문지는 총 298부이다. 또한 인터뷰 조사는 사회적 기업가, 예비 사회적 기업가, 사회적 기업 지원기관 근무자, 사회적 기업 관련 공무원 등을 대상으로 총 18명에게 실시되었다. 사회적 기업의 이해관계자 대상 설문조사와 심층 인터뷰 조사의 결과는 다음과 같다.

첫째, 각 변수에 대한 응답을 분석한 결과 종속변수인 전반적인 사회적 기업 활성화에 대한 인식은 평균값이 2.56으로 다소 부정적인 것으로 나타났다. 또한 사회적 기업의 효과라 할 수 있는 사회서비스 제공은 평균값이 3.17로 나타나 다소 긍정적인 응답을 하였고, 고용창출도 평균값이 3.42로 다소 긍정적인 응답을 하였다. 독립변수인 정부 부문에서는 사회적 기업에 대한 법적 지원이 평균 2.93으로 다소 부정적으로 나타났고, 제도적 지원도 평균값이 2.72로 부정적으로 나타났다. 전자정부서비스 역시 평균값이 2.65로 부정적인 응답이 많았다. 다음 시민사회 부문에서는 사회적 기업에 대한 신뢰가 평균 3.79로 나타나 다소 긍정적으로 인식하고 있었고, 착한 소비의 경우도 평균 3.76으로 긍정적으로 인식하고 있었다. 소통에 대한 응답 역시 평균 3.40으로 긍정적으로 인식하고 있었다. 기업 부문에서 기업윤리는 평균값이 2.67로 부정적인 인식을 나타내었다. 또한 협력·네트워크도 평균값이 2.65로 부정적인 인식을 나타내었고, 조직관리 역시 평균값이 2.95로 다소 부정적인 응답을 하였다. 심층 인터뷰 조사결과에서도 설문조사와 유사한 결과가 나타났다.

둘째, 전반적인 사회적 기업 활성화에 대한 독립변수들의 영향관계를 밝혀내기 위해 다중회귀분석을 실시하였다. 분석결과 총 9개 독립변수 중에서 6개 변수가 통계적으로 유의미한 결과를 나타내었다. 유의미한 독립변수는 법적 지원, 전자정부서비스, 신뢰, 기업윤리, 협력·네트워크, 조직관리 등이 통계적으로 유의미하였다. 반면, 제도적 지원, 착한 소비, 소통은 유의미한 결과가 나타나지 않았다.

셋째, 사회적 기업의 효과분석을 위한 경로 분석에서는 전반적인 사회적 기업 활성화를 매개변수로 하고, 사회서비스 제공과 고용창출을 종속변수로 하여 분석을 실시하였다. 분석결과 사회서비스 제공에 대한 직접효과는 제도적 지원, 신뢰, 조직관리가 통계적으로 유의미하였고, 간접효과는 법적 지원, 전자정부서비스, 신뢰, 기업윤리, 협력·네트워크, 조직관리가 통계적으로 유의미하였다. 고용창출에서는 직접효과로서 법적 지원, 착한 소비, 조직관리 변수가 통계적으로 유의미한 결과를 나타내었다.

이러한 분석결과를 바탕으로 본서에서는 거버넌스 체계에서 사회적 기업을 활성화하기 위해 다음과 같은 정책 제언을 하였다.

첫째, 사회적 기업에 대한 신뢰를 제고하기 위해서는 정부의 홍보도 중요하지만, 미디어 특히 인터넷과 같은 온라인 매체 등을 활용한 다양한 홍보를 통해 사회적 기업에 대한 신뢰의 수준을 높여야 한다.

둘째, 사회적 기업 육성법의 지속적인 정비가 이루어지도록 해야

하며, 지방자치법이나 지방세법 등 다른 법령과 상호 모순이나 충돌
이 일어나지 않고 유기적인 관계를 갖추도록 노력해야 한다.

셋째, 사회적 기업 업무가 전자정부서비스로 연동될 수 있는 시스
템 개발을 위해 노력해야 하며, 정부는 물론, 사회적 기업 지원기관,
사회적 기업 모두가 전자정부시스템 내에서 업무 처리가 가능하도
록 해야 할 것이다.

넷째, 기업윤리가 사회 전반에 확산될 수 있도록 지속적으로 사회
공헌 활동을 하는 기업들에 대해서 세제혜택이나 우수기업 선정 등
다양한 인센티브를 제공하여 기업윤리가 사회 전반에 확산되도록
유도해야 한다.

다섯째, 사회적 기업과 일반 기업이 연계될 수 있도록 다양한 지
원책을 마련해야 한다.

여섯째, 사회적 기업 스스로도 정부와 기업의 지원만이 아닌 조직
내부의 역량 개발에 힘써야 한다. 이를 위해서는 사회적 기업가의
역할이 중요시되므로 사회적 기업가를 양성하기 위한 체계적인 교
육 훈련 시스템을 개발해야 한다.

일곱째, 정부의 많은 예산이 지원되는 만큼 사회적 기업에 대한
적정한 수준에서의 관리가 필요하다.

본서에서는 그동안 사회적 기업의 연구가 이론적 · 선험적 연구에
만 한정되었던 것에서 벗어나 거버넌스적 시각에서 실증연구를 통
하여 사회적 기업 활성화에 대한 요인들을 밝혀내었다는 데 연구의
가장 큰 의의가 있다.

강병준 씀

content

제1장 서론

제1절 문제의 제기 및 연구의 목적

최근 세계적으로 계속되는 경제위기는 세계 여러 국가들을 국가위기 상태로 내몰고 있다. 연쇄적으로 국가적 위기를 겪는 나라들은 정부재정 축소나 국제금융기구의 도움, 다른 국가들과 연대 등 국가적 위기를 극복하기 위한 다양한 해결책을 모색하면서 '사회'에 대한 관심으로 이어지고 있다(Reich, 2007: 9). 여전히 신자유주의적 경제체제를 채택하고 있는 많은 국가들은 시장경제체제를 신봉하고 있으며, 시장은 애덤 스미스가 말한 '보이지 않는 손'에 의해 합리적인 질서를 유지할 것이라고 굳게 믿고 있다. 즉, 시장이 알아서 가장 효율적이고 공정한 결과를 이끌어 낼 것이라 생각한다(Chang, 2009: 12).

그러나 오늘날 신자유주의적 시장경제체제는 세계 도처에서 큰 위기에 직면해 있고, 오래전 칼 폴라니가 그의 저서『거대한 전환』에서 "시장 스스로의 조정으로 재화의 생산과 분배의 질서를 유지하는 '자기조정 시장경제'는 도달할 수 없는 적나라한 유토피아(Polanyi, 1944: 152)"라고 지적한 것을 다시금 생각하지 않을 수 없게 되었다.

폴라니가 제시하는 해결책은 단순히 시장경제를 없애거나 국가의 적절한 개입으로 규제하는 것이 아니다. 즉, '사회'라는 하나의 실체를 통해 '시장'이 사회를 지배하는 것이 아니라 '사회'가 시장을 통제해야 한다는 것이다. 폴라니의 이러한 주장은 시장경제체제의 위기 해결을 시장이나 국가 혹은 정부가 아닌 제3의 길에서 해결해야 한다는 앤서니 기든스의 주장과 맞닿아 있다. 기든스(1998: 125)의 제3의 길은 신혼합경제(New Mixed Economy)를 옹호하는 것으로,

공공 부문과 민간 부문 사이의 상승효과를 추구하며, 공익을 염두에
두고 시장의 역동성을 이용하는 것이라고 주장한다. 기든스의 이러
한 주장은 현재 세계적으로 지속되는 경제위기와 사회적 양극화에
대처할 수 있는 지금까지와는 다른 문제해결 방식의 실마리를 던져
주고 있다. 이러한 측면에서 더 이상 국가와 시장이 해결할 수 없는
경제위기와 사회적 양극화 해소를 위해 대안으로 떠오르고 있는 것
이 바로 사회적 기업(Social Enterprise)이다.

최근 학계와 실무에서는 공익성과 영리성을 추구하는 사회적 기
업에 대한 논의가 시작되고 있다. 사회적 기업은 일반적으로 취약계
층의 일자리 창출과 사회적 목적을 추구하면서 기업활동을 수행하
는 조직이다. 우리나라에서는 재활용과 공정무역을 하는 '아름다운
가게'와 간병서비스를 제공하는 '다솜이 재단'이 성공한 사례로 소
개되고 있다. 국제적으로 많은 주목을 받고 있는 사회적 기업의 사
례는 요구르트 회사인 '그라민 – 다농 컴퍼니'와 가전제품을 재활용
하는 프랑스의 '앙비', 잡지 출판 · 판매로 노숙자의 재활을 지원하
는 영국의 '빅이슈' 등이 있다.

사회적 기업에 대한 용어가 처음 나타난 것은 1980년대 이탈리아
이고, 본격적으로 사회적 기업이란 용어가 사용된 것은 1990년대 중
반 유럽이었다. 유럽과 미국을 비롯한 선진국에서 주로 논의되었던
사회적 기업에 대한 관심이 우리 사회로 옮겨진 가장 큰 이유는
IMF 경제위기의 영향이 크다고 할 수 있다. IMF 경제위기는 노동시
장의 유연화로 인한 비정규직의 양산과 실업문제를 가져왔고, 이로
인해 다양한 사회적 양극화를 초래하게 되었다. 또한 계속되는 글로
벌 경제위기의 여파는 서구사회는 물론이고 한국사회에도 적지 않

은 사회적 부담을 가중시키면서 일자리 창출과 사회서비스 제공이라는 사회적 문제 해결의 대안으로 사회적 기업에 대한 관심이 집중되는 것이다.

유럽과 미국을 비롯한 서구사회에서 사회적 기업에 대한 정의는 기업의 영리 추구와 공익의 달성이라는 목적에서 시작되었다는 것이 많은 학자들의 일반적인 견해이다. 그러나 국제기구와 여러 학자들의 개념 정의는 사회적 기업을 어떠한 시각에서 바라보느냐에 따라 다양한 정의를 내리면서 사회적 기업에 대한 개념이 확고히 정립되지 못하고 있고 한국의 상황도 이와 크게 다르지 않다. 이러한 결과는 사회적 기업에 관한 시민들의 인식에서도 나타나는데, 사회적 기업의 인식에 관련한 설문조사에서 '사회적 기업이 무슨 일을 하고 있는지 알고 있었다'라는 응답이 16.5%로 나타나 시민들은 전반적으로 사회적 기업에 대해 잘 모르고 있다(사회적기업연구원, 2008).[1]

사회적 기업의 불명확한 개념 정의와 유형 분류는 사회적 기업을 활성화하기 위한 정부정책에도 혼선을 가져올 수 있다. 또한 이러한 상황은 여러 부처에 걸쳐 업무가 중복되거나 예산이 낭비되는 등 정부가 추진하는 사회적 기업 육성 정책에도 적지 않은 문제를 일으킬 수 있다. 결국 사회적 기업이 추구하는 본연의 목적과 지향점에서 멀어지게 되는 결과를 초래할 수 있다. 이러한 문제를 극복하기 위해서는 무엇보다 사회적 기업에 대한 보다 명확한 개념 정립과 유형화가

---

1) 사회적기업연구원은 2008년 9월부터 10월까지 우리나라에 도입된 사회적 기업에 대한 인지도를 알아보기 위해 전국(제주 제외)의 19세 이상 남녀 1,509명을 대상으로 설문지를 통해 개별 면접조사를 실시했다. 조사결과 사회적 기업에 대한 전반적인 인식은 '비인지 = 56.2%', '이름만 들어 봤다 = 27.4%', '무슨 일을 하는지 알고 있었다 = 16.5%)'로 나타났다.

필요하다. 이러한 측면에서 임혁백 외(2007)는 제3의 대안으로 시민사회, 기업, 국가가 혼합통치를 추구하는 복지 거버넌스(Governance)를 주장한다.

임혁백 외(2007: 8)에 따르면 새로운 복지 거버넌스는 사회적 기업, 민간기업, 국가가 공동으로 협력적으로 통치하는 것으로, 사회적 기업이 국가와 민간기업, 지방정부와 협력하여 공익성과 수익성을 조화롭게 추구하여 지속 가능한 사업모델을 만들어 낸다면 시장만능주의 신자유주의와 비효율적인 국가주의 문제를 돌파할 수 있는 제3의 길을 발견할 수 있을 것이라고 주장한다. 그리고 한국은 2010년 발표한 UN의 전자정부 평가에서 전자정부발전지수와 온라인참여지수에서 1위를 차지하였고, UN 전자정부 글로벌 대상을 수상하는 등 선도적인 전자정부를 구축하고 있다. 즉, 정보통신기술의 발전과 사회 변화로 인하여 학문 간의 경계가 점차 허물어져 통합되고(Wilson, 1998), 온라인과 오프라인의 붕괴(Pew Internet, 2008), 공사영역의 붕괴(Denhardt & Denhardt, 2007) 등 정책 환경의 변화는 사회적 기업이 갖는 협력, 영리성, 공익성, 호혜성, 공동체주의, 네트워크 같은 특징과 부합하여 장기적으로 정보통신기술이 발전한 한국 사회에서 거버넌스의 성공적인 구축에 도움을 줄 수 있을 것이다. 정보화와 신자유주의의 확산으로 국가 중심의 통치 능력이 약화되는 상황에서 나타난 거버넌스 이론은 사회적 기업을 설명하는 데 유용한 시사점을 제시할 수 있을 것이다. 거버넌스에는 공공, 민간, 비정부조직 간의 자기 조직적 네트워크(Self-Organizing Network) 개념이 포함된다. 또한 거버넌스의 핵심은 사회체계의 대등한 관계에서의 조정을 전제로 하고, 공동체 운영의 새로운 체제, 제도, 메커니즘 및 운영방식을 다루는 것으로, 정부와 기업, 시민사회가 과거와는 전혀 다른 양상으로 변화하여 각 주체가 협력적으로 국정 운영을 하는 것이다(Pierre, 2000; Newman et al., 2004; Ansell & Gash, 2008; 김혁, 2010).

그동안 사회적 기업은 제3섹터, 커뮤니티 비즈니스, 기업의 사회적 책임, 사회적 경제, 사회적 서비스, 사회적 일자리 제공 등 여러 개념이 중복 또는 혼용되어 사용되어 왔고, 사회적 기업의 유형화도 특정한 기준과 목적 없이 이루어져 사회적 기업에 대해 혼란을 가중시켜 왔다고 볼 수 있다. 향후 우리 사회가 지속적인 사회적 기업의 발전과 성장을 이룩하고 한국형 사회적 기업의 정착을 위해서는 선행연구에서 다루었던 사회적 기업에 대한 논의를 통합적인 시각에서 개념을 재정립하고 유형화하여 거버넌스형 사회적 기업을 정착시키는 것이 필요한 시점이다.

지금까지 사회적 기업에 관련하여 국내외에서 여러 연구가 진행되어 왔다. 초창기에는 사회적 기업의 소개와 다른 국가와의 비교 연구가 주류를 이루었다. 우리나라에서 2007년 「사회적 기업 육성법」이 제정되면서부터는 사회적 기업 활성화를 위한 중장기적인 정책방향에 관한 질적 연구와 사회적 기업의 현황과 실태에 관한 연구들이 대부분을 차지하고 있는 실정이다. 또한 아직까지도 사회적 기업의 조직적 특성으로 사회적 기업의 정체성에 대한 연구들이 진행되었다. 물론 이러한 연구와 다른 선행연구들은 사회적 기업을 국내에 소개하고 발전시키는 데 많은 기여를 하였고 사회적 기업에 대한 관심을 고조시키는 데 큰 역할을 하였다. 그러나 선진국의 개념을 우리 사회에 소개하고 정부 중심의 집중적인 사회적 기업 육성 정책에서 가져오는 일정한 한계를 지닐 수밖에 없었다.

한국의 경우 정부 주도로 「사회적 기업 육성법」이 2007년 제정되면서 3년이 지난 2010년 8월 현재 391개의 사회적 기업이 정부의 인증을 받아 활동하고 있다. 정부의 주된 정책 방향은 사회적 기업의 양적 성장에 초점이 맞추어져 있고 2012년까지 사회적 기업을 1천 개를 육성하여 5만 개의 일자리를 창출하는 것이 목표이다(고용노동부, 2010). 그러나 1세대 사회적 기업들은 재정난으로 인증을 반납하거나 폐업신고를 하는 등 정부 주도의 고용 초점 지원 방식에 문제를 나타내고 있다(조선일보, 2010년 6월 23일). 따라서 현시점에서 정부가 중점적으로 추진하는 사회적 기업의 활성화와 향후 지속 가능한 사회적 기업의 활동을 위해서는 지금까지의 사회적 기업 정책과 활동 중인 사회적 기업에 대한 평가가 필요한 시점이다. 그러나 현재까지의 선행연구들은 사회적 기업의 소개와 국가 간 비교 연구, 사회적 기업의 육성정책 등 기술적 연구나 사례연구가 주류를 이루고 있을 뿐 사회적 기업 활성화 요인에 대한 실증적인 연구는 이루어지지 않고 있다.

따라서 본서에서는 거버넌스적 시각에서 최근 논의되는 사회적 기업에 대한 개념을 명확히 정립하고, 향후 한국사회에 적합하고 지속 가능한 정부와 기업 그리고 시민사회가 상호작용하는 거버넌스 체제하에서 사회적 기업의 활성화 요인을 실증연구를 통해 밝혀내는 것을 목적으로 한다. 이를 위해 우선 문헌 연구를 통해 사회적 기업과 거버넌스에 대한 이론적 논의를 전개하고, 사회적 기업 활성화 요인에 대한 변수들을 추출할 것이다. 둘째, 한국의 사회적 기업에 대한 현황과 주요국의 사회적 기업 현황 분석을 통해 한국 사회적 기업의 문제점을 도출해 낼 것이다. 셋째, 이론적 논의로 추출된 사회적 기업 활성화 요인들을 통해 연구가설을 설정하고, 사회적 기업의 이해관계자들을 대상으로 설문조사를 실시하여 사회적 기업 활성화 요인에 대한 영향 관계를 파악할 것이다. 마지막으로 분석결과를 바탕으로 거버넌스 구축을 통한 사회적 기업 활성화 요인의 정책적 함의를 도출할 것이다.

본서에서는 이론적인 측면과 실제적인 측면에서 연구의 성과를 기대할 수 있을 것이다. 먼저 이론적인 측면에서는 현재 사회적 기업에 대한 논의가 활발함에도 불구하고 명확한 개념 정의가 이루어져 있지 않은 상태이다. 이에 따라 본서에서는 이론적 논의를 통해 사회적 기업의 개념을 명확히 규정하여 사회적 기업이 실제적인 조직으로 자리매김하도록 할 것이다. 또한 거버넌스와 사회적 기업의 관계에 대한 이론적 논의를 통해 거버넌스 체계에서 사회적 기업의 위치와 사회적 기업의 역할을 규명함으로써 거버넌스와 사회적 기업 간의 이론적 연결고리를 제공할 것이다. 실제적인 측면에서는 사회적 기업 활성화 요인을 분석함으로써 사회적 기업이 정부의 단순한 고용창출과 사회서비스 제공 수단이 아니라 정부와 기업, 그리고 시민사회가 네트워크를 형성하는 거버넌스 체계에서 실체적 조직이라는 것을 설명할 것이다. 또한 연구를 통하여 정부의 사회적 기업 정책의 영속성을 담보함으로써 성공적인 정책사례로 남을 수 있도록 하는 데 기여할 수 있을 것이다.

제2절 연구의 범위와 방법

현재 한국의 공식적인 사회적 기업의 역사는 3년여에 지나지 않는다. 2007년에 제정된 「사회적 기업 육성법」에 따라 2010년 8월 현재 고용노동부에 의해 인증을 받은 319개 사회적 기업들이 운영되고 있다. 한국의 사회적 기업 육성 정책은 현재 정부 주도적이라는 비판과 함께 사회적 기업의 자립이라는 난제에 둘러싸여 있다. 사회적 기업의 개념적 특성인 공익성과 영리성 추구는 시장에서 사회적 기업의 자립에 대한 어려움을 가중시키고 있고, 사회적 기업 육성을 위한 정부정책의 수립과 추진에도 어려움을 가중시키고 있다. 사회적 기업의 활성화를 위해서는 정부 주도의 육성 정책이나 사회적 기업 스스로의 노력만으로는 어려운 측면이 있다. 즉, 사회적 기업 활성화를 위해서는 정부와 기업 그리고 시민사회가 협력하고 네트워크를 구축하는 거버넌스적 시각에서 접근하는 것이 필요하다. 따라서 본서의 목적은 거버넌스 구축을 통해 정부와 기업, 시민사회가 상호작용하는 사회적 기업 활성화의 영향요인을 실증적으로 밝혀내는 것이다. 이러한 연구목적에 따라 연구의 대상과 연구의 방법을 제시하면 다음과 같다.

첫째, 본서의 연구 대상은 사회적 기업가, 예비 사회적 기업가, 사회적 기업 종사자, 사회적 기업 지원기관 근무자, 사회적 기업 관련 공무원, 사회활동가, 일반 시민 등과 같은 사회적 기업의 이해관계자들이다. 여기에서 일반 시민은 사회적 기업에 대해 잘 알고 있는 특정 시민들을 대상으로 한다. 사회적 기업의 이해관계자들을 대상으로 하는 이유는 사회적 기업의 이해관계자들이 사회적 기업 정책의 직접적인 대상자인 동시에 수혜자이기 때문이다. 또한 사회적 기업의 이해관계자들은 사회적 기업에 직접 참여하기고 하고 사회적 기업 제품이나 서비스를 이용하기도 한다. 표본 추출에 있어서 모집단은 전국의 사회적 기업의 이해관계자들을 대상으로 해야 하나 시간적·경제적 이유로 주로 서울·강원권과 경인권에 있는 이해관계자들을 중심으로 한정하였다. 서울·강원권과 경인권에 거주하는 이해관계자들을 주요 대상으로 선정한 다른 이유는 사회적 기업으로 인증받은 전체 319개의 사회적 기업 중에 서울시에 73개(22.9%)가 분포해 있고, 현재 사회적 기업이 대도시를 중심으로 분포해 있기 때문이다.

둘째, 연구의 내용적 범위는 사회적 기업의 개념과 특징, 사회적 기업의 활성화 전제로서 거버넌스이론과 거버넌스 체계의 중요성에 대해 논의하고, 사회적 기업 활성화 요인과 거버넌스의 관계에 대해 논의하였다. 또한 사회적 기업의 현황 분석을 통해 주요국의 사회적 기업 현황과 한국의 사회적 기업 현황을 검토하여 한국의 사회적 기업 문제점을 도출하였다. 이러한 논의들을 통해 거버넌스 구축을 통한 사회적 기업 활성화 요인의 측정지표를 설정하였다. 끝으로 실증분석을 통해 사회적 기업 활성화 영향요인을 파악하여 가설을 검증하고 장기적인 방향에서 사회적 기업 활성화를 위한 정책적 함의를 제시하였다.

셋째, 본 연구의 방법은 연구의 논의를 풍부히 하기 위해 문헌 연구와 설문조사, 심층 인터뷰 조사 방법을 병행하는 통합적 연구방법(Mixed Methodology)을 사용하였다. 통합적 연구방법은 병렬적/동시적 연구를 사용하여 연구자가 질적·양적 국면을 동시에 사용하는 것으로 단일연구나 다국면 연구에서 연구결과를 상호 보완할 수 있다(Tashakkori & Teddlie, 1998: 41; Yin, 2009; 174).

먼저 문헌 연구에서는 국내외 학술지와 전문잡지, 그리고 고용노동부와 행정안전부에서 발간한 사회적 기업 관련 자료를 이용하였다. 설문조사에서 사용한 설문지는 사회적 기업의 이해관계자들이 공통적으로 응답할 수 있는 구조화된 폐쇄형 설문지를 사용하였고, 척도는 리커트식 5점 척도를 사용하였다. 그리고 2010년 8월에 사회적 기업 8곳에 전화조사를 실시하여 사회적 기업의 운영현황 전반에 관하여 담당자와 질의응답을 통해 설문조사와 심층 인터뷰를 위한 예비조사를 실시하였다. 또한 설문조사의 신뢰성과 타당성을 높이기 위해 2010년 10월 초에 예비설문조사를 실시하였고, 예비설문조사에서 나타난 문제점을 바탕으로 설문지를 수정 보완하였다.

본격적인 설문조사는 2010년 10월 8일부터 2010년 11월 15일까지 이루어졌다. 설문조사는 직접 방문조사, 우편조사, 인터넷 설문조사, 전화조사 등 방법을 병행하였다. 설문지는 오프라인 설문지 300부와 인터넷설문지 200부를 포함하여 총 500부를 배포하였다. 수거된 설문지는 오프라인 설문지 270부(90%)와 인터넷 설문지 50부(25%)를 포함하여 총 320부(64%)이고, 분석에 사용한 설문지는 부적합한 설문지 22부를 제외하고 298부를 사용하였다. 인터넷 설문지는 구글(Google) 문서도구를 활용하여 구성하였고, 인터넷 설문조사를 위해 사회적 기업에 전화를 하여 설문조사에 대한 취지와 내용을 설명하고 동의를 구한 후에 담당자의 이메일 주소를 확인하여 설문을 배포하였다. 실증 분석은 주로 기술통계, 독립표본 T검증, 일원

배치 분산분석, 상관관계 분석, 단순회귀분석, 다중회귀분석, 경로
분석을 실시하였다.

넷째, 또한 오프라인 설문조사와 동시에 준비된 개방형 인터뷰 조
사 질문지를 활용하여 심층 인터뷰 조사를 실시하였다. 심층 인터뷰
조사는 현재 활동 중인 사회적 기업가와 사회적 기업 지원기관 근무
자, 그리고 고용노동부의 사회적 기업 정책 담당 공무원과 서울시
산하 자치구의 사회적 기업 담당 공무원 등을 대상으로 실시하였다.

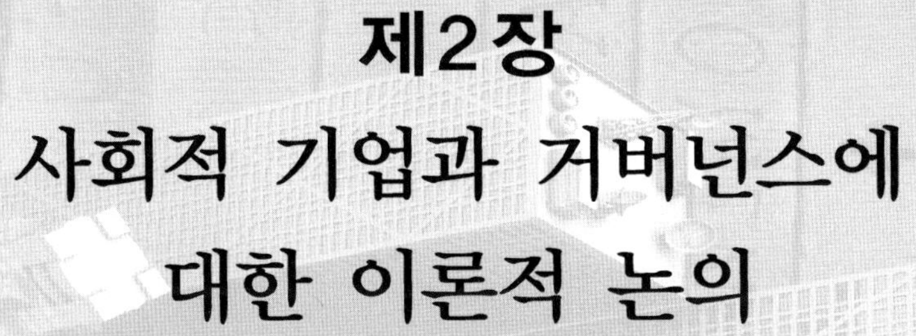

제2장
사회적 기업과 거버넌스에 대한 이론적 논의

제1절 사회적 기업의 개념과 특징

1. 사회적 기업의 등장과 개념

1) 사회적 기업의 등장

사회적 기업의 등장은 자본주의 역사 변천과정과 깊은 관계가 있다. 미국은 개인의 물질적 출세를 지나치게 강조하고 리스크, 다양성, 상호 의존성이 부족한 반면, 유럽은 개인의 자유보다는 공동체 내의 관계, 삶의 질, 지속 가능 개발, 인권과 자연, 다원적 협력을 강조한다(Rifkin, 2004: 12). 이처럼 사회적 기업이 처음 출현한 유럽과 미국은 서로 다른 역사적 배경을 가지고 있고, 학자들도 사회적 기업의 출현에 대해 다른 시각을 지니고 있다. 그 이유는 사회적 기업이 가지는 속성 때문이라고 볼 수 있다. 사회적 기업은 다양한 이념을 담고 있고, 협동조합, 지역사회, 자발적 집단에서 역사적 기원을 가진다(Doherty et al., 2009: 1).

먼저 역사적 배경에서 보면 사회적 기업은 중세의 길드에서 그 기원을 추적할 수 있지만, Rochdale이라는 선구자에 의해 1844년에 발견되었고, Rochdale은 다수의 사회적 기업 성장의 시작을 일반적인 길드의 상징으로 보았다(Pearce, 2003: 7). 공동의 사회적 목적을 위해 함께 일하는 협력의 원리는 산업혁명 시기에 노동에서 배제된 전통적 직업을 가진 사람들을 위한 빈곤의 수준을 강조하는 설명이다(Birchall, 1994: 3). 거의 200년이 지난 후 협동조합과 새로운 상호공제조합은 현대적 맥락에서 새로운 해결책으로 적용되고 제안된 르네상스적 변화이다. 이러한 조직들은 축구 서포터 트러스트에서부터 소액 거래은행이나 예금 서비스와 같은 전통적인 활동, 지역사회에 극히 중대한 서비스를 유지하는 것, 노인층을 위한 자택간호와 육아를 위한 새로운 모델까지 다양하다(Doherty et al., 2009: 2).

다음은 자본주의 시장경제와 정부의 역할의 변화로부터 사회적 기업이 등장하게 되었다는 설명이다. 1970년대 세계적인 경기침체 국면을 맞이하면서 스태그플레이션 현상이 발생하여 거시경제 및 복지정책에 일련의 혁신이 일어났다. 그 후 신자유주의 경제와 유럽을 중심으로 복지의 제도적인 개혁이 이루어지면서 사회적 기업이 등장하였다. 장기간의 경기침체로 유럽 국가는 높은 실업률과 함께 정부의 재정 부담이 가중되었고, 저성장 경제와 높은 실업률로 인한 경제적 부담은 복지부분의 개혁 압력을 높여, 시혜(施惠)성 복지에서 근로자를 생산현장으로 재취업시키려는 근로 연계 복지 또는 생산적 복지가 도입되었다. 이러한 사회적 기업은 효율적인 사회적 가치 창출의 시장요청에 의해 탄생하게 되었는데, 즉 사회적 기업은 자본주의 사회의 전개과정에서 야기되는 사회적 갈등 해소를 위해 시장의 실패와 정부의 실패를 시정하고 보완하기 위해 출현하였다(조영복 외, 2009: 63).

결국 사회적 기업은 실업, 가난, 빈곤 등에 대한 비영리 부분의 참여도가 증가되기 시작하여 정부와 민간부문의 비영리단체들의 협조가 늘어나게 되면서 정부의 공적 영역도 아니고 순수한 민간영역도 아닌 제3의 섹터로 발전하여 오늘날의 사회적 경제로 발전하게 되었다(이윤재, 2010: 7). 사회적 기업의 등장은 자본주의 경제체제가 직면한 경제적 위기와 사회적 위기가 중첩되어 나타난 결과라고 할 수 있다. 즉, 사회적 기업은 그동안 정부의 실패와 시장의 실패를 동시에 경험한 사회에서 새로운 대안적 해결방식의 출발이라고 할 수 있다.

2) 사회적 기업의 개념

지금까지 사회적 기업에 대한 연구는 유럽과 미국을 비롯한 선진국에서 오랜 전통을 가지고 운영되어 왔다. 나라마다 실시 배경과 역사, 그리고 맥락이 서로 다른 측면이 많아 법적·행정적·사회문화적 차이로 인해 OECD 국가들에서조차 '사회적 기업'에 대한 정의가 통일되지 않았다(OECD, 1999: 3). 그러나 많은 학자들의 일반적인 사회적 기업에 대한 정의는 영리 추구와 공익성 혹은 공공성 추구라는 것에 가장 큰 의미를 두고 있다. 사회적 기업 정의에 대한 국외와 국내의 경향을 정리하면 <표 2-1>과 같다.

〈표 2-1〉 사회적 기업에 대한 일반적 정의

학자 및 기관		내 용
국외	Campbell(1998)	• 사회적 목적을 갖는 사업으로서 지역사회에서 필요로 하는 재화 및 서비스를 생산하고 부족한 재원을 지원하는 활동을 통해 이윤을 사회적으로 보편화하고자 하는 조직
	OECD(1999)	• 이윤극대화가 아니라, 특정한 경제 및 사회적인 목적, 재화나 용역의 생산이나 사회적 배제 및 실업 문제에 대해 혁신적인 해결책을 제시
	Borzaga & Santuari(2001)	• 안정적인 기업 경영방식으로 사회적 배제 극복이 목적인 서비스 혹은 보다 일반적인 대인(對人), 지역 서비스를 제공하고 있는 제3섹터 조직
	영국통상산업부 DTI(2002)	• 우선적으로 사회적 목적을 가진 비즈니스를 의미하며, 잉여를 비즈니스나 커뮤니티(지역사회)의 이익에 재투자하는 사업체

국외	Auteri(2003)	• 순수한 사업에서 시도되어서 순수한 박애주의적 기업으로 변환된 조직으로 박애주의와 특별한 목적을 달성하기 위해 시장을 혼합하여 선택된 특별한 형태를 갖는 기업
	Pearce(2003)	• 사회적 목표가 있고, 이윤 배분이 금지되며, 책임 있는 공동 소유 구조를 가진 모든 기업을 지칭
	EMES(2008)	• 사회적 기업은 공동체(지역사회)의 이익을 위한 분명한 목적에 직접적으로 관련된 재화나 서비스를 제공하는 비영리 민간조직
	Martin & Thompson(2010)	• 사회적 이익과 경제적 발전을 위해 사람들과 공동체를 이끄는 비즈니스 벤처
국내	엄형식(2005)	• 유럽 국가의 다양한 사회적 맥락, 특히 복지국가의 위기 속에서 비영리단체들이 사회적 서비스 전달에 참여하고, 시민단체들이 주도하여 일자리를 창출하면서 나타난 현상들을 포괄적으로 개념화한 것
	최종태 외(2008)	• 사회적 기업은 사회적 목적을 가진 기업으로 인식되며, 저소득층, 노숙자, 삶의 위기에 처한 사람들에게 직업훈련의 기회와 일자리를 제공하는 기업체 설립을 모색 중이던 미국의 비영리 활동가에 의해 사용
	「사회적 기업 육성법」(2007)	• 취약계층에게 사회서비스 또는 일자리를 제공하여 지역주민의 삶의 질을 높이는 등의 사회적 목적을 추구하면서 재화 및 서비스의 생산·판매 등 영업활동을 수행하는 기업으로 국가기관의 인증절차를 마친 기업
	조영복 외(2008)	• 사회적 경제에 의한 새로운 기업 형태로, 이윤을 추구하는 '기업의 특성'과 공공성을 우선시하는 '사회적 특성'을 모두 포함
	이은선(2009) 김성기(2009) 김윤호(2010)	• 사회적이란 용어가 무엇인지, 사회적 기업이 추구하는 목적에 따라, 지역에 한정하거나 포괄적으로 정의하는 등 사회적 기업에 대한 정의가 다르게 이루어짐

국외의 사회적 기업 정의에 대한 경향을 보면 조직의 특성에 따라 Campbell(1998: 3)은 지역사회에서 필요로 하는 재화 및 서비스를 생산하고 부족한 재원을 지원하는 활동을 통해 이윤을 사회적으로 보편화하고자 하는 조직이라고 정의하고 있다. Borzaga & Santuari(2001: 194)는 안정적인 기업 경영방식으로 사회적 배제 극복이 목적인 서비스 혹은 보다 일반적인 대인(對人) 그리고 지역 서비스를 제공하고 있는 제3섹터 조직을 사회적 기업으로 정의하고 있다. 유럽의 사회적 기업 연구 네트워크인 EMES(European Research Network)는 유럽의 각국의 다양한 사회적 기업을 포괄하여 정의하고 있다. EMES(2008)

는 사회적 기업을 공동체(지역사회)의 이익을 위한 분명한 목적으로 직접적으로 관련된 재화나 서비스를 제공하는 비영리 민간조직이라고 정의하고 있다(Defourney & Nyssens, 2008: 5). Martin & Thompson(2010: 13)은 사회적 기업을 사회 이익과 경제 발전을 위해 사람들과 공동체를 함께 이끄는 비즈니스 벤처라고 정의하였다.

한편 사회적 기업의 목적에 따른 정의로 OECD(1999: 4)는 사회적 기업에 대해 기업적 방식으로 조직되는 일반 활동 및 공익활동을 아우르는 것이고, 주요한 목적은 이윤극대화가 아니라, 특정한 경제 및 사회적인 목적, 재화나 용역의 생산이나 사회적 배제 및 실업 문제에 대해 혁신적인 해결책을 제시하는 데 있다고 정의했다. 영국통상산업부DTI(Department for Trade and Industry)는 사회적 기업을 우선적으로 사회적 목적을 가진 비즈니스를 의미하며, 잉여를 비즈니스나 커뮤니티(지역사회)의 이익에 재투자하는 사업체라고 정의했다(DTI, 2002: 75). 또한 Auteri(2003: 173)는 사회적 기업을 순수한 사업에서 시도되어서 순수한 박애주의적 기업으로 변환된 조직으로 박애주의와 특별한 목적을 달성하기 위해 시장을 혼합하여 선택된 특별한 형태를 갖는 기업으로 정의하고 있다. Pearce(2003: 3)는 사회적 목표가 있고, 이윤 배분이 금지되며, 책임 있는 공동 소유 구조를 가진 모든 기업을 지칭하는 일반용 용어라고 보다 광범위하게 정의하고 있다.

반면, 국내학자들의 사회적 기업에 대한 정의를 살펴보면 사회적 기업의 조직 특성과 목적을 혼용하여 사용하며 포괄적으로 정의하고 있다. 엄형식(2005: 85)은 유럽 국가의 다양한 사회적 맥락, 특히 복지국가의 위기 속에서 비영리단체들이 사회적 서비스 전달에 참여하고, 시민단체들이 주도하여 일자리를 창출하면서 나타난 현상들을 포괄적으로 개념화한 것이라 주장한다. 이와 유사하게 최종태 외 (2008: 5)는 사회적 기업은 사회적 목적을 가진 기업으로 인식되며, 원래 사회의 저소득층이나 노숙자 그리고 삶의 위기에 처한 사람들에게 직업훈련의 기회와 일자리를 제공하는 기업체 설립을 모색 중이던 미국의 비영리 활동가에 의해 사용되었다고 주장한다. 「사회적 기업 육성법」 제2조는 사회적 기업을 취약계층에게 사회서비스 또는 일자리를 제공하여 지역주민의 삶의 질을 높이는 등의 사회적 목적을 추구하면서 재화 및 서비스의 생산·판매 등 영업활동을 수행하는 기업으로 국가기관의 인증절차를 마친 기업으로 정의하고 있다. 이와 같이 사회적 기업에 대한 학자들의 정의는 다양하게 이루어져 있고 이은선(2009)과 김성기(2009)도 사회적 기업에 대한 정의를 하기에 앞서 사회적이란 용어가 무엇인지, 그리고 사회적 기업이 추구하는 목적에 따라 사회적 기업에 대한 정의가 다르게 이루어진다고 주장한다. 또한 김윤호(2010)는 커뮤니티 비즈니스와 사회적 기업을 구분함에 있어 지역을 기반으로 활동하는 일부의 커뮤니티 비즈니스가 사회적 기업으로 이동했다고 보고 있다.

그 밖에 사회적 기업에 대한 사전적 정의에서 브리태니커 사전(검색일: 2010년 7월 1일)은 사회적 기업에 대해 사회적 목적을 우선으로 하는 경제 사업 조직으로, 취약계층에게 사회서비스 또는 일자리를 제공하여 지역주민의 삶의 질을 높이는 등의 사회적 목적을 추구하면서 재화 및 서비스의 생산 판매 등 영업활동을 수행하는 기업이라고 정의하고 있다. 또한 Wikipedia(검색일: 2010년 7월 1일)는 사회적 기업을 최근에 나타난 용어로 사회적 목적을 위해 서비스 혹은 재화를 취급하는 사회적 임무를 수행하는 조직으로 정의하고 있다.

사회적 기업의 개념은 이처럼 명확하지 않다. 이러한 이유는 사회
적 기업이 기존의 영리 추구 기업과 제3섹터에 속한 비영리조직의
중간에 속한다는 것을 의미한다. 사회적 기업은 전통적 비영리조직
과 전통적 영리 기업 사이에 존재하지만 실제로 그 존재가 뚜렷하지
않다(Alter, 2007: 15). <그림 2-1>은 사회적 기업의 범위를 나타
내는 그림이다. 그림에서 보는 바와 같이 사회적 기업은 전통적 기
업과 전통적 비영리기관의 중간 영역에 속하면서 사회적 목적과 이
윤 추구를 동시에 추구하는 혼성화의 성격을 가진 조직이라고 할 수
있다. 사회적 기업은 조직의 목적을 어느 쪽에 더 집중하느냐에 따
라 달라진다고 할 수 있다.

사회적 기업에 대한 학자들의 시선은 이처럼 매우 다양하다. 이는
아직 사회적 기업이 지니는 복합적 성격이 익숙하지 않음을 의미하
는 것이다(김정원, 2009: 17). 즉, 사회적 기업이 국내외 그리고 학자
마다 다양하게 정의된 것은 나라마다 사회적 기업이 성장한 배경이
나 역사적 맥락, 정책적 상황에 따라 다르기 때문이다. 이러한 사회
적 기업의 다양한 성격에 따라 사회적 기업은 혼합조직 중에서도 사

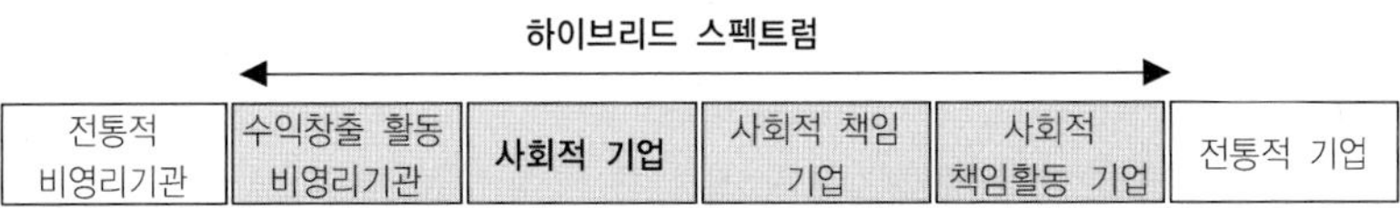

자료: Alter, 2007: 14

〈그림 2-1〉 사회적 기업의 범위

회적 미션 추구를 1차적으로 수행하면서 조직의 지속 가능성을 향상시키기 위한 이윤 추구 활동을 수행하는 조직이라고 할 수 있다 (남승연 외, 2010: 168). 이와 같이 학자들은 사회적 기업이 갖는 조직 자체의 성격 혹은 사회적 기업이 추구하는 목표에 따라 다양한 정의를 내리고 있다.

일반적으로 사회적 기업이 공익성과 영리성을 추구하는 조직이라고 할 때 본 연구의 대상이 되는 사회적 기업은 우선 고용노동부의 사회적 기업 육성법에 의해 인증받은 사회적 기업이다. 그러나 사회적 기업 육성법상의 사회적 기업만을 한정하는 것은 사회적 기업의 다양성과 역동성을 고려하지 못한 것이라 볼 수 있다. 따라서 본서에서는 사회적 기업을 거버넌스적 시각에서 포괄적으로 정의하고자 한다. 사회적 기업은 국가와 시장, 시민사회가 협력하고 네트워크를 형성하는 거버넌스 체계 속에서 우선적으로 다양한 사회적 목적을 추구하면서 수익을 창출하는 자발적으로 결성된 집단 혹은 조직이다. 여기에서 사회적 기업은 고용노동부에 의해 인증받은 사회적 기업뿐만 아니라 아직 인증받지 못했지만 사회적 목적을 추구하고 수익을 창출하는 예비 사회적 기업이나 생활협동조합, 지역의 자발적 집단과 단체 등을 포함한다.

사회적 기업은 사회적 목적 실현을 위해 지역사회와 협력적인 네트워크를 구축하고 사회적 문제 해결을 주된 목표로 삼는다. 협력적인 네트워크는 강한 결속력을 가진 관계라기보다는 느슨한 형태의 네트워크가 될 수 있다. 또한 사회적 문제는 빈곤, 실업, 고용 등과 같은 문제가 될 수도 있다. 그러나 본 연구에서는 사회적 문제를 전통적으로 국가가 해결해야 할 문제로 인식되었던 빈곤, 실업, 고용,

사회복지 문제들뿐만 아니라 교육과 간병, 가사지원, 보육, 환경, 문화·예술·관광, 양극화, 사회통합 등 현대 사회가 노정하고 있는 다양한 사회적 문제들을 모두 포함하는 것이다. 또한 사회적 문제는 정책 환경이 변화함에 따라 전통적으로 국가의 힘만으로는 완전히 해결할 수 없는 문제들을 민간부문과 연계 혹은 협력하여 해결해 나가야 하는 문제들이라고 개념화하고자 한다.

2. 사회적 기업의 특징과 유형

1) 사회적 기업의 주요 특징

사회적 기업을 논할 때 관련이 깊은 것이 '제3섹터'이다. 대체적으로 제3섹터를 유럽 지역에서는 '사회적 경제'로 이해하고, 미국에서는 '비영리부문(NPO)'으로 여긴다. 제3섹터는 국가와 시장에 포함되지 않는 광범위한 조직을 가리키는 용어이다. 그러나 제3섹터를 바라보는 견해는 다양하다. 먼저 '섹터(sector)'라는 용어는 사회의 주요 기관들을 가시적으로 고안한 개념이다. 18~19세기 근대사회에서는 사회의 주요 기관이란 국가와 시장만을 구분하는 2대 섹터 모델이 지배적이었지만, 이는 현대에 와서 큰 의미를 갖지 못하는 한계가 있다. 국가로부터 구분되는 비국가 기관들 중에서 시장, 즉 영리 영역에 속하지 않는 무수한 기관단체들을 제외시키고 있기 때문이다(주성수, 2005: 118). 많은 학자들은 '3대 섹터' 모델을 현대 사회를 이해하는 기본적인 모델로 수용해 왔고, Hopkins(1992)는 기업을 제1섹터, 정부를 제2섹터, 비영리 자원조직들을 제3섹터로 보고 있다. 또한 제3섹터를 국가(정부), 시장(기업), 시민사회(NGO)를 세 다리를 가진 의자에 비유하며, 사회가 의자의 세 다리로 확고한 균형을 이룰 때 안정적으로 발전할 수 있다고 보는 견해도 있다(Burbidge, 1998: 6). 그리고 정부와 기업을 제외하고 비정부, 비영리 기관단체들이 일반적으로 제3섹터로 통칭된다(Cohen & Arato, 1992: 18).

한편, <표 2-2>를 보면, Billis(2010: 54)는 하이브리드 조직의 이론에 대한 연구에서 민간 섹터, 공공 섹터, 그리고 제3섹터의 원리를 5가지 핵심요소로 설명하였다. 제3섹터는 다른 민간이나 공공 섹터와는 다른 성격을 가진다. 특히 제3섹터는 소유권이 구성원들에게 있고, 운영의 우선사항에 있어 특별한 임무에 관한 헌신에 의해 우선사항이 결정되며, 인적 자원은 결사체에서 자원봉사자와 조합이나 협회 등에 가입한 구성원들이다. 이러한 다목적 하이브리드 조직으로서 제3섹터는 시민사회에서 역동적으로 나타나고 전략적으로 시민사회의 자원을 동원할 수 있다(Hasenfeld & Gidron, 2005).

〈표 2-2〉 이념형 섹터와 책임성

핵심요소	민간 섹터의 원리	공공 섹터의 원리	제3섹터의 원리
소유권	주주	시민	구성원
통치구조	할당된 소유권 규모	대중 선거	사적 선거
운영의 우선사항	시장의 힘과 개인적 선택	공공 서비스와 집단적 선택	특별한 임무에 관한 헌신
인적 자원의 구분	관리적으로 통제된 회사에서 급료를 받는 종업원	법적으로 관청에 배치된 급료를 받는 공무원	결사체에서 자원봉사자와 구성원
다른 자원과의 구분	판매금, 요금	세금	조합비, 기부금과 유산

자료: Billis, 2010: 55

Campbell(1999)은 제3섹터를 구성하는 조직의 특징을 들어 설명하고 있다. 첫째, 공공이나 민간부문에서 공급되지 않는 욕구를 충족하기 위한 활동을 하는 조직, 둘째, 자주적으로 조직되고 관리되는 조직, 셋째, 지역사회에 기반을 두거나 이를 지향하는 활동을 하는 조직, 넷째, 이윤을 분배하지 않는 비영리조직, 다섯째, 자원봉사를 포함한 자선에 기반을 둔 활동을 하는 조직으로 정의하고 있다(황덕순, 2004: 17에서 재인용). 또한 제3섹터는 공공재에 준하는 재화와 서비스의 생산을 통해 자원배분에 관여하고, 많은 민간단체를 동원할 수 있는 자금이나 봉사자로서 자발적으로 또는 사실상 무료의 서비스를 불우한 사람들에게 광범위하게 공급하고 재분배 기능을 달성한다(Defourny, 2001: 5).

한편 유럽에서는 제3섹터의 중요한 형태로 '사회적 경제'를 들고 있다. 빈민층의 고용과 사회서비스의 공급을 위하여 형성되는 경제 영역을 사회적 경제라고 할 수 있고, 시장 경제에서 밀려난 퇴출자들을 보살피고 배려하는 경제의 총칭을 의미한다(이윤재, 2010: 14). 실제로 사회적 경제를 이해하는 데 있어 두 가지 갈등 원인이 계속 발생하며 때로는 극복하기 어렵기까지 하다. 그중 하나는 시장 판매를 위해 전체 아웃풋을 제공하는 기업(대부분의 협동조합)과 그 활동에 있어 경제적 성격이 약하고(청소년 운동) 그 자원이 완전히 비시장적 심지어는 비재정적이기까지 한 협회 간의 차이이다. 두 번째, 갈등은 최소한 그 원칙상 구성원 봉사를 목적으로 하는 상호 이익(mutual interest)조직(협동조합, 공제조합, 다수의 협회)과 보다 큰 공동체에 기여하는 일반적 이익(general interest)조직(빈곤 및 소외근절 조직 또는 개발협력, 환경 보호 조직) 간에서 발생한다(Defourny,

2006: 17). 이를 그림으로 표현하면 다음 <그림 2-2>와 같다.

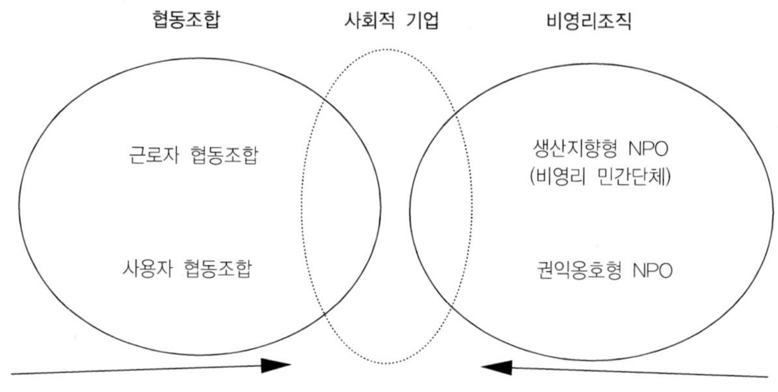

〈그림 2-2〉 협동조합과 비영리조직 사이의 사회적 기업

학자들은 제3섹터를 국가와 시장으로부터 독립된 제3의 영역으로, 시민사회를 제3섹터로 보고 있다. 또한 제3섹터가 가지는 속성을 들어 제3섹터는 대부분의 경우 사회적 경제나 비영리조직과 같이 공공성, 자율성, 자발성을 강조하는 공통점을 갖고 있으며, 제3섹터에서 사회적 기업이 나타난다(Borzaga & Defourny, 2001; 김정원, 2009). 그러나 사회적 기업이 반드시 전통적인 의미의 기업형태를 갖는 것은 아니다. 협동조합, 주식회사, 교육, 문화, 복지, 분야의 비영리조직, 비정부 기구 등이 공익성과 수익성을 동시에 추구하며 사업을 실행하는 조직형태일 수도 있다. 이러한 측면에서 사회적 기업은 사회적 경제와 비영리조직과 구별되는 중요한 특징을 가지고 있다.

사회적 기업은 민간기업과 같이 영리 목표를 추구하기 때문에 전통적 비영리조직과 달리 시장의 경쟁 속에서 상당 수준의 경제적 위험을 감수한다. 또한 사회적 기업은 전통적 비영리조직과 달리 일정 수준의 유급 노동자를 고용한다. 이러한 점에서 사회적 기업이 반드시 비영리조직과 같은 것은 아니다. 동시에 사회적 기업은 기업의 이윤을 공익적인 목적으로 사용하는 이외에도 구성원들에게 제한적인 이윤 배분을 할 수 있도록 허용한다(임혁백 외, 2007: 55). 따라서 사회적 기업, 사회적 경제, 비영리조직을 비교하면 <표 2-3>과 같다.

사회적 기업의 주된 목적이 취약계층에게 사회서비스를 제공하는 것으로 규정하고 있으나, 사회적 기업은 그 속성상 한정된 사업에 제한되어 있는 것이 아니라 다양한 영역에서 기업활동을 하게 된다. 즉, 사회적 기업은 노동 시장에서 배제된 사람들을 통합하는 것에서부터, 사회적 서비스를 창출하고, 도시의 재설계, 환경의 개선, 인간

〈표 2-3〉 사회적 기업, 사회적 경제, 비영리조직의 비교

구 분	사회적 기업	사회적 경제	비영리조직
목 표	민간기업과 같이 영리 추구	수익성 배제	수익성 추구 가능
재 원	정부 보조금, 개인과 기업의 기부를 모두 수용	개인의 출자로 운영, 경우에 따라 정부 보조금 수용	개인과 기업의 기부를 모두 수용, 경우에 따라 정부의 지원 수용
운영방식	기업식 운영 가능 영리적 사업 기술 활용	구성원의 민주적 통제	기업식 운영 가능, 전문가에 의한 소수의 통제
시장경쟁	시장 경쟁에서 상당한 위험 감수	시장 경쟁에서 상당한 위험 감수	시장 외부 공익 활동
고 용	유급 노동자 채용	유급 노동자 채용	자원 봉사자 위주, 경우에 따라 유급 노동자 채용
이 윤	공익적 목적 사용 또는 구성원에게 이윤 배분	공익적 목적 사용, 또는 구성원에게 이윤 배분	공익적 목적 사용

자료: 임혁백 외, 2007: 54

다운 삶의 질 향상 등과 같은 다양한 재화와 서비스를 제공하기 위해 존재한다(Defourny & Nyssens, 2006). 이러한 사회적 기업들은 시장 자원, 비시장 자원, 비금융 자원(자원봉사) 그리고 민간 후원을 토대로 예산의 균형을 맞춤으로써 경제적으로 자립 가능한 기업이나 단체가 되고자 한다(OECD, 1999: 8). 또한 사회적 기업은 사회적 목적, 사회적 결과, 사회적 임무, 이익의 사용방지 등의 속성들을 가지며, 시장에서 영리활동을 하는 조직이다(Social Enterprise Coalition, 2003). 이처럼 사회적 기업은 사회적 목적과 경제적 목적을 동시에 추구하고 있는 조직이다(Defourny, 2004). 사회적 기업의 특성을 <표 2-4>로 정리하면 다음과 같다.

〈표 2-4〉 사회적 기업의 특징

구 분	사회적 기업의 특성
Social Enterprise Coalition(2003)	① 기업지향성: 제품의 생산 및 서비스의 시장 판매, 시장에서 경쟁 지향 ② 사회적 목적 추구: 저소득층이나 취약계층의 일자리 창출 및 교육 훈련 기회 제공, 지역서비스 제공 ③ 사회적 소유: 특정 개인에 의해 소유되거나 운영되지 않고, 이해당사자의 공동참여에 의해서 소유되고 관리됨
Defourny(2001)	① 특정 정책의 지지가 아닌, 특정 서비스의 생산 및 제공과 관련 ② 설립 및 운영과정의 자율성이 높음 ③ 경제적, 재정적 위험 상황에 직면할 수 있음 ④ 종업원들에게 최소한의 임금이 지급됨 ⑤ 공동체 이익에 봉사 ⑥ 일단의 시민들에 의해서 주도권이 행사됨 ⑦ 의사결정이 주식소유에 기초하지 않음 ⑧ 사회적 기업에 영향을 받는 사람들도 적극 참여 ⑨ 이윤극대화의 동기를 따르지 않으며, 이익의 상당 부분을 공동체를 위해 사용

Alken(2006)	① 유급의 일자리를 제공 ② 상당한 경제적 위험을 감수 ③ 정부로부터 독립되어 자치권을 가짐 ④ 재화 및 용역을 거래 ⑤ 시민들이 조직을 설립 ⑥ 소유권에 기반을 하지 않고 의사 결정이 이루어짐 ⑦ 일터에서 참여주의가 실현 ⑧ 조직 밖으로 이익 분배가 거의 또는 전혀 이루어지지 않음 ⑨ 명시적으로 공동체 또는 사회적 편익을 추구
사회적 기업 육성법 (2007)	① 정해진 조직형태를 갖출 것 ② 유급근로자를 고용하여 재화와 서비스의 생산·판매 등 영업활동을 수행할 것 ③ 주된 목적이 취약계층에게 일자리나 사회서비스를 제공하여 지역주민의 삶의 질을 높이는 등 사회적 목적을 실현할 것 ④ 서비스 수혜자·근로자 등 이해관계자가 참여하는 의사 결정 구조를 갖출 것 ⑤ 영업활동을 통하여 일정 이상의 수입을 얻을 것 ⑥ 배분 가능한 이윤이 발생할 경우 이익의 2/3 이상을 사회적 목적을 위해 사용할 것
EMES(2008)	① 어느 정도 제도화된 공식조직으로 법적 실체가 전제되어야 함 ② 국가 또는 국가의 행정 조직에 의해 직접 운영되는 조직과 별개의 민간조직 ③ 스스로의 규칙과 의사 결정 기관을 가진 자치조직 ④ 조직의 회원이나 이사도 조직의 '소유자'에게도 이윤을 분배할 수 없는 조직이어야 함 ⑤ 시간적으로(자원봉사자), 재정적(기부)으로 자발적인 공헌에 기초적 조직이어야 함 ⑥ 자유롭고 자발적인 회원 가입으로 설립되는 조직이어야 함
Martin & Thompson (2010)	① 사회적 목적을 달성하기 위한 수단으로서 거래를 함 ② 비영리 분배: 이익을 재투자, 개인적 이익 축적을 하지 않음 ③ 공동 소유 활동: 이해관계자와 구성원들이 공동 소유, 의사 결정이나 관리에 민주적 참여의 형태를 가짐 ④ 광범위한 책임성: 이해관계자, 구성원, 사용자 등의 '후원자'들에게 책임을 저야 함, 지역사회에 봉사

2) 사회적 기업의 유형

사회적 기업을 유형화하기 전에 사회적 기업의 기준에 대한 이해가 필요하다. 사회적 기업에 대한 기준을 포괄적이고 광범위하게 설정한 것은 유럽의 사회적 기업 연구 네트워크인 EMES(European

Research Network)의 기준이다. EMES는 사회적 기업에 대한 유럽 전문가들의 연구 네트워크로 1996년 출범된 이래 현재까지 사회적 기업의 용어를 처음 사용한 이탈리아를 비롯한 유럽의 11개 주요국들의 사회적 기업에 대한 연구를 진행하고 있다.[2] EMES는 다양하게 쓰이고 있는 사회적 기업이란 용어에 대해 세 가지로 설명하고 있다.

먼저, '사회적 기업가'이다. 사회적 기업가는 1990년대 중반 이래 아쇼카(Ashoka)[3]와 같은 미국의 재단과 조직에 의해 특별하게 강조된 것이다. 아쇼카와 같은 재단은 혁신적 행동과 개인적인 관여와 같은 역동적인 용어로 사용되는 실제적인 기업가로서 행동하는 개인들을 다양한 방법으로 사회적 임무(mission)에 능동적으로 헌신하는 것을 실질적으로 지원하는 기업이다.

두 번째, '사회적 기업가 정신'이다. 사회적 기업가 정신은 1990년대 후반에 다소 정밀한 방식으로 개념화된 것으로, 사회적 기업가에 의해 사회적 혁신 과정으로 착수되어 개념화된 것을 강조한다. 현재는 자발적 활동에서 협력적·사회적 책임으로 범위가 확대되고 있다.

세 번째는 '사회적 기업'이다. 사회적 기업이라는 용어는 이탈리아에서 처음 사용되었는데 'Impresa Sociale'라는 저널에서 1990년에 처음 명확하게 쓰였고, 일 년 후 이탈리아 의회에서 '사회적 협력'이라는 법률 형식으로 만들어 선구적으로 소개되었다. 사회적 기업에

---

2) 유럽 사회적 기업 연구 네트워크(EMES)에는 사회적 기업이란 용어를 처음 사용한 이탈리아 외에, 벨기에, 덴마크, 핀란드, 프랑스, 독일, 아일랜드, 폴란드, 포르투갈, 스웨덴, 영국 등 총 11개국이 있다.

3) 아쇼카 재단(Ashoka Foundation)은 1982년 빌 드레이튼(Bill Drayton)에 의해 창립되었고, 글로벌 시민을 위한 생산적인 사업 모델을 발굴하여 세계 속에 사회 기업가 정신을 키워 나가는 것을 목적으로 하고 있으며, 사회를 변혁할 가능성이 있는 선구적인 사업을 선정하여 그 사업에 투자하는 활동을 전개하고 있다(www.ashoka.org).

대해 EMES 네트워크는 시민사회와 공공정책, 시장의 기로(Crossroads of Market)에서 유럽의 사회적 기업의 지위를 강조한다. 특히 유럽의 사회적 기업은 'hybridization(혼성화)'와 사용자들의 공적 부문과 관련된 요금에서부터 사회적 책임이나 민간 부문의 기부나 자원봉사에 이르기까지의 수요(sale)의 조합을 의미한다.

이러한 측면에서 EMES는 사회적 기업의 기준을 경제적 차원과 사회적 차원의 두 가지 기준에서 설명하고 있다. EMES에서는 경제적 차원의 기준으로 ① 지속적인 재화 생산과 서비스 판매 활동이다. 전통적인 비영리조직과는 달리 자금 흐름의 재분배 혹은 지원활동을 하는 것이 아니라, 사회적 기업은 사람들의 기초적인 서비스에 관련한 규정이나 재화의 생산에 직접적으로 개입(참여)한다. 이러한 활동은 사회적 기업의 대표적 활동이며 존재이유가 된다. ② 높은 수준의 자율성이다. 사회적 기업은 자율적 계획의 토대에서 사람들의 집단에 의해 만들어지고 관리된다. 공공기관에 의존하기는 하지만 공공기관에 의해 관리되지는 않는다. 사회적 기업은 그들의 활동을 종결할 수도 있고, 그들의 권리 획득을 주장할 수도 있다. ③ 상당한 수준의 경제적 부담이다. 사회적 기업을 설립할 때 일정한 내재적인 부담을 갖게 된다. 대부분의 공공기관과는 달리 사회적 기업의 생활력은 구성원들의 안정된 자원이나 노력에 의존하게 된다. ④ 최소한의 유급 근로이다. 대부분의 전통적인 비영리조직의 사례와 같이 사회적 기업은 유급 근로자와 자원 봉사자와 같은 재정 원천과 비재정 원천이 조합되어야 한다. 그러나 사회적 기업에서 능동적인 활동은 최소한 유급 근로자를 요구한다.

다음 EMES의 다섯 가지 사회적 차원의 기준은 ① 지역사회(공동체) 이익을 위한 명백한 목적이 있어야 한다. 사회적 기업의 주요한 목적 중 하나는 사람들의 특정한 집단이나 지역사회에 봉사하는 것이다. 사회적 기업은 지역 수준에서 사회적 책임성을 촉진하기를 사람들로부터 바라게 된다. ② 시민단체에 의해 주도적으로 추진되어야 한다. 사회적 기업은 지역사회의 시민이나 특정한 요구나 목적을 공유하는 집단이 개입하는 집합적인 역동성의 결과물이다. 이러한 집합적 차원은 소규모이거나 대규모의 집단이라도 반드시 유지되어야 한다. ③ 의사 결정의 권한은 자본 소유에 근거하지 않는다. 의사 결정과 관련하여 1인 1표를 원칙으로 하고, 자본을 소유한 의사 결정권한을 가진 지배집단에 의해 재분배되어서는 안 된다. ④ 참여자의 특성(본성)으로 사회적 기업 활동들에 의해 영향을 받은 다양한 부분을 포함한다. 고객 혹은 이용자들의 참여와 대표, 의사 결정에서 다양한 이해관계자의 영향, 참여자들의 관리는 사회적 기업에 대한 중요한 특징을 나타낸다. ⑤ 제한된 이익 재분배이다. 사회적 기업은 완전한 이윤 분배를 억제하는 조직도 포함하고, 여러 국가들에서 이익을 분배하는 조합주의적 조직도 포함하지만 이윤극대화 행위를 회피하는 것을 허락하는 것은 제한된다(Defourny, J. & Nyssens, M. eds., 2008: 37－38). EMES의 사회적 기업의 이러한 기준은 사회적 기업을 유형화하고 이해하는 수준에서 실익을 줄 수 있다.

사회적 기업에 대한 정의와 마찬가지로 사회적 기업의 유형에 대해서도 많은 학자들은 다소 모호하게 유형화하고 있다. 사회적 기업에 대한 유형화의 대표적인 연구는 국외에서는 Alter(2007)가 국내에서는 김경휘·반정호(2006)와 심창학(2007)의 연구가 대표적이나 이들의 연구도 이상적이거나 접근 방법에 따라 다른 유형화를 시도

하고 있다. 먼저 김경호·반정호(2006)는 사회적 기업의 유형화에 앞서 사회적 기업이 공통적으로 갖추어야 할 원칙을 제시하고 있다. 첫째, 사회적 기업에서 제공되는 재화나 서비스는 이익의 극대화 원리에 기초하지 않는다. 둘째, 기업활동을 통해 발생한 절대 이익을 분배하지 않으며, 분배하더라도 창출된 이익의 분배를 항상 제한하는데, 그 이유는 사회적 기업은 투자를 통해 창출된 최대한의 이익을 분배하지 않고 지역사회의 보편적 욕구충족 및 상호 이익을 위해 사용하거나 공통의 이익에 기여하며, 일반 국민들로부터 분리된 사람들의 사회적 욕구를 충족시키는 데 사용하기 때문이다. 셋째, 사회적 경제 조직들의 법적 지위는 비영리를 요구하는 것이 아니라 투자에 대한 물질적인 이익에 배분을 제한하는 것이다(김경휘·반정호, 2006: 37). 이러한 원칙에 따라 사회적 기업을 공공부조형(Public Assistance Type), 지역사회 친화형(Local Friendly Type), 시장친화형(Market Friendly Type)으로 유형화하였다.

<표 2-5>에서 김경휘·반정호(2006)는 한국 상황에 적합한 사회적 기업을 세 가지로 유형화했다. 첫 번째, 사회적 기업을 단순히 빈곤층에 대한 시혜적 성격의 '공공부조형 사회적 기업'이다. 대표적인 예가 자활사업의 자활공동체이다. 두 번째, 유럽적 관점에서 사회적 목적을 갖고, 개인 및 지역사회의 발전을 위한 역할을 담당하는 것으로 정의할 수 있는 '지역사회친화형 사회적 기업'이 있다. 지역사회친화형 사회적 기업은 빈곤자 및 저소득층뿐만 아니라 그들이 속해 있는 지역사회의 사회문제를 함께 해결할 수 있는 장점을 가진다. 세 번째로, 미국식 사회적 기업으로 대부분 비영리조직으로 정의되는 '시장친화형 사회적 기업'이 있다. 시장친화형 사회적 기

업은 미국식 사회적 기업으로서 이익을 추구하는 기업의 공익활동 및 사회를 돕고 자선을 위한 재정적 기여를 한다. 김경휘·반정호 (2006)의 연구는 한국적 상황에 적합한 구체적인 사례나 현실적인 사회적 기업의 활동과의 연계가 부족하다는 한계를 지닌다.

<표 2-5> 사회적 기업의 유형

구분	공공부조형 사회적 기업(PAT)	지역사회친화형 사회적 기업(LFT)	시장친화형 사회적 기업(MFT)
목적	빈곤 탈피	세계화, 자본주의로부터의 독립적인 삶 유지	노동시장 진입
성격	시혜적·의존적	자활·자립적	독립적
주체	국가	민간+국가(제한적)	민간
주요 영역	공적 영역	지역사회 기반 사적 영역	포괄적 사적 영역
주요 대상	빈곤자	욕구가 있는 빈곤층 및 저소득층	빈곤선 이상의 소득이 있는 사람
재원	공적 이전	제한된 공적 이전+지역사회 자원	제한된 공적 이전+노동시장 자원
주요 전달체계	공적 전달체계	지역사회 네트워크	노동시장 내 모든 조직
이익재분배	매우 제한된 재분배	제한된 재분배	무한한 재분배
의사 결정구조	경직됨	자율적	자율적
소유권	일정기간 후 소유권 전환 (국가→구성원)	구성원의 공동소유	창업주 개인 소유
지역사회 관계	친밀하지 못함	매우 친밀함	친밀하지 못함
시장과의 관계	보호된 시장으로 일반 노동시장과 거리감이 큼	자본주의와 세계화에 대항하기 위한 수단으로서 적절한 거리감을 유지	시장 내에서 경제활동을 함으로써 시장과 매우 친밀함
투자중심성	낮음	높음(단, 지역사회 내)	매우 높음
충족조건	보호된 시장으로서 정부 및 지방정부로부터 확실한 제도적 자원이 수반되어야만 제대로 된 역할 수행	필요한 자원을 지역사회에서 조달, 생산된 이윤을 다시 지역사회로 환원시켜 지역사회와 유기적 네트워크 구축, 이익재분배, 의사 결정구조의 유연성과 투명성 확보	시장 내 경제활동을 하기 위해서 아이템, 판로 개척, 자금 조달 등의 조건에 있어서 확실한 자원이 필요

자료: 김경휘·반정호, 2006: 46

<표 2-6>에서 심창학(2007)은 사회적 기업의 개념 정의 범위설정 연구에서 사회적 기업의 보편적인 정의가 어렵다고 결론 내리고 있다. 또한 유형 분류에 있어서도 유럽의 사례에 너무 치중한 나머지 미국이나 한국적 상황에 대한 고려는 부족한 편이었다. 또한 사회적 기업에 대한 법적 접근과 구조 기능적 접근을 시도하여 유럽의 국가의 사회적 기업에 대한 다양한 접근 방법을 시도하였다. 그러나 한국과는 다른 사회적 여건과 맥락에서 사회적 기업이 출발하여 이에 대한 설명력이 부족한 편이었고, 여러 나라들을 소개하고 논의하는 과정에만 치중하는 결과를 보여 주었다.

Alter(2007)는 사회적 기업의 유형화 시도에서 사회적 기업을 다양한 모형으로 유형화하였다. 사회적 기업의 분류에서는 사명 정향(Mission Orientation)에 따라 사회적 기업을 분류하였다. 사명 중심 사회적 기업은 조직의 사회적 목적이 중심이다. 이러한 사회적 기업은 사회적 목적에 자기금융(self-financing)을 사용하여 사회적 목적을 실현하게 된다. 사회적 기업은 배제된 사람들의 고용을 창출하고,

〈표 2-6〉 사회적 기업의 접근방법에 따른 유형

구 분	내 용
법적 접근 방법	● 해당 국가의 사회적 기업에 관한 개별법에 기초하여 범위 설정 ● 사회적 기업의 범위는 국가마다 다른 것은 사회적 기업법이 대상으로 하는 조직 및 규모가 다르기 때문 ● 사회적 기업과 관련된 법의 제정 혹은 기존법의 개정은 범위 설정과 관련된 역할은 미미함
구조 기능적 접근 방법	● 노동통합 사회적 기업의 범위를 설정하는 경우 ● 많은 사회적 기업을 포함하는데 내부적으로 다양한 카테고리 및 법적 지위를 가진 사회적 기업이 존재 ● 사회적 기업의 국가 간 비교를 용이하게 하고 특정 국가의 사회적 기업현황에 대한 정확한 파악을 가능하게 함

자료: 심창학, 2007 재구성

소액금융 제도는 이러한 사회적 기업의 사례이다. 사명 중심 사회적 기업은 사회적 프로그램과 비즈니스 활동이 같거나 하나인 배태된 (embedded) 사회적 기업의 성격을 갖는다. 사명 관련 사회적 기업은 공공의 성격을 가지고 있고, 운영비용이나 조직의 사회적 프로그램을 보조하는 경제적 가치를 발생시키고, 프로그램의 사회적 가치를 만들어 낸다. 사명 관련 사회적 기업은 사회적 프로그램이 비즈니스 활동과 겹치는 통합형 사회적 기업의 형태를 가진다. 사명과 무관한 사회적 기업은 조직의 사명이 관련되어 있지 않고, 운영비용이나 사회적 프로그램을 위한 수입을 발생시키기보다는 사명 무관성의 경향이 있다. 일반적으로 사명과 무관한 사회적 기업은 사회적 프로그램이 비즈니스 활동과 구별되는 외부적 형태를 지닌다. 이를 그림으로 표현하면 <그림 2-3>과 <그림 2-4>와 같다.

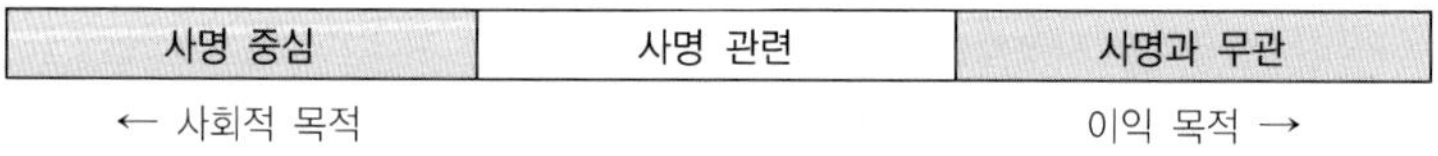

사명 중심	사명 관련	사명과 무관

← 사회적 목적   이익 목적 →

자료: Alter, 2007: 23

〈그림 2-3〉 사명 정향에 따른 사회적 기업의 분류

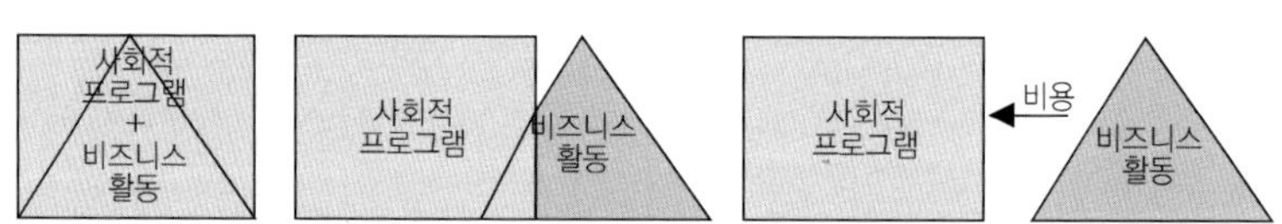

자료: Alter, 2007: 26

〈그림 2-4〉 비즈니스 활동과 사회적 프로그램에서 통합의 수준에 근거한 분류

다음 운영 모형(Operational Models)에서는 기본 모형(Fundamental Models)으로 기업가 지원 모형, 시장 중개 모형, 고용 모형, 이용에 따라 비용을 지불하는(Fee - for - Service) 모형, 저소득 고객 시장 모형, 조합주의 모형, 시장 결합 모형, 서비스 보조금 모형, 조직 지원 모형 등으로 분류하였다. 결합된 모형(Combining Models)으로는 복합 모형, 혼합 모형이 있다. 강화 모형(Enhancing Models)으로는 프랜차이즈 모형(Franchise Model), 민간 - 비영리 파트너십 모형이 있다. Alter(2007)의 모형 분류는 다양한 형태의 사회적 기업 모형을 통해 구체적인 사례로 설명하여 시사점을 주고 있다. 그러나 과도하게 세밀한 분류로 모형의 설명에 혼란을 주는 경우가 있는 것으로 판단되며, 한국의 사회적 기업 설명을 적용하기에는 일정한 한계가 있는 것으로 보인다.

결국, 사회적 기업의 유형 분류는 학자들의 견해마다 상이함을 알 수 있다. 사회적 기업의 목적을 어디에 두느냐에 따라 상이한 결과를 나타낸다고 볼 수 있다. 사회적 기업의 유형 분류는 사회적 기업의 성격에 따라 좌우될 수 있는데, 해당 사회적 기업이 기업활동을 함에 있어 보다 사회적 목적에 초점을 두는지 아니면 경제적 목적에 초점을 두는지에 따라 유형 분류가 가능해질 것이다. 사회적 기업의 본원적 성격인 사회적 목적 추구와 경제적 목적 추구라는 두 가지 측면에서 어떻게 조화를 이루어야 하는지가 사회적 기업의 유형을 분류하는 데 있어서 가장 핵심적인 문제가 될 것이다. 그러나 과도한 사회적 기업의 유형 분류는 사회적 기업의 성장과 발전에 실익을 주기보다는 저해 요소가 될 수도 있다. 그것은 사회적 기업의 출현 배경에 대한 다양성을 간과하는 것이기 때문이다.

즉, 사회적 기업은 정부 실패와 시장 실패의 대안적 측면에서 출현했기 때문에 사회적 기업의 다양성을 충족하는 사회적 기업의 유형 분류는 현실적으로 어려운 측면이 존재한다. 그리고 사회적 기업은 실제적으로 다양한 부분에서 활동하는 조직이기 때문에 모든 사회적 기업을 포괄하여 유형화하는 것은 사회적 기업의 지속 가능성에도 저해요소가 될 수 있다. 사회적 기업이 사회 속에서 다양한 특성을 지니고 있기 때문에 어느 한쪽만을 부각하는 것도 어렵다. 따라서 사회적 기업의 성장과 발전을 위해서는 과도한 유형화 시도보다는 사회적 기업의 활성화될 수 있도록 사회적 목적과 경제적 목적에 대한 조화가 어떻게 이루어져야 하는가가 선결되어야 한다.

3. 사회적 기업의 효과

1) 사회서비스 제공

사회적 기업은 정책적·사회적·경제적 부문에서 많은 효과를 나타낸다. 먼저 사회적 기업의 사회 기여도에 대해 영국의 제3부문청(The Office of the Sector)은 다음과 같이 설명하고 있다(OTS, 2006: 28). 첫째, 사회의 가장 뿌리 깊은 사회적 환경적 문제들을 해결한다. 둘째, 기업의 책임감에 대한 기준을 높임으로써 윤리적 시장의 새로운 기준을 설정한다. 셋째, 서비스 내용을 구체화하고 새로운 접근법을 시도함으로써 공공 서비스를 개선한다. 넷째, 새로운 사람들을 사업으로 유도함으로써 기업의 수준을 높인다. 그러나 이러한 효과의 증거를 제시하는 실증적 연구는 미흡한 상황이다. 실제로 대부분의 이러한 연구들은 서술적인 사례연구들로, 다른 연구들과 비교하여 사회적 기업의 부가가치를 조명해 줄 수 있는 확실한 비교요소나 실증적 근거가 부족한 경우가 많다(Jons et al., 2007).

그러나 사회적 기업은 몇 가지 측면에서 사회서비스 제공의 효과를 기대할 수 있다(박찬임, 2009: 6). 첫째, 적절한 가격에 적절한 수준의 사회서비스를 제공받을 수 있다. 사회적 기업은 기부, 자원봉사, 정부지원 등 시장소득 이외의 지원을 받을 수 있어서 일정 수준 이상의 재분배적 기능을 가질 수 있기 때문에, 가진 돈에 따라서 제공받는 서비스의 질이 양극화되는 시장의 단점을 해소할 수 있다. 또한 사회적 기업이 재분배 적이라는 것을 지역사회가 인식하게 되면, 사회적 기업에 대한 사회적 평판이 좋아지고 이는 다시 사회적 기업의 매출 향상으로 이어질 수 있다. 둘째, 사회적 기업은 사회적 결속을 이루고 사회적 자본을 창출할 수 있다. 사회적 기업은 특정 집단의 문제를 해결하거나 완화하는 데 기여하고, 한계집단에게 높은 임금을 주면서 노동시장에 다시 통합시키는 것을 선호한다. 이러한 경향은 다시 생활조건의 향상, 지역사회의 복지 향상, 사회통합 수준의 향상에 기여하게 된다. 또한 사회적 기업은 자원봉사와 사용자 참여의 촉진을 통하여, 연대성과 상호 부조를 발전시키고 신뢰를 확산시켜 사회적 문제의 해결에 시민의 참여를 촉진하여 사회적 자본의 창출에 기여할 수 있다. 셋째, 사회적 기업은 기업의 사회적 책임성과 윤리성을 제고할 수 있다. 사회적 기업이 발달하면 일반 시민들의 기업에 대한 윤리적 기대 수준이 높아지게 된다. 예를 들면 사회적 기업은 친환경적 작업 내용을 통하여 시민들의 기업 환경적 책임에 대한 기대수준을 높일 수 있고, 사회공정거래, 착한 소비 등을 통하여 새로운 윤리적 기준을 만들어 갈 수 있다.

또한 사회적 기업은 다음과 같은 효과를 있을 수 있다(김정원, 2008: 84-85). 첫째, 사회적 기업은 기존의 시장질서하에서 공급되지 못하는 사회서비스에 확대에 기여하고 있다. 대부분 정부정책으로 공급되는 사회서비스는 한국의 경우 상당 부분 10여 년 전부터 비영리 조직들이 사회적 일자리를 통해 공급해 왔다. 이러한 경험들이 정부에 의해 수용되면서 정부는 자활지원센터 등을 통해서 사회서비스 공급의 효과성을 시범사업으로 검증하였다. 둘째, 사회적 기업은 국가와 시민사회 진영의 파트너십 경험을 쌓을 수 있다. 사회적 일자리와 사회적 기업은 시민사회의 실천 영역이지만 국가의 정책 영역이기도 하다. 다른 측면에서 시민사회의 실천이 국가에 수용되어 정책으로 전환된 정책형성의 모범 사례이기도 하다. 또한 국가 재원을 기반으로 하지만, 사업의 수행 주체는 시민 사회진영의 각 조직이기 때문에 사업의 진행 과정에서 접촉이 필수적이다.

따라서 사업시스템의 성격상 국가와 시민사회는 파트너십을 가질 수밖에 없으며, 이러한 과정에서 국가의 정책이 국가가 설정한 경로에 따라 일방적으로 운영되는 것이 아니라 관련 시민사회 진영과의 소통을 통해 경로를 설정해야 하는 문화를 정착시켜 가고 있다. 셋째, 사회적 기업은 기업의 사회적 책임의 확산을 유도한다. 기업의 사회적 책임이 사회적 일자리나 사회적 기업이 매개가 되어서 등장하고 확산된 것은 아니지만, 사회적 일자리 수행조직 및 사회적 기업들이 활동하는 과정에서 기업이 사회적인 책임을(자발적 혹은 비자발적) 부담할 수 있는 기회를 제공했다는 점에서 의미가 있다.

한편, Peattil & Morley(2008: 94)은 사회적 기업의 환경적 공헌에

대해 전국적인 전화설문조사의 결과를 인용하였다. 첫째, 재활용과 같은 '친환경(green)' 활동을 통해 전통적인 의미에서 환경을 돕고 있다. 둘째, 자원의 지속 가능한 사용을 장려하거나 일련의 서비스를 통해 '사람이 만들어 놓은(built)' 환경을 돕는 것이라고 했다. 또한 스코틀랜드 사회적 기업에 대한 설문조사는 거의 절반에 가까운 사회적 기업이 지속 가능한 환경을 핵심적 사업 목적으로 삼고 있다고 보고했다. 따라서 사회적 기업은 영리 기업이 무시하거나 관심을 가지지 않은 분야에서 새로운 시장을 개발하는 주체로 인용된다. 사회적 기업은 특히 환경 서비스 및 기술과 같은 분야에서 중요한 혁신의 원천으로 나타나고 있다.

한국에서 사회적 기업의 사회서비스 제공 성과는 고용노동부에 의해 집계되고 있다. 사회적 기업이 제공하는 사회서비스에는 사회적 기업 육성법과 시행령에 따라 교육, 보건, 사회복지, 환경, 문화 및 그 밖에 보육, 예술·관광 및 운동, 산림 보전 및 관리, 간병 및 가사지원이 포함된다. 다음 <표 2-7>을 보면 2007년 6월부터 2009년 3월까지 사회서비스 제공은 꾸준히 증가한 것으로 나타나고 있다. 2007년 6월 사회서비스 제공 총 수혜자는 21,430명이고, 2008년 3월은 33,982명, 2009년 3월은 44,767개로 약 2배가 증가한 것으로 나타났다. 특히 취약계층의 사회서비스 수혜자 수가 2006년 6월에 비해 2009년 3월에 4배가 증가하여 취약계층에 대한 사회서비스 제공 효과가 크다고 할 수 있다.

<표 2-7> 사회적 기업의 사회서비스 제공 효과(단위: 명, %)

구 분	2007.06.	2007.09.	2007.12.	2008.03.	2008.06.	2008.09.	2008.12.	2009.03.
일반 수혜자	12,712	12,381	17,166	9,231	9,869	9,658	13,269	10,547
	59.3	61.5	65.7	27.2	27.7	22.7	26.9	23.6
취약계층 수혜자	8,718	7,752	8,955	24,751	25,720	32,905	35,983	34,220
	40.7	38.5	34.3	72.8	72.3	77.3	73.1	76.4
전체 수혜자	21,430	20,133	26,121	33,982	35,589	42,563	49,252	44,767
	100.0	100.0	100.0	100.0	100.0	100.0	100.0	100.0

자료: 고용노동부, 2009: 196

2) 고용 창출

신자유주의 도입 이후 세계경제는 빈곤, 실업, 경제적 불평등을 악화시켰다. 빈곤과 실업으로 인한 경제적 불평등과 양극화는 사회적 갈등을 높여 사회통합에도 걸림돌이 되어 경제적 불평등 해소가 각국의 중요한 정책적 과제로 등장하였다(이윤재, 2010: 9). 이러한 측면에서 사회적 기업을 통해 고용창출을 이룩하려는 노력을 기울이고 있다. 많은 사회적 기업의 주요 특성은 장기 실업자, 학습장애가 있는 사람들, 전과자, 자격이 부족한 사람들, 기타 비교적 고용률이 낮은 사람들을 위한 유급 교육 훈련을 포함한 고용 기회 창출이다(Peattil & Morley, 2008: 38). 즉, Borzaga & Defourny(2001)가 유럽 15개국에서 조사한 사회적 기업 사례는 유럽의 사회적 기업 내에서 노동통합(work integration)으로서의 역할이 행해지고 있고 가치 있는 것임을 보여 주고 있다. 사회적 기업은 일반적으로 노동에서 배제당하는 사람들에게 안정적인 일자리를 제공하고, 직업적으로 전망이 없는 사람들에게 평생직장을 구해 주는 데 초석이 될 수 있다

(Nelmes, 2004). 이러한 노동통합 기능을 가진 사회적 기업은 취약
계층의 고용을 통해 노동 보호, 사회보장의 가능성을 높일 수 있다.

또한 사회비스를 제공하는 사회적 기업은 장기적으로 고용창출의
가능성이 높은 서비스 경제의 역동성을 강화하여 지속적인 고용 가
능성의 기반을 강화할 수 있다(임혁백 외, 2007). 고용창출의 노력은
유럽연합이사회의에서도 강조되었다(European Council, 2005). 유럽
이사회는 보다 많은 사람들이 고용 시장에 참가하도록 하는 것은 매
우 중요하며, 이를 위해 적극적인 고용정책, 노동에 대한 정당한 보
수 지급, 육아시설 향상 등 일과 가족생활의 조화방안을 추진해야
한다고 주장했다. 이러한 측면에서 사회적 기업은 빈곤과 실업 문제
에 대처하는 인프라 확산에서 의미가 있다(김정원, 2008: 83).

사회적 일자리 및 사회적 기업은 국가의 재원을 기반으로 노동시
장 진입 취약계층을 유급노동의 장에 참여시켜 빈곤이 더 이상 악화
되는 것을 예방하거나 실업 상태에서 벗어날 수 있도록 하는 기회를
제공한다. 더불어 사회적 일자리 및 사회적 기업을 통해서 대안경제
의 저변확대를 기대할 수 있다. 사회적 일자리 및 사회적 기업은 대
안 경제에 관한 기대에서 출발했으며, 대안 경제는 사회적 기업의
활동에 사회적 일자리가 중요한 매개체로 작동할 수 있다.

한편 사회적 기업은 지역사회의 고용창출과 발전, 그리고 청년실
업 해소라는 차원에서 소비자 만족과 양질의 일자리 창출이 가능하
다(박찬임, 2008: 6; Birkhölzer, 2009: 10; 이신모, 2009: 20). 첫째,
사회적 기업은 이윤 극대화가 목표가 아니기 때문에 비록 수익이 낮
다 하더라도 지역사회가 필요로 하는 서비스를 제공할 수 있으며 시
장보다 양질의 일자리를 제공할 수 있다. 둘째, 사회적 기업은 지역

사회의 요구에 민감하게 반응하는 지역사회 맞춤형 서비스를 제공할 수 있다. 즉, 사회적 기업은 지역사회 내에서 활동하고 지역사회 주민을 직원 및 자원봉사자로 활용하기 때문에 지역사회의 욕구를 잘 알 수 있다.

따라서 국가가 미처 인식하지 못한 서비스 수요를 발굴하여 해당 지역의 상황에 적절한 서비스를 제공할 수 있다. 또한 사회적 기업은 비교적 소규모 기부나 자원봉사를 동원할 수 있기 때문에 서비스를 기획하거나 증가·감소시키는 데 비용이 적게 들고, 지역사회의 서비스 수요에 따라서 서비스를 조정하는 것이 용이하다. 셋째, 사회적 기업은 지역사회의 발전에 기여할 수 있다. 사회적 기업은 지역사회 내에서 발생한 수요를 그 지역의 사회적 기업(근로자)이 해결하는 구조를 가졌기 때문에 사회적 기업의 성장을 통해서 지역사회의 고용을 늘릴 수 있다. 지역사회는 사회적 기업이 제공하는 사회서비스를 이용하여 근로희망 여성이 가정에서 벗어나 일자리를 갖는 것이 가능해질 수 있다. 또한 사회통합형 사회적 기업의 경우 지역사회에서 일자리를 얻기 곤란한 사람들을 고용함으로써 지역사회의 통합을 이룩하는 데 기여할 수 있다.

사회적 기업은 고용창출에 있어서도 많은 효과를 나타내고 있다. <표 2-8>에서 고용노동부의 사회적 기업 성과 집계에 따르면 2006년 6월 전체 유급근로자의 수는 2,083명으로 일반 근로자는 1,043명이고 취약계층 근로자는 1,040명이다. 2009년 3월의 전체 유급근로자 수는 3,947명으로 일반 근로자는 1,923명이고, 취약계층 근로자는 2,024명으로 나타났다. 전체 유급근로자는 2006년 3월에 비해 2009년 3월에 약 2배가량 증가한 것으로 나타났고, 특히 일반

<表 2-8> 사회적 기업의 고용창출 효과(단위: 명, %)

구분	2007.06.	2007.09.	2007.12.	2008.03.	2008.06.	2008.09.	2008.12.	2009.03.
일반 근로자	1,043	1,085	1,136	1,617	1,669	1,633	1,833	1,923
	50.1	47.7	44.7	48.1	48.6	44.1	48.9	48.7
취약계층 근로자	1,040	1,191	1,403	1,743	1,767	2,074	1,913	2,024
	49.9	52.3	55.3	51.9	51.4	55.9	51.1	51.3
전체 유급 근로자	2,083	2,276	2,539	3,360	3,436	3,707	3,746	3,947
	100.0	100.0	100.0	100.0	100.0	100.0	100.0	100.0

자료: 고용노동부, 2009: 129

근로자보다 취약계층 근로자 수가 2배 정도로 늘어난 것으로 나타나 전체적인 일자리 창출 효과와 더불어 취약계층의 일자리 창출에 기여하고 있는 것을 알 수 있다.

제2절 사회적 기업 활성화 전제로서의 거버넌스에 대한 논의

1. 거버넌스의 개념

세계화와 정보화라는 새로운 국제질서는 국민국가의 역할을 변화시키고, 국가 개입의 내용과 정도를 새롭게 규정할 것을 요구하고 있다. 정보화는 다양한 관점을 포괄하면서 공공성을 지니고 정부에 의한 계획이나 행위가 정당성을 충분히 확보할 수 있는 영역으로 발전하였고, 정부와 사회, 기업 등 국가운영 주체 간의 관계를 변화시켰다.

새로운 변화는 근본적으로 산업사회 패러다임을 넘어 거버넌스라는 새로운 형태의 공동체 운영관리 방식을 요구하게 되었다. 국가운영 주체들의 변화는 현실 세계에서의 활동을 사이버 공간이 대체하거나 새롭게 활동 영역을 창출하면서 기본질서가 크게 변화하고 있는 것을 말한다. 이러한 이유로 국가 및 시민사회의 관계를 새롭게 규정하는 실제 세계에서의 거버넌스(Governance)는 국가 간의 관계뿐만 아니라 국내 시장과 세계 시장, 국내 시민사회와 세계 시민사회라는 차원을 달리하는 각 주체 간의 관계를 새롭게 설정할 것을 요구한다(김석준 외, 2001; 김혁, 2010).

거버넌스의 어원은 그리스 동사 kubernan(조정, pilot, steer)에까지 거슬러 올라가며, 플라톤은 이를 통치체제의 디자인을 조정하는 의미로 사용하였다. 그러나 1980년대 들어 정치학자들은 거버넌스를 정부와는 구별되는 의미로, 시민사회 행위자들을 포함하는 의미로 사용하게 되었다(Kjaer, 2004: 13). '정부'와 '거버넌스'라는 단어가 동일한 어원을 가지고 있지만 동일한 의미를 갖는 것은 아니다. 거버넌스에 관한 사고는 어떻게 경제와 사회의 방향을 잡아 가고, 어떻게 집합적 목표에 도달할 것인가에 생각하는 것을 의미한다(Pierre & Peters, 2000: 44).

또한 거버넌스는 여러 가지 개념으로 사용하는 경향이 많아서 개념상의 혼란을 발생시키기도 한다. 거버넌스는 자체 조직화, 상호의존에 기반을 둔 조직 간의 네트워크, 자원의 교환, 게임의 규칙, 국가로부터의 상당한 자율성을 의미하기도 한다(Rhodes, 1997: 654).

거버넌스는 정치적 게임의 공식적 · 비공식적 규칙을 관리하는 것이며, 권력행위 규칙을 결정하고 그러한 규칙과 관련한 갈등을 해소하는 방법을 의미하기도 한다(Hyden, 1999: 185). 제도적인 관점에서 거버넌스는 '시민과 공직자가 행동하고 정치가 벌어지는 틀, 시민사회의 정체성과 제도를 형성하는 틀'에 영향을 미치는 것을 의미한다(March and Olsen, 1995: 183). 따라서 광범위하게 제도주의적인 관점에서 정의하면 거버넌스는 규칙의 제정, 규칙의 적용, 규칙의 집행을 의미하는 것이다(Fenny, 1993: 8).

한편 새로운 거버넌스 개념은 중앙정부가 사회와 어떻게 상호작용하는가에 관한 것이며, 그러한 상호작용의 네트워크에 자율적인 조정이 있는지에 관심을 가진다. 자발적으로 조직된 네트워크는 정책의 집행을 방해하여 정부의 조정능력에 부정적 영향을 미칠 수도 있고 혹은 정책 집행에 협력하여 효율성을 제고할 수도 있다. 새로운 거버넌스 이론에서 네트워크는 국가의 조정능력에 긍정적 또는 부정적 효과를 동시에 미칠 수 있다(Peters & Pierre, 2005: 32).

어떤 학자들은 기존의 의미와 새로운 의미를 모두 포함하는 개념으로 거버넌스를 사용하기도 한다. World Bank(2003: 138)에서는 시민 또는 그들의 대표자가 요구하는 공공재나 기타 재화를 제한된 자원을 가지고 효율적으로, 투명하고 공정하게, 책임성 있는 방식으로 제공하는 공공조직의 제도적 능력이 거버넌스라고 보고 있다. 거버넌스의 이러한 정의는 '좋은 거버넌스(good governance)' 사업을 통해 피원조국 정부의 조정능력을 강화하는 개혁을 지지하면서, 동시에 정부의 통치행위에 시민사회의 참여를 촉진 · 강화하고자 하는 세계은행과 같은 개도국 개발과 개발 관련 정책 분야의 국제기구에 전형적으로 나타난다. 여기에서 추구되는 목표는 단지 보다 작은 정부의 실현이 아닌, 보다 더 우수하고 효율적인 정부이다(Kjaer,

2004: 57).

또한 거버넌스는 국정관리 체계, 공치, 협치 등의 용어로 번역되거나 그냥 거버넌스로 사용되기도 한다. '정부에서 거버넌스로(from government to governance)'라는 말이 대변하듯이 거버넌스는 일방적·계층제적 통치를 의미하는 정부(government)와는 대비되는 개념이다. 즉, 기존의 정부가 계층제적 국정관리 체계를 의미한다면, 거버넌스는 네트워크식 국정관리체계를 의미한다(이종수, 2010: 147). 그동안 계층제적 국정관리체계로서 정부는 공공 서비스의 일방적·독점적 생산자 및 공급자 역할을 담당해 왔으나, 점차 공공 서비스의 생산과 전달에 민간 부분과 비영리 부문의 참여가 확대되었다. 그 결과 공공 서비스의 전달의 효율성과 효과성은 정부 부문과 민간 부문 및 비영리 부문 간 협력적 네트워크의 구축 및 관리에 영향을 받게 되었다.

Rhodes(1996: 658)에 의하면 자율적으로 조직화된 네트워크로서의 거버넌스는 시장이나 위계적 조정과는 다른 통치구조라고 설명한다. 정부가 직면한 중요한 도전은 이들 네트워크를 작동하게 하고 새로운 형태의 협력을 추구하는 것이라고 주장한다. 이처럼 학자들은 전통적 위계의 도구들이 현대 세계에는 적절하지 않고 시장은 번번이 작동에 실패하기 때문에, 정부는 서비스 제공을 위해 네트워크에 의존해야 한다는 의견이다. 또한 디지털화되는 세계에서 사회, 경제, 정치는 점점 네트워크 사회로 진화하고 있기 때문이다(Barney, 2004: 2).

결국 거버넌스는 학자들의 다양한 정의에도 불구하고 합의된 명확한 정의는 아직까지 이루어지지 않고 있다. 따라서 본서에서는 거버넌스를 정의한 학자들의 논의를 바탕으로 공통적인 특성에 따라

광의적인 시각에서 정의하고자 한다. 거버넌스는 기존의 정부와 구별되는 통치양식으로서 국가를 운영하는 다양한 행위자들의 상호작용의 형태를 의미한다. 즉, 거버넌스는 현대 국가가 당면한 다양한 문제들 가운데 전통적인 국가의 통치방식만으로는 해결하기 어려운 문제들을 다른 주체인 기업과 시민사회와 협력하고 네트워크를 구축하여 해결해 나가는 방식이다.

예를 들면, 빈곤, 실업, 양극화, 사회통합 같은 문제들에서 거버넌스는 과거의 정부 중심 문제 해결방식에서 벗어나 시장과 시민사회와 적극적이고 능동적으로 상호작용하면서 문제점들을 해결해 나가게 된다. 이때 다른 국가와 다른 행위자들은 국가와 대등한 위치에서 상호작용을 하게 되고, 행위자들 간의 관계는 수직적이지 않고 수평적이며, 네트워크를 형성하여 공통적으로 사회문제 해결을 위해 노력하게 된다.

2. 거버넌스의 이론과 유형

거버넌스의 개념은 거버넌스의 주체들인 국가, 기업, 시민사회 가운데 어느 것을 중심으로 이해하느냐에 따라 거버넌스의 내용이 달라진다. 국가(정부) 중심적인 접근이 많이 논의되어 왔지만, 거버넌스가 등장하게 된 주요 원인은 정부 실패나 정부의 통치능력 상실에 따른 새로운 대안으로 제기된 만큼, 국가(정부) 중심적 접근 외에 거버넌스의 주체들인 시민사회(NGO), 시장(기업) 그리고 사이버 공간과 네트워크의 역할이 새롭게 강조되고 있다. 거버넌스는 다양한 학자들의 이론이 존재한다. 이를 살펴보면 다음과 같다.

먼저, Peters(1995: 54 - 206)는 미래의 국정관리에서 네 가지 정부 모형을 제시하고, 이들 간의 특징을 구분하여 설명하고 있다. 첫째, 시장 모형(Market Model)은 새로운 거버넌스를 통한 정부 효율성 제고를 추구한다. 둘째, 참여 모형(Participatory Model)은 정치적이고 민주적인 방식으로 정부효율성을 향상시키고자 하는 것이다. 셋째, 신축 모형(Flexibility Model)은 장기적이고 지속적인 관료제에 기초한 통치 모형이다. 넷째, 탈규제 모형(Deregulation Model)은 내부의 번문욕례 등 제약요인을 제거함으로써 구성원들이 새롭고 창의적인 활동을 할 수 있도록 하여 효과적인 행정을 달성하고자 하는 것이다.

Peters & Pierre(2005: 11 - 12)는 복잡한 사회를 향한 거버넌스에서 정부와 시민과의 관계를 중심으로 다섯 가지 모델을 제시하고 있다. 첫째, 국가통제 모형(Etatiste Model)은 정부의 통치과정에서 사회적 행위자들의 참여가 배제되어 있는 모형이며, 정부 없는 거버넌스를 반대하는 전형적 국가주의 모형이다. 둘째, 자유민주주의 모형(Liberal - democratic Model)은 사회행위자들이 국가에 영향을 미치기 위해 다양한 형태로 경쟁하게 되는데, 이들 중 최종 선택할 수 있는 정책적 권리는 국가가 가지게 된다. 셋째, 국가 중심 조합주의 모형(State - centric Corporatism Model)은 국가가 사회행위자 파트너들과의 관계에서 실질적인 권력을 가지지만, 국가와 사회의 상호작용이 많이 강조되는 모형이다. 넷째, 사회 중심 조합주의 모형(Societal - centric Dutch Governance Model)은 국정 운영에 있어 사회적 네트워크의 역할에 크게 의존하는 것이며, 국가 운영 과정에 있어 다수의 행위자들이 수반되는 형태의 거버넌스이다. 다섯째, 자기조정 네트워크

모형(Governance without Government Model)은 사회적 행위자들의 자기조정 네트워크를 강조하며, 가장 국정 운영의 중심이 사회 쪽으로 이동해 있는 순수사회 중심형 거버넌스 모형이다.

Newman(2001: 30 – 34)은 현대적 거버넌스에서 거버넌스의 유형을 4가지로 나누어 설명하고 있다. 첫째, 계층제 유형(Hierarchical)은 전통적 정부통치 방식인 관료제적 계층제를 통하여 정책의 결정 및 집행과정을 통제하는 전통적인 거버넌스 유형이다. 둘째, 합리적 목표 유형(Rational Goal)은 집권화와 수직적 통합을 지니지만 혁신과 변화를 추구하는 거버넌스 유형이다. 셋째, 개방체제 유형(Open System)은 분권화와 차별화의 네트워크 속에서 현실과 변화를 추구하는 거버넌스 유형이다. 넷째, 자치거버넌스 유형(Self – Governance)은 분권화와 차별화의 네트워크 형태 속에서 지속성과 질서가 강조되는 거버넌스 유형이다.

Kooiman(2003: 79 – 221)은 거버넌스로서의 통치에서 국가 – 사회 중심성을 기준으로 3가지로 구분하고 있다. 첫째, 자치거버넌스(Self – Governance)는 사회행위자들 간의 상호작용의 결과로서 사회의 자기 조직적 네트워크가 생성된다고 파악하며, 국정 운영의 관점에서도 사회적 행위자들 간의 상호작용과 자기조정능력을 중시한다. 둘째, 협력 거버넌스(Co – Govrnance)는 정부와 민간의 상호 존중 원리에 기초한 협력관리와 의사소통 거버넌스를 중시한다. 셋째, 계층제 거버넌스(Hierarchical – Governance)는 국가 관료제 중심의 계층제를 토대로 한 거버넌스적 국정 운영을 강조하는 개념이다.

따라서 거버넌스는 국가, 시장 및 시민사회가 맺고 있는 결합의 방식과 정도에 따라 그 통치 능력이나 방식에 따라 거버넌스의 유형이 달라진다. 거버넌스의 유형에는 세 주체들의 독립성을 유지하는 독립형, 상호 어느 정도의 자율성과 연대성을 공유하는 연립병존형, 상호 긴밀하게 연결된 네트워크형이 대표적이다. 그 속에서 거버넌스는 협력을 토대로 행위자들 간에 긴밀한 의사소통과 네트워크 능력을 강조하며 정부와 민간의 상호 존중의 원리에 기호한 협력관리와 의사소통 거버넌스를 중요시한다(Newman, 2001: 34).

그러므로 거버넌스에서는 다양한 주체들이 서로 연결되고, 공공부문과 민간 부문의 경계가 무너지면서 다양한 이슈들이 논의되고 수많은 행위자들이 협력적인 상호작용을 하는 등 다양한 목적과 방식으로 새롭게 과거와는 다른 형태로 공공문제 해결을 이끌어 나가게 되는 것이다. 김석준 외(2000, 2001)는 거버넌스의 모형을 국가중심이론, 시장중심이론, 시민사회중심이론으로 구분하고, 거버넌스는 독립형, 연립병존형에서 네트워크형 거버넌스로 발전해야 한다고 주장한다. 이를 그림으로 표현하면 다음 <그림 2-5>와 같다.

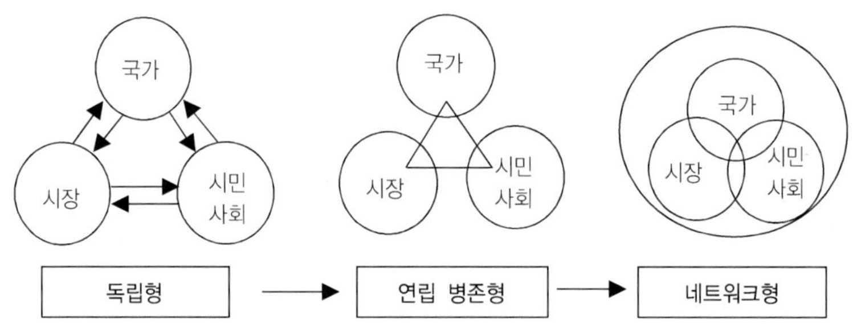

자료: 김석준 외, 2001: 31

〈그림 2-5〉 국가, 시장, 시민사회의 관계모형

1) 국가 중심적 거버넌스

국가 중심 거버넌스는 기본적으로 국가가 시장과 시민사회를 주
도적으로 관리하는 입장을 말한다. 대륙계 국가들이 영미계 국가들
에 비해 시장과 시민사회에 깊이 개입하는 전통 위에 거버넌스가 이
루어지는 것으로, 전통적인 국가 중심인 통치에 비해서는 국가가 시
장이나 시민사회와 맺고 있는 관계가 더 민주적이고, 더 경쟁적인
성격을 지닌다. 또한 국가 중심 거버넌스는 시장 주도적 거버넌스와
운영논리 측면에서 유사성을 보이지만 문제의 원인을 정부의 규모
보다 잘못된 통치행태에서 찾으므로, 정부의 새로운 통치행태를 정
착시키는 데 초점을 둔다. 즉, 정부는 새로운 모습으로 계속 중심적
인 위치에서 문제를 해결해 나가야 한다는 입장이다(김석준 외,
2000: 62). 이러한 국가 중심 거버넌스의 원리에는 네 가지가 있다.

첫째, 관리주의와 관료주의이다. 국가 중심 거버넌스는 관료주의
와 관리주의를 운영의 기본원리로 한다. 관료주의는 합리주의와 법
치주의를 중심 가치로 삼고 있고, 관리주의는 효율성과 능률성을 주
된 가치로 지향하고 있다.

둘째, 관리주의와 시장주의의 갈등이다. 국가 중심 거버넌스의 지
배원리는 기본적으로 관리주의와 관료주의이지만 이것을 시장주의나
공동체주의 등과 조화시켜야 하는 문제를 안고 있다. 국가 중심 거버
넌스는 기업가정신이나 민간기법을 정부에 도입하여 정부를 변화키면
서 동시에 정부가 담당해 오던 공적 역할과 권한 중 부담스러운 영역
들을 시민사회로 이전시키려는 특성을 지닌다(DiGaetano & Lawless,
1999: 547).

셋째, 관리주의와 민주주의의 갈등이다. 국가 중심 관리주의 거버넌스는 과정과 결과에 대한 모순된 강조, 중앙 집중과 분산적 경향의 공존, 다양한 이해관계자들의 참여에 따른 경쟁과 이를 조정해야 하는 과제 등 모순과 긴장이 존재한다(Rhodes, 1996: 664).

국가 중심 거버넌스는 전자정부가 구축되는 초기 모습과 유사하다(김동원 외, 2007). 전자정부가 실현하고자 하는 것은 국가의 경쟁력을 향상시키는 것이고 이를 위해 정보통신 기술을 적극적으로 활용함으로써 공공 부문의 생산성 제고와 행정 서비스의 질적 향상을 도모하는 것이었다. 이러한 측면에서 e - 거버넌스는 행정 관료와 고객인 시민을 연결함으로써 다양한 형태의 공공서비스를 전달할 수 있다고 약속한다. 이러한 서비스는 주택과 복지에서 지역 의료서비스나 전자 납세신고에 이르기까지 다양하다(Stavros & Victor, 2000). 또한 전자정부가 고도화되면서부터는 시민들의 참여를 이끌기 위한 각종 정책 서비스들도 다양하게 추진되었고 협력을 강조하게 되었다(김현성, 2006).

2) 시장 중심적 거버넌스

세계화가 자본의 세계화 형태로 나타나면서 세계자본주의 체제의 구조화와 질적인 심화현상이 전 세계적으로 나타나면서 시장 중심 거버넌스의 경향이 신자유주의의 강화와 더불어 새롭게 나타났다(김석준 외, 2000: 95). 시장 중심 거버넌스는 경쟁원리와 고객주의를 근간으로 하는 시장주의를 지향한다. 첫째, 시장주의는 공공서비스의 생산에서 공공적인 결정과 집행에 의존하지 않고 가격을 매개로 움직이는 시장의 원리에 의존하려는 것이다. 둘째, 가격을 매개로 하여 수요와 공급을 일치시키는 시장원리는 수요자와 공급자가 다수가 있고 서로 경쟁하는 경우에 타당하다. 셋째, 시장 메커니즘을 이용하려는 신자유주의적 공공관리론에서 경쟁원리에 못지않게 중요한 것이 고객주의이다. 넷째, 신공공관리와 시장주의에서 가장 많은 실험적 시도가 있는 분야는 행정 서비스를 민간기업체로 하여금 경쟁적으로 공급시키는 민간위탁이다.

한편 거버넌스에서 시장은 많은 사회문제를 해결할 수 있는 치유책인 것으로 여겨지고 있다(Pierre & Peters, 2000: 38). 시장이 실제로 문제를 해결할 수 있는 것보다도 훨씬 더 큰 능력이 있는 것으로 인정되고 있다. 즉, 정부는 자원을 효율적으로 배분하지 못하며, 시장이 가장 효율적이고 공정하게 자원을 배분하는 메커니즘을 가지고 있다고 보는 것이다. 시장은 우리가 소비자로서 권력을 행사하는 것과 같은 방식으로 시민의 권한을 강화시킨다. 유권자들에게 책임을 제대로 지지 않는 관리들이 국가가 어떤 서비스를 어떤 가격에 공급해야 하는가를 결정하는 것 대신에, 그런 서비스를 공급하는 환경을 시장과 유사하게 만들어서 시민들이 직접 서비스를 선택하도록 한다.

따라서 공공 서비스의 공급은 시민들 자체에 의존하게 된다. 이러한 시장 중심 거버넌스는 상품과 서비스의 거래절차를 전자적인 매체를 활용하는 단순한 전자상거래의 의미와도 같다. 즉, 전자상거래는 비즈니스 절차의 중간 단계를 제거하고 생산자와 소비자의 관계를 가깝게 만들어 새로운 제품 및 서비스의 제공, 비용 절감 및 고객 만족 증대는 물론 산업을 재구성하여 분권화된 '가상사업'을 가능하게 하는 역할을 수행하기 때문이다(홍일유·이지은, 2008).

3) 시민사회 중심 거버넌스

시민사회 중심 거버넌스가 대두하게 된 현실적 필요성 가운데 시민사회와 관련한 것은 기존의 대의민주주의의 한계를 보완해야 한다는 문제 때문이다. 시민사회 중심 거버넌스는 강력하고 다원화된 시민사회가 책임 있게 시민을 대변할 수 있는 정부를 실현할 것을 전제로 하고 있다. 특히 정보화의 급속한 진전과정에서 인간의 자기결정지향성이 높아지면서 직접민주주의를 실현하고자 하는 욕구를 수용할 수 있게 되었다(김석준 외, 2000: 80).

시민사회 중심 거버넌스는 협의의 거버넌스가 중시하는 사회의 자율적 자기결정과 자율적 관리를 의미하는 사회적 거버넌스의 가치를 지향하는 것이다. 이러한 시민사회 중심 거버넌스는 사이버 공간에서의 네트워크가 그 기능을 강화해 나가면서 시민들의 참여욕구와 자기결정의 요구를 기술적으로 가능하게 되면서 이를 거버넌스에 반영하는 기제가 되었다. 이러한 과정에서 제기되는 보조적인 기법들이 시민들의 행정에 대한 불만을 처리하는 소극적·사후적 구제방법, 자문회의나 공청회, 이슈 네트워크, 정책공동체 등이다 (Peters, 1995).

전 세계의 초국적 사회운동 네트워크, 풀뿌리 정치조직, 그리고 독립 매체를 연결하는 인터넷의 능력과 잠재력은, 디지털 기술을 통해서 시민사회가 활성화되고 동원될 수 있다는 희망을 불러일으켰다(Norris, 2007: 165). 또한 디지털 기술은 정보, 커뮤니케이션, 전자공론장에 대한 참여의 기회를 확대하고, 잘 조직되고 민첩한 '다윗'이 거대한 대기업이나 국제기구와 대응할 수 있게 함으로써 시민사회를 강화하는 데 이바지할 수 있다(Shapiro, 1999).

3. 거버넌스 체계의 중요성

거버넌스 체계를 구성하는 국가, 시민사회, 시장은 세계화와 정보화의 변화의 물결을 겪으면서 지속적인 상호작용의 필요성이 증대하고 있다. 이 속에서 거버넌스 패러다임은 계속적인 통치시스템의 변화를 요구하고 있다. 첫째, 거버넌스의 쟁점은 상호 의존적으로 되고 있다. 그 이유는 지속적으로 변화하는 환경 속에서 발생하는 사회문제는 복잡하고 얽혀 있는 '고약한 문제(wicked problem)'이기 때문이다. 둘째, 정부의 주요한 사회문제를 탐색하고 해결하는 유일한 행위자가 아니므로 민간 부문이나 제3부문의 도움을 필요로 한다. 셋째, 정부와 사회가 상호작용하는 새로운 모형은 이들 사회문제에 대처하기 위해 필요하다. 넷째, 거버넌스의 배열과 메커니즘은 사회적 수준과 부문에 따라 다르다. 다섯째, 이러한 맥락은 국가역할의 재정립을 요구한다. 거버넌스는 공사부문의 융통성 있는 결합을 산출하려는 시도이다. 이것은 시민사회에서 발견할 수 있는 사회적 협동과 자발적 기여 및 집합적 노력을 위한 새로운 형태이다. 이러한 것은 또한 제3부문으로 언급되고 있다. 제3부문에서 자발적 교환은 재화와 서비스의 수요를 만족시킬 수 있고 사회성을 개선하고 신뢰를 창출하여 새로운 사회자본 형성에 기여할 수 있다(Gates, 1999;

Kooiman, 2002; Schmitter, 2002).

거버넌스는 정부와 관련된 문제를 해결하는 기제로 파악하는 경우도 있다(이명석, 2002: 323). 이때 거버넌스는 공적인 관심사와 관련하여 권력이 행사되고, 시민들의 의견이 제시되며, 의사 결정이 이루어지는 방법을 결정하는 전통, 제도 및 절차로 정의되기도 한다. 또한 거버넌스는 국가의 경제, 사회적 자원의 관리과정에서 권력이 사용되는 방법이나 유형으로 정의되기도 한다. 또한 거버넌스는 공적인 방법으로 충당되는 재화와 용역의 공급을 제한, 처방, 허용하는 법률이나 규칙, 사법적 결정 및 행정적 처리의 체제라고 정의되기도 한다(World Bank, 1992; Lynn et al., 2001).

거버넌스는 본질적으로 정치적인 성격을 갖는 것으로, 다양한 이해관계를 가진 참여자들 간의 협상과 타협, 그리고 승자와 패자가 존재하게 마련이라고 한다. 또한 거버넌스는 정책의 결정과 집행과 관련된 다양한 참여자들의 결정과 비공식적 영향력, 그리고 공식적인 제도 등으로 이루어진다. 즉, 거버넌스란 공동의 관심사를 해결하기 위하여 공식적인 제도와 비공식적인 제약하에서 이루어진 다양한 참여자들 간의 상호작용 결과이다(강창현, 2002; 배응환, 2002). 또한 Meuleman(2006)은 거버넌스의 행위 주체를 명시하여 거버넌스를 사회문제를 해결하고 사회적 기회를 창출하기 위해 정부, 공공기관, 사적 부문, 시민사회가 가담하는 상호작용의 총체라고 규정한다. 이러한 규정은 거버넌스 체계가 사회문제를 해결하고, 사회수요를 충족시키며, 사회갈등을 조정하는 과정 혹은 방식이라고 포괄적으로 정의한 것이다.

거버넌스는 새로운 현상이 아니라 오래전부터 존재해 온 것으로 해석할 수 있다. 변한 것은 이러한 통치기능을 수행하는 주체와 기능의 수행과정에서 활용되는 조직구조 혹은 관리방식이 달라지고 있다는 것이다(유재원·나찬영, 2008: 140). 통치기능을 담당하는 주체가 정부에서 사적 영역 및 자발적 영역의 다양한 행위자들을 포괄하는 것으로 확장되고 있다는 것이다. 즉, 정부가 지도적 역할을 할 수 없는 영역에서 협력적 행동을 필요로 하는 문제를 다루는 데 유용한 조정기제로서 거버넌스에 주목하게 되었고, 시민문화의 강화, 자발적 행동의 촉진, 민주주의를 행한 사회 기반의 개선 등에 초점을 맞추는 것이다.

또한 거버넌스는 사회적 조정의 의미로도 사용된다. Beetham(1996: 10)은 사회적 조정(social coordination)은 다양한 개인들 간의 상호작용을 조정하여 사회문제를 해결하는 것을 의미한다. 사회적 조정의 유형으로는 시장, 관료제, 그리고 민주주의 등이 존재한다. 시장은 개인의 자유를 제한하거나 개인 간의 불평등한 지위를 강요하지 않고 가격기제의 작동을 통하여 자동적이고 수평적인 방법으로 다수 개인들의 행동을 조정하는 제도적 장치이고, 관료제는 개인들의 지위가 본질적으로 불평등한 권위와 강제의 계층제적 구조를 통하여 개인들의 행동을 조정하는 제도적 장치이다. 그리고 민주주의는 평등한 개인들 간의 의사 결정과정 참여와 자치적인 통제와 강제를 통하여 개인들의 행동을 조정하는 제도적인 장치를 각각 의미한다. 결국 Beetham(1996)의 정의는 거버넌스가 공통의 관심사인 문제를 해결하기 위한 다양한 사회적 조정 방법을 광범위하게 포괄한다는 의미를 지닌다(이명석, 2002: 326).

한편 거버넌스는 인터넷 시대를 맞이하면서 전자 민주주의에 대한 논의로 진행되고 있다. 특히 정치와 행정영역에서 정보기술의 도입으로 인한 변화는 전자민주주의에 대한 이상을 사람들로 하여금 품게 했다. 전자민주주의는 대의민주주의의 한계로 나타나는 정부의 불신, 입법부에 대한 실망감, 시민의 이익이 대표되지 않는 기존의 정치체제의 한계를 극복할 수 있다는 데에서 출발한다. 일반적으로 전자자민주주의의 개념에 대해서는 학자들마다 다양하게 정의하고 있다. 전자민주주의의 기본 이상은 엘리트 중심적 대의민주주의에서 벗어나 모든 시민들이 자유롭고 동등하게 참여하는 실질적 참여민주주의를 구현하는 데 있다.

이러한 전자민주주의에 대해 Riley(2001)는 대의민주주의와는 대조적인 성격을 갖는 참여민주주의를 추구하며, 인터넷과 새로운 정보통신기술을 이용하여 시민들이 상호 접촉하고 조직화함으로써 변화를 갈망하는 자신들의 목적을 성취하는 것이라고 정의했다. 김현성(2006: 93)은 전자민주주의란 인터넷을 통해 시민이 직접 정치과정에 참여함으로써 이루어지는 민주주의를 의미한다고 보고 있다. 김성태(2007: 79)는 전자민주주의를 시민들이 정보통신 기반을 이용하여 온라인 토론, 선거, 투표 등을 통해 직접 정부의 의사결정에 참여하고 적극적인 정치활동을 가능하게 하는 보다 직접적이고 참여적인 정보사회의 민주주의를 의미한다고 했다. 이러한 전자민주주의는 전자정부를 기반으로 하며, 현재 전자정부는 유비쿼터스정부로 진화하면서 전자정부의 한계를 극복하고 보완하는 역할을 한다(김현성, 2009).

또한 Anttiroiko(2007: 27)는 최근 나타나고 있는 인터넷 기반 민주제도의 변화에 대해 다음과 같이 설명하고 있다. 민주적 거버너스의 핵심은 본질로 시민과 정치인, 행정부 간의 상호작용에 대한 것이다. 기관으로서의 정부는 민주주의 체제 내부에서 운영되며, 시민은 정부가 후원하고 지지하는 공식적 민주주의 제도 안에서 민주적 권리를 표현하고 자신들의 이해를 추구한다는 사실을 내포한다. 그러나 공식적 민주제도와 참여 형태의 틀을 벗어나 시민들이 할 수 있는 것들이 많음에도 불구하고, 이러한 활동은 포괄적으로 정의된 민주적 거버넌스의 일부만을 형성하고 있다.

예를 들면, 위키미디어(wikimedia), 유튜브(Youtube), 트위터(twitter), 블로그(blog) 등 무선통신과 같은 인터넷 및 웹2.0과 관련된 쌍방향 애플리케이션과 포럼이 사회적·정치적 생활에 많은 영향을 주고 있다. 이러한 것들은 공식적 제도가 아니며, 기능적 민주주의의 전제조건인 시민활동 및 상호작용의 형태를 대표한다. 인터넷을 기반으로 시민단체와 공동체 네트워크 그리고 전자커뮤니티는 다원주의에 기여하고, 정보 및 피드백의 원천, 정보 및 협의 교환을 위한 기반 제공, 지식 및 자원봉사활동, 다른 참여 형태의 풀 제공, 공동체의 발전에 대한 자발성의 증대와 협력 등을 통해 민주주의의 초석이 될 수 있다(Anttiroiko, 2007; Walsh, 2007).

결국 민주주의적 거버넌스 과정에서 정보통신기술의 도입과 실천, 그리고 제도 구축은 정부와 시민 모두를 본질적으로 강화시키는 혁신적인 도구와 장치로 전통적인 이슈와 그 차이의 설명에 대한 가능성을 제공한다(UNDP, 2005: 5 – 8). 첫째, 인터넷 시대 거버넌스는 정보통신기술을 경유하여 정보에 접근, 네트워크를 경유하여 민주적으로 운영, 다양한 통치구조 속에서 시민의 관여와 개입, 정부의 서비스 수행과 책무성·투명성·효율성을 강화하기 위해 정보통신기

술을 포함하는 것이다. 둘째, 다양한 UNDP의 민주적 거버넌스 실
천 서비스 속에서 정보통신기술은 선거과정과 행정 개혁, 지방정부
로의 분권, 입법부의 혁신에 놓여 있다. 셋째, 새로운 정보통신기술
을 통한 거버넌스는 시민에게 직접적으로 영향을 미치도록 배치하
는 데 사용되는 제도적 장치에 초점이 맞추어져 있다. UNDP의 거
버넌스는 참여적 정책결정 논의와 민주주의의 운영의 통치구조에
청소년과 여성, 취약계층에 대한 시민 참여를 강화하기 위해 정보통
신기술을 지렛대로 사용한다. 이러한 UNDP의 논의는 거버넌스의
통합된 접근을 제공하며, 거버넌스가 정보통신기술과 결합되면서 정
부와 시장, 시민사회가 더욱 긴밀한 네트워크로 연결되며 상호작용
하게 된다는 것을 설명한다. UNDP의 e - 거버넌스 프레임워크를 제
시하면 다음 <그림 2 - 6>과 같다.

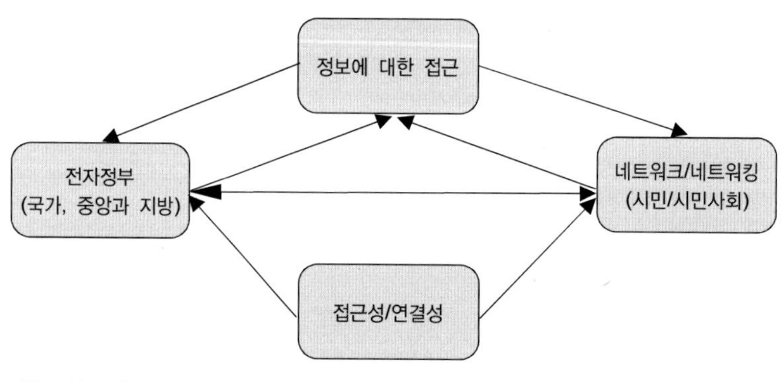

자료: UNDP, 2005: 8

〈그림 2-6〉 e - 거버넌스 프레임 워크

제3절 사회적 기업 활성화 요인과 거버넌스

1. 거버넌스 체계에서 사회적 기업

거버넌스는 국정 운영의 다양한 주체들이 정책결정과정에 참여하는 것을 기본 전제로 한다. 거버넌스가 도입되기 전 국정 운영은 대부분 정부 주도적인 의제 형성이 일반적이었다. 그러나 거버넌스의 영향으로 인하여 정책을 만들어 내는 환경도 변화하게 되었다. 또한 인터넷의 눈부신 발전은 정부 주도의 관료적 정책 모델을 다수의 정책 이해당사자의 참여에 의존하는 거버넌스 모델로 변화시키고 있다.

변화된 정책 환경은 NGO 등 시민사회 의제 설정자의 역할이 상대적으로 높아졌고, 인터넷의 발달로 인하여 이러한 현상은 더욱 정부에 압력을 가하고 있다. NGO들은 다양한 사회적 기능을 수행하며 공공정책에 상당한 영향력을 미치고 있다. NGO의 참여는 공공정책과 정부의 투명성과 책무성뿐만 아니라 효율성을 제고시키며 민주적 거버넌스를 지향한다(주성수, 2005: 231).

즉, 21세기 진입 후 세계화·정보화로 인해 국가 중심의 거버넌스만으로는 새로운 환경 변화에 적응하여 다양하고 복잡한 행정수요를 충족하기 어려워졌다. 따라서 새로운 국정 운영 기제로서 정부, 시장, 비영리기구가 자율적으로 협력하여 공공의 문제를 해결하는 네트워크 형태의 국정 운영방식을 추구해야 한다(은재호, 2009: 34).

이러한 NGO의 논의는 오늘날 사회적 기업과 유사한 측면이 있다. 즉, 사회적 기업은 본질적으로 거버넌스 구조 속에서 운영되며(Huybrechts &

Deforuny, 2010), 협력의 정신을 통해 확산된다(Nakagawa & Laratta, 2010). NGO나 비영리단체와 유사하게 사회적 기업은 시민사회의 자발적 형태로 탄생하였다는 것에 많은 학자들이 동의하고 있다. 특히 유럽과 미국의 사회적 기업은 이러한 시민들의 자발성에 의존해 사회적 기업이 운영되는 경우가 많다.

거버넌스에서는 전통적인 정부 중심의 통치체제에서 시민사회가 적극적으로 참여하는 새로운 국정 운영의 방식을 의미하는 것으로 시민사회가 정치사회의 운영 면에서 주도적인 역할을 해야 한다고 강조한다. 또한 거버넌스에서는 정부의 조정 능력이나 공식적인 권위에 의존하지 않고, 시민사회가 자체적으로 정책을 형성하고 문제를 해결할 수 있는 능력이 있다고 가정한다.

따라서 정부와 시민사회의 관계는 정부 중심에서 사회 중심으로 재정립되고, 사회문제의 해결에 더 이상 정부 중심이 아닌 다양한 참여 주체가 함께 참여하는 공동거버넌스 또는 복합조직적 거버넌스의 형태를 띠게 된다(김태룡 외, 2010: 116). 이러한 측면에서 사회적 기업은 시민들 스스로가 주체가 되어 조직과 단체를 설립하여 수익을 창출하고 사회적 목적 실현에 앞장섬으로써 시민사회 부문의 일부를 형성하게 된다.

다만 NGO나 비영리단체가 사회적 기업과 다른 점은 사회적 기업의 기업적 속성 때문이다. 그러나 근본적인 형태에서는 유사하다는 것이 많은 학자들의 공통된 견해이다. 또한 NGO나 비영리단체가 국가의 정책결정에 참여하는 측면이 강하다면 사회적 기업은 국가의 경제적 참여에 대한 성격이 크다.

또한 거버넌스의 중요한 행위자로서 NGO나 비영리단체는 국제

사회, 국가, 지방, 지역사회 등 다양한 수준에서 참여한다. 각 차원에서 NGO나 비영리단체는 중앙 및 지방정부, 시장 등과 일정한 관계를 유지하면서 권력 행사를 감시하고 견제할 뿐만 아니라, 전통적 공공관리의 한계를 극복하고 정당성을 강화하는 중요한 메커니즘으로 여겨지고 있다(박상필, 2006: 300). 반면 사회적 기업은 일반적으로 국제적인 활동보다는 국내에서 지역사회를 기반으로 사회적 목적 실현을 추구하고, 사회적 배제 집단의 고용창출을 도움으로써 정부의 서비스가 미치지 못하는 곳의 사회안전망 역할을 한다는 점에서 다르다. 즉, 사회적 기업은 사회적 가치 창출이 주된 활동으로 정부와 기업, 시민사회의 협력적 파트너십을 통해 빈곤 문제, 보건 및 질병, 의료, 노동, 교육, 간병 등 다양한 사회적 서비스를 기업이 가지고 있는 기술, 물적 자원과 인적 자원을 통해 사회적 목적 실현이라는 조직의 목표를 효율적으로 수행하게 되는 것이다(McCray, 2009; Diochon, 2010). 이러한 점에서 사회적 기업은 거버넌스 체계에서 정부, 기업, 시민사회를 네트워킹하는 위치를 점하게 되는 것이다.

사회적 기업은 사회문제 해결의 '허브'로서의 역할을 통해 거버넌스 체계에서 각 주체들과 협력관계를 유지하게 되는 것이다. 사회적 기업이 소속된 영역은 사회적 기업이 활동하는 영역만큼 규정하기 어려운 상황이다. 그것은 사회적 기업이 위에서 언급한 것처럼 다양한 분야에서 활동하기 때문이기도 하며, 사회적 기업의 조직적 속성 때문이기도 하다. 한마디로 사회적 기업의 개념을 정의하기 어렵듯이 사회적 기업이 차지하는 영역은 거버넌스의 어느 영역에도 속하지 않고 중립적 영역에 걸쳐 있다고 볼 수 있다. 이를 그림으로 표현하면 <그림 2-7>과 같다.

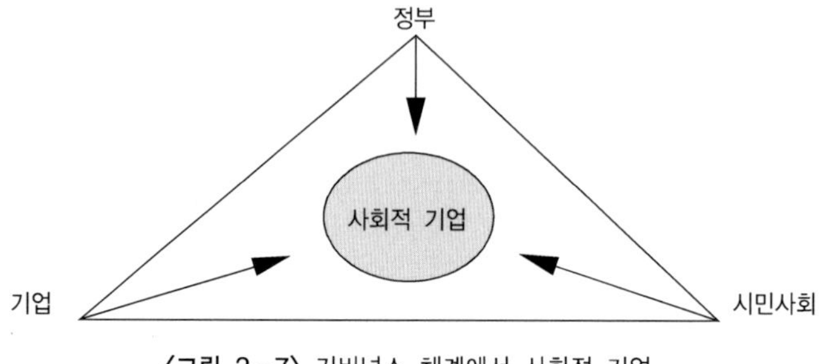

〈그림 2-7〉 거버넌스 체계에서 사회적 기업

　사회적 기업은 국가마다 그리고 지역마다 고유한 특성을 가지고 기업활동을 한다. 유럽의 경우 협동조합이나 공제조합과 같은 형태를 띠기도 하고, 미국과 같은 경우 비영리 기관으로서 자선활동을 활발히 수행한다. 한국은 전통적인 복지의 역할을 정부가 담당하였지만, 최근 들어 사회적 기업이 복지의 사각지역에 놓인 부분들에 대해 정부의 빈틈을 메움으로써 거버넌스 체계 속에서 중요한 사회적 경제행위의 부문을 담당하고 있다.

　따라서 사회적 기업은 거버넌스 체계에서 정부, 기업, 시민사회가 네트워킹 하는 과정에서 사회문제 해결을 위해 시민들의 자발적 노력을 통해 나타난 실체적인 조직이라고 할 수 있다. 즉, 사회적 기업은 사회문제 해결의 주체로서 정부의 서비스가 미치는 못하는 곳에 다양한 사회서비스를 제공하고, 고용창출을 유발한다. 비록 사회적 기업이 거버넌스 체계에서 어느 한 부분에 치우치지 않는 것으로도 볼 수 있지만, 사회적 기업은 사회문제 해결이라는 측면에서 공공성을 갖게 된다.

　즉, 사회적 기업은 실제적으로 민간기업과 같은 수익창출을 추구하지만 사회적 목적 실현이라는 공익적 성격을 통해 향후에도 거버넌스 체계에서 중요한 행위자로서 위치하게 된다. 또한 신자유주의적인 세계 질서가 장기적으로 계속되는 현 경제체제에서 사회적 기업은 신자유주의의 폐해인 양극화와 사회통합의 대안으로서 좋은 거버넌스 구축을 위한 중요한 가교 역할을 하게 된다. 결국 사회적 기업은 정부와 기업, 시민사회가 상호작용하고 협력하여 사회문제를 해결하는 실체적 조직이라 할 수 있다.

2. 거버넌스 체계에서 사회적 기업의 역할

신자유주의 경제체제가 지배하는 현재의 사회체제에서 국가의 기능은 쇠퇴하기 시작했다. 전통적으로 국가의 역할인 복지부분에서 민영화로 일컬어지는 것은 영국과 미국을 비롯한 신자유주의의 선도적 국가들에서 시작되었다. 시장이 급격히 팽창하고 국가의 기능이 위축되면서 사회적으로나 경제적으로나 양극화가 촉진된 것은 물론이고, 환경과 빈곤, 범죄, 의료, 교육 분야에서 사회적 빈틈이 확대되었다. 결국 사회적 약자들을 누가 어떻게 효과적으로 포용할 것인지가 사회 변동의 핵심 쟁점이 되었다(유병선, 2010: 186). 선도적 신자유주의 국가인 영국을 비롯한 미국은 신자유주의 물결에 따라 국가의 전통적 역할인 의료나 교육, 공익산업이 대부분 민간기업에 이전되었다. 공공부문에 대한 국가의 역할 축소는 서구 국가에서 사회적 양극화의 오랜 문제점으로 부각되기도 하였다. 또한 사회적 기업의 오래된 전통도 이러한 서구 국가들에서부터 시작되었다는 것은 사회적 기업 발전의 역사이기도 하다. 신자유주의 경제체제를 채택하고 있는 많은 국가들에서 사회적 기업의 등장과 사회적 기업의 발전은 정책입안자들에게 중요한 관심사가 되었다.

사회적 기업과 관련하여 거버넌스를 적용하는 것은 거버넌스의 의미를 계층제를 강조하는 계층제 거버넌스 및 공사협력(민관협력)을 강조하는 협력 거버넌스와 대비하여 다양한 행위자들 간의 신뢰와 협동을 바탕으로 한 참여와 네트워크에 기초한 문제해결 방식을 강조하는 자치 거버넌스 혹은 네트워크 거버넌스의 의미로 접근할 수 있다(Kooiman, 2003: 13). 이때 거버넌스는 계층제 중심의 명령이나 통제에 기초한 '소수의 관료지배'에 의한 조정방식도 아니고, 시장 중심의 가격이나 경쟁에 기초한 '보이지 않는 손'에 의한 조정방식도 아닌, 신뢰와 협동에 기초한 참여와 네트워크에 의한 조정과 문제해결 방식을 강조하는 개념이다. 즉, 거버넌스형 마을 만들기 같은 경우 정부의 중앙집권적인 '통치(Government)'를 기반으로 한 계획결정이나 실시가 아니라 해당 지역을 구성하여 관련된 모든 단체가 협력 체제를 구축함으로써 가능한 '함께 이끌어 가는(Governance)' 것으로 표현되는 정치적 과정이다(Nishiyama Yssuo & Nishiyama Yaeko, 2008: 70). 또한 새로운 거버넌스의 경향은 기존의 정부 주도적·폐쇄적·일방적 국정 운영을 탈피한 시민사회와 정부가 대등한 관계에서 참여하는 Good Governance의 형성이라고 할 수 있고, 사회적 기업은 거버넌스 과정에서 공동사회 가치를 점점 강조하고 있다(김미경, 2008; Ridley – Duff, 2010).

이러한 측면에서 사회적 기업은 알파벳 e자로 시작하는 모든 마술 같은 요소들, 즉 경제 개발과 재건(economic development and regeneration), 고용(employment), 기업(enterprise), 효과적인 공공 서비스 제공(efficient delivery of public service), 지역사회의 권익 향상(empowerment of communities) 등에 모두 이바지한다. 그러므로 정책 관심과 연구 모두에 그리고 경제 성장, 일자리 창출, 상품 및 서비스 제공, 아니면 지역의 경제 부흥 및 지역사회 발전에 대한 공헌과 연관된 사회적 기업의 파급효과에 초점을 맞추어 왔다는 사실은 놀라운 일이 아니다(Peattie & Morley, 2008: 96). 사회적 기업은 기존에 정부가 해야 하는 중요한 정책서비스를 보완하고 대신함으로써 정부의 중요한 정책의 수단으로서 역할을 하게 되었다.

즉, 사회적 기업은 새로운 기업적 형태로서 기존의 제3섹터나 비영리조직과는 다르게 구별되어 사용되고 있다. 그 차이는 사회가 필요로 하는 서비스를 생산하는 새로운 조직이라는 것이고 그 점에서 종래의 자선단체와는 다르다. 또한 많은 문헌에서 제3섹터 조직의 특징으로 이윤비분배 제약(non − profit distribution constraint)을 강조하고 있지만, 사회적 기업과 민간 영리 기업과의 차이를 이러한 점에서 명확히 강조하고 있지는 않다. 실제 사회적 기업은 이윤극대화 이외에 여러 목적을 추구하지만, 모든 사회적 기업이 동일한 기준의 이윤비분배 제약을 따르는 것은 아니다.

사회적 기업은 정부와 기업, 시민사회가 상호작용하는 거버넌스적 구조 속에서 다양한 사회문제 해결의 역할을 하게 된다. 사회적 기업은 조직 내외의 신뢰관계로 강조할 수 있고, 개인과 지역사회로부터 여러 자원을 동원할 수 있다는 점에 있다. 사회적 기업은 이해관계자의 이익을 강력하고 폭넓게 나타낼 수 있는 제도적 · 조직적 메커니즘을 이용한다. 또한 참여적이며 민주적인 협치 시스템(democratic governance system)을 가지고 자원봉사자의 노동에도 의존하고 있다

(Bacchiega & Borzaga, 2001: 322). 또한 사회적 기업은 독특한 인센티브 시스템으로서 영리기업이나 공공기관이 해결하지 못하는 대인서비스와 사회공통서비스의 생산을 잘 수행하는 조직형태이다. 첫째, 사회적 기업이 제공하는 서비스는 시장 실패와 계약 실패에 관계하기 때문이다. 둘째, 자금제공자 또는 생산자로부터 소비자에게 재분배의 정도는 그 서비스의 생산이 어느 정도 필요한지에 달려 있다. 따라서 사회적 기업은 조직목표, 통제권의 분배, 인센티브 구조, 시장 특성 등의 사이에 어려운 균형을 추구한다. 이러한 요소에 따라 사회적 기업은 그 내부조직을 조정하고 대인서비스와 사회적 공통 서비스의 생산에 관계하는 여러 문제에 대응할 수 있지만, 다른 면에서 이러한 요소는 사회적 기업을 취약한 모델로 만들어 시장의 조건과 공공정책의 변화에 좌우되기 쉽다(Bacchiega & Borzaga, 2001: 323).

한편, 사회적 기업은 빈곤과 실업에 대해 혁신적인 해법을 제시하고 사회적 약자를 끌어안음으로써 사회적 자본(Social Capital)을 확충하는 사회 통합의 대안으로 주목받고 있기도 하다(유병선, 2010: 187). 현재 사회적 기업은 선진국에서든 개발도상국에서든 가장 주목받는 사회적 혁신 운동으로 확산되고 있다. 우수한 인재들이 사회적 유익에 관심을 돌렸고, 이들에 대한 사회적 투자가 밀려들기 시작했다. 유럽과 한국에서는 관련 법률이 만들어졌다. 선진국에서는 사회적 기업이 사회, 교육, 보건 등의 기초적인 사회적 서비스가 빈곤층과 낙후된 지역 구석구석에 전달될 수 있도록 하는 새로운 복지 전달체계를 구축하기 위한 중심축으로 떠올랐다. 또한 사회적 기업은 집단행동, 상호 신뢰, 시민 책임감, 민주적 가치 등을 장려함으로써 사회적 자본을 창출하고 개발하는 데 중요한 역할을 한다(Evers et al., 2004: 11).

사회적 기업은 자원봉사자에게 의존하는 다른 단체들과 함께 사람들이 정치나 유급 고용의 밖의 세계에 좀 더 사회적으로 '참여하게' 될 기회를 제공하고, 이를 통해 사회적 결속에 기여할 수 있다는 것이다. 제3섹터의 일반적인 이니셔티브, 즉 사회적 기업에는 다양한 목적과 참여라는 구조적 특징이 있다. 그러나 사회적 기업에 대해서 일반적으로 논하는 경우 몇 가지에만 주목하게 되고, 협의의 구조에서 경제적·사회적인 목적과 광의적인 사회적 유용성이나 공익을 추구하는 활동목적 사이의 긴장관계에 주목하는 것이 일반적이다. 제3섹터 조직 목표의 하나로서 사회자본의 형성을 생각하면 시민에 대한 제3섹터 조직의 수많은 관심과 영향력이 밝혀진다. 이러한 관심이나 영향력은 민주적 측면을 포함한 광의의 공익 개념과 일치하게 된다. 사회자본의 형성은 사회에 뿌리를 내리는 측면일 수도 있고, 또한 사회에 뿌리내린 활동이 가지고 있는 확산효과라는 측면일 수도 있다. 따라서 사회자본의 형성은 제3섹터 조직, 즉 사회적 기업의 명시적 목적이 될 수 있다(Evers, 2001: 351).

또한 사회적 기업은 사회적·환경적 효과를 포함시키기 위해 전통적인 경제적 효과 측정을 초월할 수 있는 지방 발전에 있어서의 역할도 가지고 있다. 최근 몇 년간 장소 기반 개발에 있어서의 사회적 기업의 역할에 대한 정책입안자들의 관심이 증가해 왔다. 특히 지역사회 기반 사회적 기업은 일자리 창출 이상의 지역 개발 측면을 장려할 수 있는 잠재력을 가지고 있는 것으로 인정되며, 사회적 기업은 개발 트러스트(Development Trust) 및 유사 조직 형태를 구성함으로써 상향식 개발 전략을 조정하는 역할도 할 수 있다. 이러한 형태의 사회적 기업은 지역 차원에서 개발을 추진하기 위해 설립되며, 비영리 및 자발적 부문에 뿌리를 두고 있는 전통적 형태의 사회적 기업 조직과 비교해서 경제 발전에 더 중점을 두는 경향이 있다(Smallbone et al., 2001; Clark et al., 2007; Peattie & Morley, 2008; Mawson, 2010; Muñoz, 2010).

따라서 거버넌스 체계에서 사회적 기업은 과거 정부 중심의 영역이었던 곳에서 그리고 민간 부문의 영역이라고 여겼던 곳에서 활동영역을 넓혀 가고 있다. 또한 국가와 시장, 그리고 시민사회가 해결하지 못했던 수많은 문제들의 틈새를 찾아 치유하고 있다. 이러한 사회적 기업은 점점 그 활동영역과 영향력을 증대시키고 있고 지금도 지속되는 거버넌스 과정의 연속선상에 있다고 볼 수 있다.

결국 사회적 기업이 해결하고자 하는 빈곤, 교육, 보건, 의료, 실업과 같은 사회적 문제들은 정부, 시장, 시민사회의 어느 한 부분의 주도나 영향력만으로는 해결하기 어려운 부분이 많다. 여러 학자들이 논의한 정부와 기업, 시민사회가 네트워킹하는 협력적 거버넌스의 체제에서 사회적 기업이 활동할 수 있을 때에 사회적 기업의 거버넌스적 효과가 나타날 수 있는 것이다. 즉, 사회적 기업은 정부, 시장, 시민사회 어느 한 주체만의 노력으로 제 역할을 다할 수 없다. 사회적 기업은 정부와 시장, 그리고 시민사회가 협력적 네트워크를 구축했을 때 사회적 목적 실현이 가능해지고 더불어 수익창출도 이룩할 수 있다.

3. 사회적 기업 활성화 요인

1) 정부 부문

(1) 법적 지원

사회적 기업에 대한 법적 지원은 정부 부문에서 법률 제정을 통한 사회적 기업의 지원을 의미한다. 영국과 미국, 일본을 비롯한 사회적 기업의 선진국들은 과거에는 사회적 기업에 대한 명확한 법률이 존재하지 않았다. 최근에 선진국을 포함한 세계 여러 나라들은 자국의 경제문제와 사회문제 해결의 대안으로 사회적 기업에 관심을 갖게 되었고 정부 차원의 법적 기틀을 마련함으로써 사회적 기업을 육성하고 있다. 이러한 사회적 기업의 합법성은 전통적인 합리적 경제 개념보다는 제도적 기대에서 설명된다(Dart, 2004: 415).

즉, 여러 선진국에서 사회적 기업은 기업 자체의 역할보다는 정부의 정책 수단의 역할이 되고 있다(김태영, 2009: 13). 신자유주의 경제체제에서 정부의 역할이 축소되면서 전통적인 복지, 교육, 빈곤, 실업정책 등과 같은 정부의 역할은 민간에 이양되었고, 이러한 과정에서 양극화와 사회통합의 문제가 대두되었다. 사회적 문제해결 과정에서 현재 한국을 비롯한 세계 선진국들은 현재 사회적 기업에 대한 관심이 매우 높아지고 있다. 사회적 기업이 자본주의 경제체제가 갖는 양극화와 사회통합 등 사회문제 해결의 대안으로 떠오르면서 사회적 기업을 육성하려는 움직임이 정부 부문에서 나타나고 있는 실정이다. 이러한 움직임은 정부의 사회적 기업에 관한 법 제정에서부터 시작되고 있다.

유럽에서는 EU 차원에서 최초로 사회적 기업 정책을 개발하였는데 기업 정책의 일환으로 시작되었다. 1994년 2월 16일, 유럽위원회는 유럽 공동체 내 협동조합, 상호조합, 협회, 재단(CMAF: Co-operative, Mutual Society, Association, Foundation) 지원을 위한 다개년계획(MAP: Multi-annual Program, 1994~96)에 합의하였다(Johnson & Spear, 2006: 35). 이 계획은 유럽의 사회적 기업 부문 개발에 필요한 인프라를 구축하고 혁신 및 회원국 간 경험 공유 촉진을 목표로 정하고 다음 사항들을 중점 추진하였다. 첫째, 다양한 사회적 기업들에게 정책을 적용하기 위해 사회적 기업 개발에 관한 연구를 실시하고 자문위원회를 설립하였다. 둘째, 4개 분야에 구체적 행동 지원으로, 신규 활동 발굴을 위한 국제 협력 지원, 정보 향상, 사회적 혁신 확산, EU 정책 견인차로서의 사회적 경제 역할 강화 등이다. 셋째, 사회적 기업 관련 통계 향상, 교육 훈련, 연구개발 지원 등을 추진하였다.

Kendall(2005: 14)은 제3섹터 유럽의 정책에서 사회적 기업 정책은 지속적으로 나타나는 정책적 특성이지만 정책요소는 여전히 논란이 되고 있다고 하였다. 또한 유럽의 사회적 기업 정책은 일관되고 견실하며 합의에 바탕을 둔 것이기보다는 상충되는 이해관계와 아이디어들로 대변되는 논란의 장이자 정책적 난제로 관련 논의가 계속될 필요가 있다고 하였다. 또한 유럽의 각 국가는 사회적 기업의 법적 지위를 승인하거나 취약계층의 노동시장 통합을 위해 사회적 기업을 지원할 수 있는 제도들이 도입되었다. 1991년 이탈리아의 사회적 협동조합, 1995년 벨기에의 사회적 목적 기업을 비롯해 프랑스의 집단 이익 협동조합, 스페인의 사회적 목적 협동조합, 포르투갈의 사회 연대 협동조합 등이 도입되었다(장원봉, 2006). 유럽 국가들은 통합된 사회적 기업의 정의는 존재하지 않지만 각국은 사회적 기업을 지원하기 위한 법들을 도입함으로써 사회적 기업을 육성하기 위한 발판을 마련하고 있다.

특히 영국은 사회적 기업에 대한 특별한 법률이 존재하지 않다가 2005년 7월 지역공동체 이익회사법(CIC: Community Interest Company)을 제정하여 사회적 기업에 대한 법적 지원체계를 구축하였다(OECD 대표부, 2006: 16).

미국은 유럽과는 달리 사회적 기업에 대한 정부지원의 법률이 존재하지 않는다. 다만 미국에서는 정부의 직접 지원보다는 프로젝트를 통한 지원, 우선 구매 제도(Javits – Wanger – O'Day)법, 취약계층 고용 기업의 세제 혜택, 지역사회재투자법(Community Reinvestment Act) 등의 간접지원 방식을 통해 사회적 기업을 지원한다(OECD 대표부, 2006: 19).

일본은 사회적 기업에 대한 명확한 법률이 마련되어 있지는 않다. 다만, 특정 비영리 활동촉진법(NPO법)을 통해 NPO에게 법인격을 부여하여 세제 혜택, 국가와 지방자치단체로부터 지원 등을 하고 있다. 또한 중소기업 지원 정책의 일환으로 사회적 기업에 대해 경영 지원, 인재 육성, 시장 개척, 각종 사업 보조, 금융지원, 세제지원 등을 하고 있다(Ishii Yoshiaki, 2009: 5).

한국 역시 2007년 사회적 기업 육성법을 제정하면서 정부 차원의 지원책을 마련하였다. 사회적 기업 육성법은 사회적 기업에 대한 인증에서부터 각종 지원에 대한 근거를 마련함으로써 사회적 기업 육성을 위한 정부 차원의 노력을 기울이고 있다. 그러나 한국의 경우 법 제정의 기간이 얼마 되지 않았고, 선진국의 사회적 기업에 관련

된 법을 차용하면서 문제가 되고 있다. 즉, 사회적 기업이 한국사회
와는 다른 문화적 특성이 있음에도 불구하고, 정부의 의지에 따른
법 제정으로 인해 사회적 기업 육성법과 시행령 등의 잦은 변경과
다른 법령과의 충돌이 발생하면서 한국의 상황에 적합하지 못하다
는 지적이 제기되고 있다.

그럼에도 불구하고 사회적 기업에 대한 정부의 법적 지원은 각국
정부가 추진하는 사회적 기업 육성 정책의 근거를 마련하고 있다는
점에서 사회적 기업 활성화에 매우 중요한 역할을 한다. 즉, 사회적
기업에 관한 법률은 사회적 기업이 성장하고 발전하는 데 있어서 정
부의 적극적인 정책적 노력인 동시에 사회적 기업 자체의 존립의 근
거가 됨으로써 사회적 기업의 활성화 요인으로 작용한다.

(2) 제도적 지원

정부 부문의 제도적 지원은 사회적 기업에 대한 정부의 재정지원
을 의미한다. 세계 각국은 사회적 기업을 육성하기 위해 정부 차원
에서 재정지원을 하고 있다. 사회적 기업에 대한 정부의 재정지원은
기업으로써 열악한 조건을 가진 사회적 기업을 육성하는 데 중요한
밑거름으로 작용하게 된다.

영국의 경우 통상산업부 내에 사회적 기업 추진단이 있어 사회적
기업을 지원하고 있고, 사회적 기업을 지원하는 피닉스 펀드, Co-
operative Actin, Charity Bank 등이 사회적 기업에 자금을 지원하고
있다(OECD 대표부, 2006: 15). 또한 'SETLL'은 런던에서 사회적 기
업에 관심이 있는 개인과 단체를 지원해 주는 프로그램으로 120만
파운드(약 22억 원)를 지원하여 사회적 기업에 재정지원을 하고 있

다(Newton, 2010: 56).

미국에서는 사회적 기업이라는 광범위한 분야가 협동조합, 비영리 조직, 상호조직 등을 포함하는 것으로 이해되는 경우가 많다. 이러한 조직들은 모두 다른 국가의 같은 조직들에 비해 상업성이 높다는 특징을 지닌다. 급성장하고 있는 사회적 기업 운동은 우수 대학과 재단, 비영리조직을 연계하며, 그 역동성을 증명하고 있다(Johnson & Spear, 2006: 136). 미국 정부는 보조금으로 비영리 부문을 지원하기도 하는데, 지원 금액은 활동을 보고하는 전체 자선단체 수익의 8%인 590억 달러에 불과하다. 또한 정부는 자선단체를 간접적으로 지원하기도 한다. 미국 정부는 비영리조직이 제공하는 서비스 및 제품 구입 비용에 대한 보조금인 초·중등학교 바우처 혹은 대학장학금을 개인에게 지급하기도 한다. 또한 미국은 직원소유제도 ESOP(Employee Stock Ownership Plan)의 형태로 직원들에게 기업을 매각할 수 있도록 했는데, 직원소유제도에 대한 정부지원은 사회적 기업 부문의 확장을 촉진하였다.

미국은 시장에 대한 국가 개입이 적기 때문에 일반적인 사회적 기업 지원제도가 없지만 다양한 자원을 활용한다. 먼저, 프로젝트 제출을 통해 중앙·지방 차원의 정부지원을 활용한다. 둘째, 장애인기업 생산품에 대해 우선 구매(Javits – Wagner – O'Days법)를 지원한다. 셋째, 9개의 타깃 집단(취업 취약계층)을 고용한 기업에 대해 1인당 2,400달러까지 소득세 공제의 세제혜택을 부여한다. 넷째, 지역사회 재투자법(Community Reinvestment Act)을 통해 금융기관을 활용하기도 한다. 마지막으로, 사회적 기업 지원을 위해서 60개 넘는 대학 및 고등교육 기관들이 시행하는 비영리 경영 교육 운동(Non – Profit

Management Education Movement)과 사회적 기업 리더십 운동(Social Enterprise Leadership Movement)이 있다(OECD 대표부, 2006: 18).

일본에서는 사회적 기업을 지원하기 위해 중소기업 지원 정책의 일환으로 사회적 기업에 대해 경영지원, 인재 육성, 시장 개척, 각종 사업 보조, 금융지원, 세제지원 등을 하고 있다. 지역별로 사회적 기업을 지원하기 위해서 소셜비즈니스 추진을 선도하고 있고, 지역의 신사업 활성화의 중간 지원 기능 강화 사업, 지역의 신사업 이전 촉진 사업 등을 추진하고 있다(Ishii Yoshiaki, 2009: 7).

한국은 사회적 기업 육성법이 2007년에 제정됨에 따라 사회적 기업을 본격적으로 육성하고 지원하기 시작했다. 이에 따라 사회적 기업을 지원하기 위해 국가, 지방자치단체, 사회적 기업, 연계 기업에 대한 운영 주체별 역할 및 책무를 규정하고 있다. 또한 사회적 기업 육성법은 고용노동부 장관의 사회적 기업 인증과 경영지원, 시설비 등의 지원, 사회적 기업 생산품 및 서비스의 공공 기관의 우선 구매, 조세 감면 및 사회 보험료의 지원, 사회서비스 제공 사회적 기업에 대한 재정지원 등을 규정하고 있다. 이처럼 한국은 정부 주도형 사회적 기업 지원 정책을 유지하는 것이 다른 유럽국가나 미국과는 다른 측면이 있다.

결국 사회적 기업에 대한 정부의 제도적 지원은 재정지원을 통해 초기 사회적 기업이 직면하는 재정상의 어려움을 극복할 수 있도록 하는 데 도움을 주게 된다. 또한 정부의 제도적 지원은 사회적 기업이 생산한 제품이나 서비스에 대해서도 판로 개척, 우선 구매 등의 조치 등으로 사회적 기업이 자립할 수 있는 기반을 마련함으로써 사회적 기업의 활성화 요인으로 작용하게 된다.

(3) 전자정부서비스

정부 부문에서 전자정부서비스는 사회적 기업을 지원하기 위한 정부의 각종 정보시스템이나 전자정부가 수행하는 각종 전자정부서비스를 의미한다. 현재 한국은 발달된 정보통신기술을 바탕으로 선도적인 전자정부를 구축하고 있다. 전자정부는 다양한 행정서비스를 온라인화함으로써 언제 어디서나 고객의 접근과 이용이 가능한 서비스를 제공한다(정충식, 2007: 75). 또한 전자정부는 고도의 정보인프라와 정보기술을 활용하여 행정업무의 개편과 조직의 효율화를 기함으로써 궁극적으로 삶의 질을 향상시키고 민주주의 이념을 실현하는 혁신적 행정체제이기도 하다(김성태, 2007: 15). 이러한 전자정부는 대국민 서비스 제공(Government for Citizens: G4C)과 기업활동 환경 제공(Government to Business: G2B), 중소기업 IT화 지원 사업, 소기업 네트워크화 사업 등 비즈니스 부문에서도 혁신적인 전자정부서비스를 제공하고 있다(Scholl, 2007; 김현성, 2010). 또한 전자정부서비스 성과를 극대화하기 위해서는 개별 부처 간·서비스 간 영역을 통합하여 기존의 정보기술, 정보자원, 정보서비스의 통합적 활용을 가능하게 하는 범국가적 서비스 지향 아키텍처가 수립되어야 한다(안재민, 2009: 25). 또한 현재 전자정부서비스의 미래는 그린 IT(Green IT)를 추구하며, IT 부문의 친환경 활동과 IT를 활용한 친환경 활동을 모두 포괄하는 개념으로 발전하고 있다(오강탁·최정현, 2009: 248).

그러나 사전 인터뷰 결과 사회적 기업 관련 업무는 현재 고용노동부에서 담당하고 있고, 사회적 기업과 업무 처리를 위해 간단한 이메일 정도만 사용하고 있는 상황이다. 정부와 사회적 기업 간의 대부분의 업무 처리는 직접 방문이나 전화 등을 통해 이루어지고 전자정부서비스를 활용하지 못하는 것으로 나타났다. 따라서 사회적 기업 관련 업무 처리에 전자정부서비스를 도입하는 것은 업무 처리에 능률성과 효율성을 가져올 수 있다.

즉, 전자정부서비스는 인터넷에 기반을 둔 기술을 활용함으로써 정부나 다른 기관, 고용주, 비즈니스 파트너, 그리고 시민에 대한 서비스와 정부의 정보 수행에 대한 접근을 용이하게 하고 강화하게 된다(Stowers, 2004: 169; Markellou et al., 2007: 8). 이러한 전자정부서비스는 사회적 기업과 사회적 기업 지원기관, 지방정부 및 중앙정부와 상호 업무 처리에 있어서 거래비용을 줄여 주고 사회적 기업이 추구하는 사회적 목적 실현이나 수익창출에 보다 전념할 수 있도록 도울 수 있다. 또한 전자정부서비스를 통해 정부는 사회적 기업에 보다 신속하고 정확한 정보를 제공함과 동시에 피드백이 가능해지고, 사회적 기업 관련 업무의 투명성이 높아지며, 체계적인 업무 처리를 가능하게 하여 사회적 기업 활성화 요인으로 작용하게 된다.

2) 시민사회 부문

(1) 신뢰

사회적 기업은 본래 지역사회를 중심으로 발생하였다. 유럽에서 사회적 기업은 지역사회의 신뢰나 규범, 네트워크를 통한 사회적 자본의 형성으로 사회적 기업이 발생하게 되었다는 것이 일반적인 견해이다(Defourny, 2001: 4). 사회적 기업의 기반이라 할 수 있는 지역사회는 사회적 기업에 대한 지지와 자원을 제공하고, 사회적 기업에서 생산한 제품을 소비하는 역할을 하기도 한다. 유럽에서 사회적 기업은 본래 시민들의 자발적 참여와 조직으로 이루어진 공동체로 보았다. 이러한 사회적 기업의 배경에는 사회적 자본이 바탕을 이룬다.

사회적 자본은 Bourdie(1983: 249)에 따르면 상호 인지가 전제된 제도화된 관계의 네트워크와 연계된 실질적 또는 잠재적 자원의 총합이라고 보았다. 또한 사회적 자본은 이웃이나 직장에서 생긴 우연적인 관계들을 필수적이면서도 선택적인 관계로 전환시키는 것을 포함하며, 이는 주관적으로 느껴지는 어떤 의무감을 암시한다고 강조하였다. 그 결과 네트워크 유대는 신뢰적이며 긍정적인 것이어야 한다는 점을 지적하였다. 또한 Coleman(1988: 98)은 사회적 자본은 행위자들 사이의 관계구조 속에 내재해 있다고 주장하며, 사회 자본이 하나의 집단 내에서 신뢰, 정보, 규범 등에서 존재한다고 보았다. Putnam(2000: 220)은 사회적 자본을 참여자들로 하여금 공유된 목표를 달성하기 위해 보다 효과적으로 함께 행동하도록 하게 하는 사회생활의 특징들인 네트워크, 규범 및 신뢰로 정의하였다. 이러한 사회적 자본은 어떤 사람의 사회적 네트워크 혹은 결사에 배태된 자원으로 구성된다(Lin, 2001: 79).

사회적 자본으로서 신뢰는 협의의 신뢰와 연대라는 두 가지 차원으로 구성된다. 협의의 신뢰 차원에는 개인에 대한 신뢰와 기관에 대한 신뢰로 다시 나뉜다. 개인에 대한 신뢰에는 사람들은 남을 도울 수 있는지, 신뢰할 수 있는지, 공정한지 어떤지가 포함되고, 기관에 대한 신뢰는 종교기관, 교육기관, 행정기관 및 입법기관에 대한 신뢰 정도가 포함된다. 이러한 개인 및 기관에 대한 신뢰가 높을수록 사회적 자본의 수준이 높다고 볼 수 있다(Paxton, 1999: 98). 사회적 자본으로서 신뢰는 단순한 신뢰의 측정에서 벗어나 기관에 대한 신뢰를 측정함으로써 그 집단과 공동체의 속성을 파악할 수 있다(박희봉, 2009: 76).

따라서 사회적 기업의 성공과 활성화를 위해서는 신뢰관계가 형성되어야 하며, 사회적 기업은 지역사회에 깊이 뿌리를 내려 정착했을 때 성공할 기회가 높아진다. 사회적 자본은 제3섹터 및 사회적 기업에 대해서 사회 정치적 및 사회 경제적 전망을 제공해 줄 수 있다. 즉, 사회적 기업이 시민조직으로서 생존하려면 일정 수준의 사회적 자본이라는 자원이 절대 불가결하다(Evers, 2001: 355). 또한 사회적 자본은 사회적 기업의 전반적인 환경적 진화와 책무인 사회적 기업의 목적을 부여하는 중요한 이행수단이다(Tani, 2009: 5). 사회적 기업은 사회적 목적과 책임을 추구하며 지역사회에 권한을 부여하므로 지역공동체 형성의 기반을 이루는 주요한 가치를 제공하여 지역 연대감 향상에 긍정적인 영향을 미쳐 사회적 자본의 축적에 도움을 준다(김준환, 2004: 113).

결국 사회적 자본으로서 기관에 대한 신뢰는 사회적 기업의 활성화에 매우 중요한 역할을 한다. 지역사회에서 구성원들이나 소비자들은 사회적 기업이 생산한 제품이나 서비스를 구매함으로써 사회적 기업에 대한 신뢰가 두터워질 수 있다. 신뢰는 사회적 기업이 지역사회에서 구성원들이나 소비자들과 상호작용하며, 활발히 활동할 수 있는 환경을 조성하게 된다. 즉, 사회적 기업에 대한 신뢰는 향후 사회적 기업이 생산하는 제품이나 서비스의 구매에도 지속적인 영향을 주고, 사회적 기업이 추구하는 다양한 사회적 목적 실현에도 긍정적인 영향을 미쳐 사회적 기업 활성화의 요인이 된다.

(2) 착한 소비

사회적 기업이 다양한 영역에서 고용창출과 사회서비스를 제공하듯이 사회적 기업은 다양한 제품을 생산하고 거래한다. 사회적 기업은 최근 착한 기업, 착한 소비라는 운동 속에서 공정무역에 관한 제품을 판매하거나 거래하는 경우가 많아지고 있다. 착한 소비는 사회적으로 보다 바람직한 방향으로 소비하자는 움직임이다. 최근에 착한 소비는 점점 그 범위를 넓혀 친환경 제품을 구매하는 것이나 사회공헌 활동에 적극적인 기업의 제품을 구매하는 것 등으로 그 개념이 확대되고 있다(LG경제연구원, 2009: 18).

이러한 착한 소비는 공정무역과 관련이 깊은데, 공정무역이란 개발도상국의 취약한 생산자들에게 착취적인 것이 아니라 호혜적인 조건하에 시장에 대한 접근성을 제공함으로써 절대 빈곤을 벗어날 수 있는 기회를 제공하는 것을 목적으로 하는 대안 무역의 한 형태이다(Nicolas and Opal, 2005: 181). 또한 공정무역은 제3국 생산 제품에 대해 정당한 가격을 보장해 주고 이를 통해 제3국 생산자 및 노동자에게 안정적인 가격 및 권리를 보장하여 이들의 자립을 돕는 무역형태이다.

공정무역의 제품은 대부분 커피, 코코아, 차, 바나나, 꿀, 와인, 과일 등 농산품과 면제품, 수공예품이 해당된다. 공정무역은 개발도상국의 제품에 대해 가격을 보장해 주는 등 공정한 무역관계를 추구하는 무역형태로, 단순히 도움을 주는 것이 아니라 공정성과 투명함, 존중 등을 기반으로 개발도상국의 지속 가능한 발전을 돕는 거래의 형태를 의미한다(Ozcaglar – Toulouse et al., 2006: 503). 이러한 공정무역은 특히 지구 남쪽의 소외된 생산자들과 근로자들에게 보다 나은 무역 조건을 제공하고 그들이 권리를 확보함으로써 지속 가능한 개발에 기여할 수 있다. 또한 소비자들이 지원하는 공정무역 조직들은 생산자들을 지원하고 자각을 일으키는 활동과 전통적인 국제 무역의 규칙과 관행의 변화를 위한 운동에 적극적으로 참여한다(Visser et al., 2007: 339). 공정무역 사회적 기업은 공정성, 무역, 교육과 규제와 옹호 등의 차원을 결합하고, 공정 무역 사회적 기업은 판매를 중요시하기보다는 교육적 활동에 치중하고 소비자와 직접 접촉한다(Huybrechts & Defourny, 2010: 3).

국내 공정무역제품은 2003년 아름다운 가게가 아시아지역에서 수입한 수공예품을 판매하기 시작하며 도입되었다. 이후 두레생협에서 설탕을 판매하고 YMCA와 아름다운 가게에서 커피를 판매하기 시작하면 국내에 공정무역 제품이 알려지기 시작했다(차태훈·하지영, 2010: 10). 이러한 측면에서 최근 널리 퍼지고 있는 착한 소비는 가난한 제3세계 생산자들이 만든 환경 친화적인 제품을 제값에 사는 윤리적 녹색 소비자 운동이며, 공정무역 운동을 포함한 소비자 운동으로 인간, 동물, 환경에 해를 끼치는 상품을 사지 않고 공정무역에 의한 상품을 구입하는 것을 의미한다(현소은, 2009: 3). 또한 국제구호 NGO 굿네이버스는 '착한 소비 굿바이 캠페인'을 전개하면서 개인과 기업의 참여를 유도하고 있다. 이 캠페인을 통해 개인은 물론 비락, 사조, 정식품, 산요 등 33개 기업이 참여해 총 1억 원의 기금이 모이기도 했다(국민일보, 2010년 4월 28일).

결국 착한 소비는 사회적 기업이 생산하는 제품이나 서비스를 소비하는 행위를 의미하기도 하고, 사회적 기업이 제3세계에서 생산한 제품을 공정무역을 통해 거래된 것들을 윤리적으로 소비하는 것을 의미하기도 한다. 이러한 착한 소비는 사회적 기업의 이미지 제고뿐만 아니라 사회적 기업이 추구하는 공익성에도 부합하여 소비를 촉진시킴으로써 이윤창출에도 영향을 미치게 된다. 즉, 착한 소비는 사회적 기업의 사회적 목적 실현과 수익창출로 이어져 사회적 기업 활성화 요인이 된다.

(3) 소통

소통은 간략히 정의하면 송신자가 수신자에게 메시지를 전달하는 과정을 의미한다. 소통, 즉 의사소통은 참여자들이 그들의 행위계획을 합의적으로 조정하는 상호작용이기도 하다(Habermas, 1983: 96). 이때 매번 도달한 합의는 타당성 주장에 대한 간주관적인 인정에 따라 평가된다. 명시적으로 언어적인 협의과정의 경우 행위자들은 그 무엇에 대해 의견을 서로 주고받으면서 그들의 언어행위와 함께 각기 상황에 따라 타당성 주장들, 즉 진리 주장, 정당성 주장 및 진실성 주장을 제기한다. 이러한 Habermas의 의사소통에는 동의를 지향하는 소통과 영향 발휘를 지향하는 소통이 있다. 동의를 지향하는 소통이 의사소통행위에 해당하고 영향 발휘를 지향하는 소통이 전략적 행위에 해당한다.

오늘날의 사회문제로 소통의 문제를 지적하는 것은 Habermas의 어법으로 정리하면 의사소통행위가 필요한 국면에서 전략적 행위를 하는 것이다(박은미, 2009: 270). 즉, 한쪽에서는 의사소통행위를 하고자 하는데 다른 한쪽에서는 전략적 행위를 하면 의사소통행위를 하고자 했던 사람은 소외를 겪게 되며, 소통의 충돌이 일어나게 되는 것이다. 의사소통의 주체들을 인간적 속성에 맞춰 대하지 않고 느낌 없고 생명 없는 대상처럼, 마치 물건이나 상품처럼 취급한다는 의미에서 '물화'의 인간행동을 하게 된다(Honneth, 2005: 22). 소통의 문제는 의사소통의 상대를 나와 다른 사람, 우리와 다른 사람으로 여길 때 발생하며, 인정의 원칙을 통해 타자를 포용하면서 그 한계를 넘어설 수 있다(Honneth, 2000: 9). 따라서 소통은 송신자와 수신자 간의 메시지 전달 과정에서 의도적인 전략적 행위를 하는 것이 아니라 상호 간 인정의 원칙을 통해 의사소통이 이루어질 때 비로소 소통이 가능해진다고 볼 수 있다.

많은 사람들은 현대사회를 공동체의식의 부족 내지는 개인화로 파편화된 사회로 규정하면서 지역사회의 자발적 조직인 커뮤니티의 붕괴를 주장한다. Putnam(2000: 11)은 그의 저작 『나홀로 볼링: 사회적 커뮤니티의 붕괴와 소생(BOWLING ALONE: The Collapse and Revival of American Community)』에서 다음과 같이 지적한다. 세계화로 개인들의 이동이 확대되고 개인주의가 심화되면서 공동체 의식은 점점 사라지고 있다. 사람들은 고독감과 박탈감을 느끼고 있고, 쌓여 가는 불안과 절망, 분노는 사람들의 생활방식을 무너뜨리고 있다. 예를 들어 볼링을 치는 사람은 더욱 늘고 있지만 여럿이 함께하는 리그 볼링에 가입하는 사람은 줄어들며, '나 홀로 볼링' 현상이 미국을 뒤덮고 있다.

Putnam(2000: 339)은 1990년대 후반 미국사회의 커뮤니티 붕괴를 인터넷이나 다른 커뮤니케이션 수단조차도 막지 못하고 있다고 지적하면서 커뮤니티 붕괴로 인한 사회적 자본의 손실을 걱정한다. 그러나 한편에서는 월드와이드웹(World Wide Web)이 독특한 상호작용을 위한 놀라운 도구가 되었고, 새로운 기술이 정부의 규제에서 벗어나 적절하게 사용되기만 한다면 신뢰할 만한 공공의 목소리가 표현될 수 있는 중요한 수단이 될 수 있다고 한다(Barber, 1998: 126).

또한 이메일이나 채팅, 그리고 다른 커뮤니케이션 수단들은 커뮤니케이션의 갭을 채워 줄 뿐만 아니라 사회적 이벤트나 사람들의 만남을 조직화하는 것을 도와 사회적 만남 보강하는 역할을 한다(Wellman & Haythornthwaite, 2002). 인터넷은 보다 편리하고 적절한 커뮤니케이션의 주된 수단으로서 전화와 면대면 만남을 결합함으로써 사회적 자본을 보강해 온라인커뮤니티 활성화를 돕는다(Quan – Haase & Wellman, 2004; Blanchard, 2004; Tapscott & williams, 2008). 한국의 인터넷 사용자들도 인터넷을 이용해 취미나 관심사가 유사한 사람들끼리 온라인커뮤니티를 활용해 친목 도모나 동호회를 형성하여 인터넷포털 사이트 성장의 동력으로 작용하고 있다(한국정보화진흥원, 2010).

이러한 온라인커뮤니티는 사회적 기업의 정보 제공을 위한 효과적인 수단이 된다. 온라인커뮤니티를 통해서 사회적 기업은 생산한 제품과 서비스를 홍보하는 데 유용하다. 또한 사회적 기업은 온라인커뮤니티에서 소비자들의 의견을 청취할 수 있고 빠르게 대응할 수 있게 된다. 사회적 기업에 있어 소통은 온라인과 오프라인을 넘어서 사회적 기업이 성장하고 발전하기 위한 중요한 목표가 되고 있다.

따라서 소통은 소비자와 사회적 기업 간의 상호작용의 수단이 되고, 사회적 기업과 소비자를 연결하는 교량과 같은 역할을 한다. 즉, 소통을 통해서 사회적 기업은 지역사회에 깊숙이 뿌리내릴 수 있고, 소비자에게 친숙히 다가갈 수 있게 된다. 즉, 소통은 사회적 기업과 소비자 간의 상호작용을 증가시킴으로써 사회적 기업 활성화의 중요한 요인으로 작용하게 된다.

3) 기업 부문

(1) 기업윤리

전통적으로 일반 기업은 이윤 추구를 위해 노력해 왔다. 그러나 오늘날에 들어서 일반 기업은 투자자의 이익을 도모할 뿐만 아니라 근로자의 복지나 생활의 향상을 꾀하고, 소비자에게 좋은 상품을 제공하는 등의 사회적 책임을 부담해야 한다는 사회적 요청에 직면하고 있다(송호신, 2010: 142). 사회적 문제 및 환경 문제를 야기하거나 이를 적극적으로 해결하는 데 기여하지 않는 기업은 기업 명성이나 브랜드 이미지에 큰 손상을 받는 것은 물론, 고객과 시장 등 사업 기반을 상실할 수도 있다(LG경제연구원, 2010c: 3).

기업의 사회적 책임(CSR: Corporate Social Responsibility)은 혹은 기업윤리는 법적인 의무 이상으로 작업장 환경과 사회 복지를 향상시키는 것이다. 일반적으로 기업윤리와 연관된 활동이란, 기업의 정상적인 이익 추구 과정 이외의 광범위하고 다양한 사회문제들을 해결하기 위해 더 많은 것을 시도하는 기업의 노력을 의미한다(Vogel, 2005: 27). 기업의 사회적 책임은 주어진 특정 시점에서 사회가 기업에 대하여 가지는 경제적·법률적·윤리적 및 재량적 기대를 모두 포함하며, 개인·조직·사회제도들 간의 상호 의존성의 인식과 그러한 인식을 도덕적·윤리적·경제적 가치의 틀에서 행동으로 옮기는 것이다(Carroll, 1979; McFarland, 1982). 또한 기업의 사회적 책임이란 시간이 갈수록 그 수가 늘어나는 시민들이 기업에 대해 가지고 있는 믿음이다. 즉, 현대의 기업들에는 기업의 이해관계자나 투자자에 대한 의무 이상으로 사회에 대한 책임이 크다는 일반적인 믿음을 말한다(Visser et al., 2007: 224).

이러한 의미에서 기업은 다음과 같은 책임을 갖게 된다. 첫째, 사회가 원하는 제품과 서비스를 생산하고 이윤을 남기고 판매할 경제적인 책임이다. 둘째, 사회의 법률체제가 명시하는 법적 요건의 기본 틀 안에서 경제적 사명을 완수하는 법적 책임이다. 셋째, 사회가 기대하는 기업의 윤리적 책임으로 기업이 준수해야 할 행동과 윤리적 규범을 말한다. 넷째, 임의적 자선의 책임으로 사회가 윤리적 책임만큼 명확한 기대감을 제공하지는 않으나 기업이 가정하고 있는 자발적인 역할, 주도, 관행 등을 말한다. 위키백과사전에서는 기업의 사회적 책임을 기업이 생산 및 영업활동을 하면서 환경경영·윤리경영·사회 공헌과 노동자를 비롯한 지역사회 등 사회 전체의 이익을 동시에 추구하며, 그에 따라 의사 결정 및 활동을 하는 것을 의미한다고 정의하고 있다(위키백과, 검색일: 2010년 8월 17일).

기업의 사회적 책임의 사례에는 다음과 같은 것들이 있다. 취약계층에 일자리, 사회서비스를 제공하는 등 사회목적을 추구하는 것이다. 둘째, 영업활동 수행 및 수익의 사회적 목적 재투자이다. 셋째, 영업활동을 통해 창출되는 이익을 사업자체나 지역공동체에 투자하거나 사회적 목적으로 사용하는 것이다. 기업들은 기업의 사회적 책임을 통해 경제, 환경, 사회 측면에서 지속적인 성과를 창출하며 지속 가능한 기업의 가치를 증진하려 한다.

한편, 기업의 사회적 책임은 기업 이미지를 향상시키고 유지하는데 유용한 도구이다. 기업의 지속적인 사회적 책임활동은 장기적으로 기업에 대한 긍정적인 이미지를 제고시켜 줄 수 있는 강력한 커뮤니케이션 도구의 역할을 수행한다(Freeman, 1991; Brown & Dacin,

1997). 또한 기업의 사회적 책임활동의 효과는 단순히 소비자들로 하여금 긍정적인 태도나 이미지를 형성하는 데 그치지 않고, 소비자들이 기업에 대한 긍정적인 이미지를 유지하는 데 도움이 된다(Klein & Dawar, 2004: 204).

기업의 사회적 책임으로서 자선사업은 기업이 운영되는 곳의 지역사회와 기업을 연결시키고 종업원 모집과 고용 유지를 개선하는 사내 문화를 만들 수 있다. 종업원들은 자신의 고용주에 대해 상당한 자부심을 가질 수 있고, 리더십 기술을 발전시킬 수 있을 뿐만 아니라 동료들과의 돈독한 관계를 발전시킬 수 있다. 고객들은 기업이 단지 법적 의무만을 이해하고 가능한 한 많은 이익을 실현하는 것 이상으로 많은 것을 배려해야 한다고 생각하게 된다(Visser et al., 2007: 215).

또한 기업의 사회적 책임으로서 공익연계 마케팅은 기업의 사회적 목적과 재무적 목적의 밀접한 관계를 보여 주는 것으로, 소비자가 구매하는 상품의 가격 중 일정 비율을 사회목적에 자동으로 기부하는 것이다. 즉, 기업의 자선활동을 마케팅에 연결시키고 있는 것으로 홍보효과와 판매효과를 동시에 거두고 있다(Vogel, 2005: 106).

현재의 기업의 사회적 책임활동은 기업이 경영활동을 하면서 단순한 자선활동이나 기부, 자원봉사 등의 소극적인 사회적 책임활동에서 보다 적극적으로 사회적 책임을 다하는 것으로 진화하고 있다. 즉, 사회적 기업은 기업의 사회적 책임 이행의 진화 모델이라고 할 수 있다(남영찬, 2010: 71).

이러한 기업윤리는 과거의 전통적인 기업의 이윤 추구 역할에서 벗어나 사회에 대한 책임을 지고 기업시민으로서 활동해야 한다는 것을 의미한다. 기업윤리는 다른 일반 기업들의 사회적 공헌 활동으로 이루어지고 있으며, 점차 많은 일반 기업들이 기업윤리에 대해 관심을 가지게 되었다. 일반 기업들의 기업윤리에 대한 인식은 사회적 기업에 대한 관심으로 이어지고 있고, 사회적 기업이 추구하는 공익적 가치를 상승시키는 데 중요한 역할을 한다(박찬임, 2008: 6). 즉, 일반 기업의 기업윤리는 다른 일반 기업들의 사회적 공헌에 대한 인식을 환기시켰고, 더불어 사회적 기업에 대한 관심을 높임으로써 사회적 기업의 사회적 가치 창출과 사회적 목적 실현에 기여하고 있다(Cornelius et al., 2008: 362).

기업윤리는 최근 들어 공유가치경영 혹은 공유가치창조(CSV: Creating Shared Value)의 실현으로 대체되고 있다(조선비즈, 2011). 다시 말해 전통적 기업의 입장에서 기업이 주주에게 돌아갈 이익을 극대화하는 데만 주력하지 않고 직원과 협력업체, 지역사회, 국가 등 기업을 둘러싼 다양한 이해관계자들의 이익과 번영을 위해 노력해야 한다는 것이다(Porter & Kramer, 2011).

결국 최근의 기업윤리의 경향은 기업들이 기존의 수동적이고 소극적인 사회공헌 활동에서 적극적이고 능동적으로 사회적 책임을 다해야 하는 시대적 요청에 직면해 있다는 것을 보여 준다. 이러한 기업윤리에 대한 확대된 인식은 사회적 기업의 사회적 가치와 사회목적 실현과 융합되어 사회적 기업의 활성화 요인으로 작용하게 된다.

(2) 협력·네트워크

사회적 기업은 지역사회나 다른 기업과의 네트워크가 사회적 기업의 성장과 발전을 위해 중요시된다. 즉, 사회적 기업은 기업 스스로의 역량뿐만 아니라 다른 자원들을 동원함으로써 지역사회 내에서 신뢰관계를 구축하고 지역의 이해관계자들과 네트워크를 구축하여 기업활동을 한다(Bacchiega & Borzaga, 2001: 273).

사회적 벤처 네트워크(Social Venture Network)는 북미지역의 사회적으로 의식 있는 420명 이상의 기업경영자들로 이루어졌다. 1987년에 설립된 벤처 네트워크는 기업을 통하여 정의롭고 지속 가능한 세계를 구축하기 위한 약속을 공유하는 기업경영자들인 기업설립자, 민간 투자자, 사회적 기업가 및 주요 영향권자로 이루어졌다. 이러한 사회적 벤처 네트워크는 특히 박탈당한 지역사회 내에서 수익의 기회를 창출하고자 하는 기업과 같이 사회적 목적을 가진 기업을 위한 새로운 모델을 발전시키는 기업 제휴를 촉진하고 있다(Visser et al., 2007: 608). 대부분의 사회적 기업가는 여러 가지 이유로 주류 기업을 가장 관심 있는 파트너로 생각한다. 한 가지 이유는 공통적으로 이용할 수 있는 잠재적 지원의 절대 규모와 대기업의 지리적인 범위와 정치적 영향력 때문이다. 또 다른 이유는 사업적인 기반 위에서 사회적이고 환경적인 문제제기를 발전시키는 방법을 이해하려는 기업가들의 욕구가 높아지기 때문이다(Elkington & Hartigan, 2008: 129).

또한 기업의 사회적 책임과 사회적 기업의 관계에서 일반 기업의 사회적 책임은 사회적 기업과 같은 중소기업에 사회적 책임의 확산이라는 긍정적 효과를 이끌어 내고(Cornelius et al., 2008: 361), 기업이 지속 가능성과 협력을 강조하는 것은 기업의 환경적·사회적·문화적 맥락 속에서 기업의 적절한 능력이 나타나기 때문이다(Tencati & Zsolnai, 2009: 370). 기업이 기업의 사회적 책임활동을 하기 위해서는 이해관계인이 적극적으로 참여할 수 있는 이해관계형 코포레이트 거버넌스의 확립, 사회공헌을 실시하는 지원자 측의 기업과 지원을 받는 측의 행위자에게 있어서 대등한 입장을 구축할 필요가 있다(양만식, 2010: 270).

사회적 기업에 적절하고 효과적인 서비스를 제공하는 것은 사회적 기업 부문의 번영과 개개 사회적 기업의 성과에 있어서 또 하나의 핵심요소이다(Perrini & Vurro, 2006). 특히 사회적 기업은 마케팅, IT 및 사업 계획과 같은 분야에 대한 많은 지원이 필요하고 일반 기업과 공유되어야 한다(Smallbone et al., 2001).

한국에서는 기업의 사회적 책임활동과 관련하여 최근 들어 민간 기업들에 대한 관심이 높아지고 있다. SK를 비롯하여 교보생명보험(주), (주)현대자동차 등 대기업과 사회적 기업이 재정적 지원의 형태를 맺고 있다. 재정적 지원 외에도 사회적 기업의 설립 지원을 비롯하여 경영지원 및 사업 위탁, 생산품 구매 등 다양한 형태의 연계가 이루어지고 있다.

SK의 행복나눔재단이 추진하고 있는 '행복을 나누는 도시락' 급식센터 사업은 기업과 사회적 기업 간의 파트너십을 보여 주는 좋은 사례라 할 수 있다. '행복을 나누는 도시락' 사업은 지역의 결식이웃(노인, 아동)에게 기존 무료도시락보다 위생과 영양 면에서 월등히 개선된 급식을 제공하고, 저소득 주민들에게 일자리를 제공하고자 하는 취지로, 2006년 2월 서울 중구에 1호점을 개소하는 것으로 시작하였다(김도영 · 한명섭, 2007: 6).

또한 다른 기업 연계의 사례로는 장애인 고용을 통해 사회적 기업과 유사한 형태의 사업 운영을 하는 삼성전자의 무궁화 전자, 직원들에게 사회적 기업의 제품을 제공하는 기아자동차 광주공장, 사회적 기업 활동 지원 및 희망 블로그 제작과 IT 컨설팅 및 기술 조언을 하는 다음 커뮤니케이션, 세무관련 지식을 사회적 기업에 전수하는 넷 임팩트, 사회적 기업 및 예비 사회적 기업에 종합적 경영컨설팅을 제공하는 대구은행과 세스넷, 장애인에게 제품 및 제조교육 및 친절 교육을 실시하는 스타벅스커피 코리아 등 많은 기업들이 사회적 기업을 여러 형태로 지원하고 있고 프로보노(전문성 기부)가 늘어나고 있다(고용노동부, 2009: 112).

그러나 사회적 기업과 일반 기업의 연계는 극히 적은 수이며 상호 호혜의 관계라기보다는 기업의 사회공헌 차원에서의 지원이 대부분이어서 지속 가능한 사업 연계는 거의 없는 실정이다. 이러한 대기업이나 중소기업, 금융권 등 일반 기업들이 사회적 기업과 지속적으로 연계된다면 재정능력이나 경영능력 등 기업 운영의 전문성을 사회적 기업에 제공함으로써 사회적 기업의 운영에 많은 도움을 줄 수 있다.

또한 일반 기업도 해당 기업의 이미지 제고나 성과에 긍정적인 영향을 미치게 될 수 있다. 즉, 일반 기업과 사회적 기업의 협력·네트워크는 양자 모두에게 긍정적인 영향을 미치게 된다. 특히 사회적 기업에게는 일반 기업의 전문적인 경영능력과 재정적인 지원을 받아 사회적 목적 실현과 수익창출에 도움이 되어 사회적 기업 활성화의 요인이 된다.

(3) 조직관리

모든 조직은 조직 내부의 관리를 통해 기업의 성장과 발전을 이루는 기틀을 마련한다. 사회적 기업도 기업의 성장과 발전을 위해서는 사회적 기업 내부의 조직관리가 필수적인 요소로 작용한다. 일부 성공적이라 판단할 수 있는 사회적 기업을 제외하고, 현재 대부분의 사회적 기업은 기업 운영상 인력, 회계, 재무 등 경영능력의 부재로 인한 심각한 경영상의 어려움을 겪고 있다(김혜원, 2010; 김정원, 2009). 이에 따라 사회적 기업은 경영능력 향상을 위한 각종 지원책이 요구되며, 사회적 기업의 위험 감수와 활성화를 위해서는 사회적 기업에 대한 경영지원뿐만 아니라 기업 자체의 조직관리가 필수적 요소로 작용한다(Doherty et al., 2009; Martin & Thompson, 2010).

사회적 기업은 자본과 기술에 있어서도 어려움을 겪는데, 신용이나 네트워크가 부족한 상황에서 초기 자본을 구하는 것이 쉽지 않기 때문이다. 또한 사회적 기업은 업종 자체의 수익성이 낮은 것이 대부분이고 시장에서의 판로 개척을 위한 영업이나 마케팅 기술도 취약한 편이다(정선희, 2006: 71). 한국의 사회적 기업은 전반적으로 사회 시스템의 경험 부족으로 인하여 사회적 기업의 지속 가능성에 대한 끊임없는 의문이 핵심문제로 제기되고 있는 실정이다(김용호·송경수, 2009: 10). 특히 사회적 기업의 부족한 자본력이나 경영능력 미흡, 인적 자원의 취약성 등 문제는 이미 사회적 기업들이 설립 당시부터 감내해야 하는 문제가 되었다(장원봉, 2009: 68).

사회적 기업 대부분은 기술, 자금, 인력 등 경영자원의 부족과 낮은 브랜드 인지도, 규모의 경제가 지배하는 경쟁적인 영리시장, 서비스 이용자(수혜자)의 지불 능력 부족 등 성장기회가 제한적인 사회서비스 시장에서 기업 경영을 하고 있기 때문에 많은 어려움을 겪고 있다(이은애, 2008; MCgregor & Clark, 2003; 노대명, 2008; 김혜원, 2009, 2010; 곽선화, 2009; 이정봉, 2010). 이러한 사회적 기업의 조직 차원의 취약성들을 극복하기 위해서는 전략적 조직관리(Strategic Organization Management)가 요구된다(Doherty et al., 2009: 54).

조직에서 전략적 관리는 환경과의 관계를 중시하는 변혁적 관리이다. 전략적 관리는 조직에 영향을 미치는 변동의 효율적 관리를 지향한다. 또한 역동적인 환경에 처하여 변화를 겪고 있는 조직의 새로운 지향노선을 제시하고 그에 입각한 전략·전술을 개발하여 집행하는 것이다(오석홍, 2006: 646).

이러한 전략적 조직관리는 사회적 기업의 지속 가능성을 담보해 주고, 사회적 기업이 활성화될 수 있는 기틀을 마련해 주기 때문이다(Darby & Jenkins, 2007: 411). 전략적 조직관리는 사회적 기업의 목표 수행을 위한 자원 할당과 행동경로의 선택, 그리고 조직의 목적과 장기적인 목표를 결정해 주고, 기업의 전략은 의사 결정의 유형을 파악할 수 있도록 해 주며, 환경 변화 속에서 자원의 배치를 통해 조직의 장점들을 달성할 수 있는 기회를 제공해 준다(Grant, 2004; NCVO, 2007; Nickols, 2000; Johnson & Scholes, 2005; 홍일유, 2008). 또한 사회적 기업은 인적 자원관리를 통해 조직 내부의 균형을 유지할 수 있고, 기업적 목적과 사회적 목적을 동시에 달성하는 현실적 기회를 제공받을 수 있다(Royce, 2007: 10).

따라서 사회적 기업의 조직관리는 전략적 차원에서 고려되어야 한다. 사회적 기업은 사회목적 실현과 수익 추구라는 두 가지 목표를 동시에 수행해야 하기 때문에 어느 한 측면만을 중점적으로 고려할 수는 없다. 즉, 사회적 기업의 성공을 위해서는 전략적 차원에서의 조직관리가 필수적이다. 이러한 전략적 조직관리가 이루어지기 위해서는 구성원들의 전문성 및 긍지와 자부심, 조직 내의 체계적인 경영시스템이 구축되어야 한다.

결국 사회적 기업에서 전략적 조직관리는 조직이 추구하는 목표 설정과 역량을 평가를 통해 조직의 강점과 약점을 파악할 수 있다. 사회적 기업의 전략적 조직관리는 조직의 모든 주요 요소들을 모두 포괄하는 역할을 하여 사회적 기업 활성화의 중요한 요인이 된다.

4. 선행연구의 비판적 검토

사회적 기업에 대한 연구는 정부가 사회적 기업에 대한 정책적 지원을 강화하면서 증가하는 추세이다. 사회적 기업에 대한 연구는 지금까지 단기간에 걸쳐 많은 연구가 진행되어 왔다. 그러나 연구경향을 분류하면 사회적 기업에 대한 소개, 사회적 기업에 대한 국가 간 비교, 지역사회 발전 차원의 연구, 사회적 기업의 정책의 방향 등에 관한 질적 연구가 대부분을 차지하고 있다.

대표적인 사회적 기업에 대한 연구들을 살펴보면 초창기에는 OECD(1999), Borzaga & Defourny(2001), 김경휘·반정호(2006), 심창학(2007), 김신양(2006), 남승연·이영범(2008), OECD(2009), Kerlin(2010) 등 사회적 기업의 소개와 다른 국가와의 비교연구가 주류를 이루었고, 우리나라에서 2007년 「사회적 기업 육성법」이 제정되면서부터는 조영복 외(2008), 이광우(2008), 김혜원(2009), 김성기(2009), 김태영(2009), 김종수(2009) 등 사회적 기업의 특성과 성공에 대한 연구와 장원봉(2009), 양용희(2009) 등 사회적 기업의 현황과 실태에 관한 연구들이 대부분을 차지하고 있는 실정이다.

또한 아직까지도 사회적 기업의 조직적 특성으로 사회적 기업과 커뮤니티 비즈니스를 혼용하여 사용하면서 사회적 기업을 지역경제 활성화 차원에서 접근한 Hosono(2000), Kaneko, Ikuyo eds.(2003), Hosouchi(2006), 함유근 · 김영수(2010) 학자들이 있고, Hasenfeld & Gidron(2005), Luke & Verreynne(2006), Pinckney−Edward(2008), 김윤호(2010), Bills(2010), 이도형 · 함요상(2010) 등의 사회적 기업의 정체성에 대한 연구들도 진행되었다.

한편에서는 사회적 기업과 일반 기업, 주민자치센터와 같은 공공기관과의 연계를 다룬 김수영 · 권희연 · 한용외(2010), 김종수 · 김태영(2010)의 연구가 있다. 물론 이러한 연구와 다른 선행연구들은 사회적 기업을 국내에 소개하고 발전시키는 데 많은 기여를 하였고, 사회적 기업에 대한 관심을 고조시키는 데 큰 역할을 담당하였다. 그러나 선진국의 개념을 우리 사회에 소개하고 중앙정부 중심의 집중적인 사회적 기업 육성 정책에서 가져오는 일정한 한계를 지닐 수밖에 없었다.

다시 말해 지금까지의 선행연구는 이론적 연구와 선험적인 연구가 주류를 이루고 있고, 실증적인 연구는 매우 부족한 편이었다. 또한 연구의 대상에 있어서도 사회적 기업 자체에 맞추어져 있거나 다른 이해관계자를 고려하지 않은 채 사회적 기업가만을 대상으로 한정하고 있다. 사회적 기업의 활성화는 사회적 기업 자체만의 노력으로는 어려운 측면이 있다. 사회적 기업이 활성화되기 위해서는 거버넌스 체계에서 정부, 시민사회, 기업이 상호작용을 통한 협력체계가 구축되어야 하며, 각 부문에 대한 요인들의 고려가 있어야 한다. 이러한 선행연구들을 비판적으로 검토하면 다음과 같다.

　첫째, 사회적 기업에 대한 정부 부문의 연구가 실증적으로 이루어
지지 않았다. 선행연구에서는 정부 부문에서 사회적 기업에 대한 연
구는 부족한 편이었다. 사회적 기업이 아직까지는 한국사회에 소개
가 된 지 얼마 되지 않은 상황에서 정부의 역할은 여전히 중요하다.
사회적 기업의 육성을 담당하고 있는 고용노동부는 사회적 기업 전
반에 대한 정책을 수립하고 추진하고 있다. 그리고 행정안전부, 보
건복지부, 지식경제부 등이 사회적 기업과 관련한 다양한 사업을 중
앙정부에 차원에서 추진하고 있다.

　또한 현재 중앙정부에서 시작한 사회적 기업 육성정책이 점차 지
방으로 확대되고 있으며 기초자치단체에까지 사회적 기업 육성에
대한 권한이 확대되고 있는 실정이다. 이러한 측면에서 정부 부문에
서 정부의 정책적 지원은 사회적 기업의 활성화에 매우 중요한 요인
이 될 수 있다. 특히 정부 부문의 법적 지원, 제도적 지원, 그리고 전
자정부서비스를 통한 사회적 기업 지원에 대한 실증적인 연구가 필
요하다.

　둘째, 시민사회 부문에 대한 실증적인 연구가 이루어지지 않았다.
유럽에서도 Borzaga & Defourny(2001)가 사회적 기업과 사회자본의
관계가 중요함을 지적한 바가 있고, Evers et al.(2004)도 사회적 기업
의 성공을 위해서는 시민사회의 사회자본 형성이 중요하다고 지적
하고 있다. 그러나 한국에서는 사회적 기업의 사회자본 형성에 대한
연구가 활발하지 않다. 사회적 기업이 영리를 추구하지만 공익성을
추구하는 기업이기 때문에 사회자본으로서 사회적 기업에 대한 신
뢰는 사회적 기업의 활성화에 중요한 요인으로 작용한다. 또한 최근
세계적으로 공정무역에 대한 관심이 늘어나고 있고 국내에서도 아

름다운 가게와 같은 공정무역을 수행하는 사회적 기업이 늘어나면서 시민 참여로서의 '착한 소비'에 대한 관심도 높아지고 있다. 선행연구들은 사회적 기업과 시민 참여에 대한 실증적인 연구가 거의 없는 실정이다. 사회적 기업은 시민들의 자발적 참여로 만들어지는 기업이라고 봤을 때 시민 참여로서 '착한 소비'는 사회적 기업의 운영과 활성화에 많은 기여를 할 수 있다.

특히 선행연구에서는 사회적 기업에 대한 소통에 대한 연구가 진행되지 않았다. 사회적 기업과 관련하여 소통은 온라인과 오프라인을 통해 이루어지는데 온라인을 통해 이루어지는 사회적 기업에 대한 소통의 연구는 거의 찾아볼 수 없다. 현재 한국은 전자정부의 발달과 온라인 참여에서 선도적인 위치를 차지하고 있다. 온라인을 통해 이루어지는 사회적 기업에 관한 정보나 서비스 등은 온라인 시민 참여로 이어져 사회적 기업 활성화에 중요한 요인이 될 수 있다. 그리고 선행연구들은 사회적 기업과 시민들의 소통의 중요성을 거의 언급하지 않고 있다. 사회적 기업의 주요 소비자들이라고 할 수 있는 시민들과의 소통은 사회적 기업의 필수적인 성공요소이므로 이에 대한 실증적인 연구가 필요하다.

셋째, 기업 부문에 대한 실증적인 연구가 활발히 이루어지지 않았다. 선행연구들은 대부분 일반 기업 차원에서 기업윤리를 논의하여 왔다. 그러나 사회적 기업은 사회적 목적 실현과 수익 추구라는 양면적 속성을 지니면서 기업윤리와 관련성을 가지며, 일반 기업의 사회공헌활동은 사회적 기업의 활성화에 긍정적인 기여를 할 수 있다. 또한 일반 기업의 사회적 기업에 대한 지원은 대기업을 중심으로 꾸준히 증가하고 있는 실정이지만, 일반 기업과 사회적 기업의 연계에 대한 실증적 연구는 많지 않다. 사회적 기업이 지속적으로 성장하고 발전하기 위해서는 일반 기업과의 협력·네트워크를 통한 역량 강화가 필요하다. 일반 기업들은 경영활동에서 얻은 노하우와 경험 및 위기관리 능력 등 경영상의 전문성을 가지고 있다.

반면 사회적 기업은 소규모이면서 영세한 경우가 많고, 사회적 기업의 속성상 경영의 전문성을 가지고 있지 않은 경우가 대부분이라고 할 수 있다. 이러한 측면에서 일반 기업과 사회적 기업의 연계를 통한 협력과 네트워크에 대한 실증적 연구가 필요하다. 아울러 사회적 기업 내부의 조직관리에 대한 연구가 필요하다. 일부 연구에서 사회적 기업 내부에 대한 연구가 있었지만, 전략적 조직관리로 직원들의 전문성이나 긍지와 자부심, 그리고 내부 경영시스템에 대한 종합적인 실증적 연구는 많지 않았다.

넷째, 선행연구들의 가장 큰 특징은 대부분 정성적 연구가 대부분이라는 것이다. 실증적 연구가 일부 진행되기는 했지만 대부분 일부 대표적인 사회적 기업이나 사회적 기업 종사자들을 대상으로 한 연구가 주류를 이루고 있다. 사회적 기업의 활성화를 위해서는 사회적 기업이나 사회적 기업 종사자들을 대상으로 하는 실증적 연구도 중요하지만, 사회적 기업 정책에 관련된 다양한 이해관계자들을 대상으로 하는 실증적 연구가 필요하다. 사회적 기업 정책은 사회적 기업 정책을 담당하는 공무원, 사회적 기업가, 사회적 기업 종사자, 사회적 기업 지원기관, 일반 시민 등 다양한 이해관계자가 관련되어 있기 때문이다.

따라서 사회적 기업의 활성화를 위해서는 거버넌스 체계를 구성하고 있는 정부 부문, 시민사회 부문, 기업 부문의 요인들을 통한 실증적인 연구가 필요하다. 이러한 측면에서 본 연구는 사회적 기업 활성화 요인의 실증적 연구를 통해 보다 구체적이고 종합적인 정책적 함의를 도출해 낼 수 있을 것이다.

제4절 연구의 분석틀

본 연구는 사회적 기업의 활성화에 영향을 미치는 요인들을 실증적으로 밝혀내어 사회적 기업의 활성화를 위한 정책적 대안을 모색하는 것이다. 본 연구의 종속변수는 사회적 기업의 활성화이다. 종속변수인 사회적 기업의 활성화는 전반적인 사회적 기업의 활성화와 사회서비스 제공, 그리고 고용창출로 측정하고자 한다. 종속변수에 영향을 미치는 독립변수는 정부 부문에서는 법적 지원, 제도적 지원, 전자정부서비스이다. 그리고 시민사회 부문에서는 신뢰, 착한 소비, 소통(의사소통)으로 구성하였다. 기업 부문에서는 기업윤리(기업의 사회적 책임), 협력·네트워크, 조직관리 등으로 변수를 구성하였다. 이러한 종속변수와 독립변수로 연구의 분석틀을 구성하면 <그림 2-8>과 같다. 연구의 분석틀을 바탕으로 다음과 같은 가설을 설정할 수 있다.

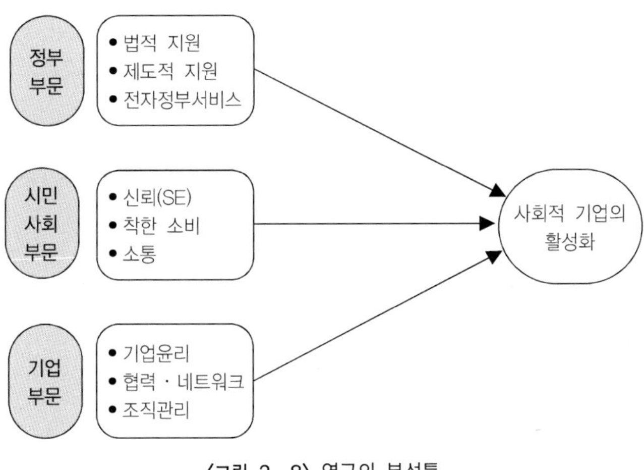

〈그림 2-8〉 연구의 분석틀

첫째, 정부 부문은 사회적 기업의 활성화에서 중요한 부분을 차지한다. 유럽의 사회적 기업 경우에도 영국과 이탈리아를 비롯한 프랑스, 벨기에 포르투갈 등 국가는 법률로서 사회적 기업 육성을 지원하고 있고 전담 부처를 신설하여 사회적 기업에 관한 정책을 담당하고 있다(Johnson & Spear, 2006: 28). 한국의 경우도 「사회적 기업 육성법」을 제정하고, 정부 차원에서 집중적으로 사회적 기업을 육성하려고 정책적 노력을 기울이고 있다. 또한 사회적 기업의 인증도 고용노동부가 담당하고 있어 정부의 사회적 기업을 위한 법적 지원과 제도적 지원은 유의미한 영향을 미칠 수 있다. 또한 한국정부는 선도적인 전자정부를 구축하고 있다. 이러한 발달된 전자정부 시스템을 통한 사회적 기업의 온라인 시스템 구축이나 정보시스템 등을 통한 지원을 할 경우 사회적 기업의 활성화에 영향을 미칠 수 있을 것이다.

둘째, 시민사회 부문에서 사회적 자본은 사회적 기업 활성화에 긍

정적인 영향을 미칠 수 있다. Borzaga & Defourny(2001)의 연구에서
도 사회적 자본은 사회적 기업의 성공에 많은 영향을 준다고 언급한
바 있다. 사회 자본은 Putnam(1993)이 일반적으로 언급한 신뢰, 규
범, 네트워크를 말하는데, 본서에서는 사회적 기업에 대한 신뢰에
보다 초점을 맞추었다. 따라서 사회적 자본으로서 사회적 기업의 신
뢰는 사회적 기업의 활성화에도 유의미한 영향을 미칠 수 있을 것으
로 기대된다. 또한 최근 시민사회에서 공정무역에 대한 관심이 높아
지고 있다. 이러한 공정무역의 제품은 착한 소비로 이어지고 있다.
착한 소비는 공정무역을 통한 제품들을 소비자들이 구입하는 것을
말하기도 하고, 사회적 기업이 만들어 낸 제품이나 서비스를 이용하
는 것을 의미한다. 최근 사회적 기업들은 공정무역 제품을 취급하는
경우가 많아지고 있고, 사회적 기업에서도 다양한 제품과 서비스를
제공하고 있다. 이러한 착한 소비는 사회적 기업의 활성화에 영향을
미칠 수 있다.

한편, 시민사회 부문에서 소통은 이해관계자들 사이에서 어떤 사
안에 대한 합의를 이끌어 내고 목표를 달성하는 경우에도 매우 중요
한 역할을 한다. 이러한 소통은 온라인과 오프라인을 통해서 사회적
기업에 영향을 미치게 된다. 온라인커뮤니티는 온라인을 통한 사회
적 자본의 형성, 즉 온라인상의 사회적 기업의 이미지나 제품, 서비
스 등은 온라인 사회적 자본의 형성에 도움을 주어 사회적 기업의
활성화에 영향을 미칠 수 있을 것이다. 즉, 네티즌들은 커뮤니티를
통해 온라인 통한 모금이나 기부 등의 활동을 통해 사회적 기업을
지원하거나 직접 참여하는 경우가 늘어나고 있는 추세이다(파이낸셜
뉴스, 2010년 9월 30일).

이러한 측면에서 온라인커뮤니티를 통한 시민의 참여는 사회적 기업의 활성화에 유의미한 영향을 미칠 수 있을 것이다. 또한 사회적 기업은 일반적으로 영리성과 공익성을 동시에 추구하는 기업이라고 할 수 있다. 그러나 사회적 기업 자체의 속성상 시민들의 자발적인 참여로 사회적 기업이 만들어지거나 운영되는 경우가 대부분이다. 이러한 측면에서 사회적 기업이 소비자인 시민들과 적극적으로 소통하는 것은 사회적 기업의 활성화에 유의미한 영향을 미칠 수 있다.

셋째, 기업 부문은 사회적 기업의 활성화에 긍정적인 영향을 미칠 수 있다. 최근 들어 기업윤리나 기업의 사회적 책임, 즉 기업의 사회공헌이나 윤리경영 등에 많은 관심을 가지게 되었다. 또한 일부 대기업들을 중심으로 많은 일반 기업들이 사회공헌활동에 활발히 참여하는 경향을 보이고 있다. 대기업을 위주로 한 일반 기업들은 사회적 기업들을 지원하기 위해 경영지원, 컨설팅, 사회적 기업과의 연계 등 여러 활동들을 한다(YTN, 2010년 11월 6일). 이러한 측면에서 일반 기업의 사회적 책임이나 사회적 기업에 대한 지원활동들은 사회적 기업의 활성화에 긍정적인 영향을 미칠 수 있을 것이다. 또한 온라인을 통한 대기업들의 사회적 책임활동(예: Naver, Daum, Cyworld 등) 사례가 있다.

일반 기업들은 사회적 기업에게 정보통신기술을 통해 사회적 기업가를 양성하는 프로그램을 실시하기도 하고, 직접 정보통신기술을 이전하기도 한다. 따라서 민간기업들의 사회적 기업 지원활동은 사회적 기업의 활성화에 영향을 미칠 수 있을 것으로 기대된다. 또한 사회적 기업의 내부적 측면에서 조직관리는 사회적 기업이 내실화되고 기업으로서 갖추어야 할 다양한 조건들과 관련되어 있다. 사회적 기업은 본래 일반 기업과 달리 소규모로 운영되고 취약계층을 고용하기 때문에 구성원들의 전문성이나 경영능력 그리고 내부 경영시스템에서 취약한 편이다. 이를 극복하고 장기적으로 사회적 기업이 발전하기 위해서는 사회적 기업 구성원들의 전문성 확보와 경영시스템 구축 그리고 직원들의 긍지와 자부심 등의 내실화가 필요하다. 이러한 사회적 기업 내부의 조직관리를 통해 사회적 기업은 보다 발전하고 활성화될 수 있을 것이다. 이러한 논의에 따라 연구의 가설을 설정하면 다음 <표 2-9>와 같다.

〈표 2-9〉 연구의 가설

가설 번호	가설 내용
H1	정부 부문의 법적 지원(인증, 육성법)은 사회적 기업의 활성화에 정(+)의 영향을 미칠 것이다.
H2	정부 부문의 제도적 지원(재정지원)은 사회적 기업의 활성화에 정(+)의 영향을 미칠 것이다.
H3	정부 부문의 전자정부서비스는 사회적 기업의 활성화에 정(+)의 영향을 미칠 것이다.
H4	시민사회에서 사회적 기업에 대한 신뢰는 사회적 기업의 활성화에 정(+)의 영향을 미칠 것이다.
H5	시민사회에서 시민들의 착한 소비는 사회적 기업의 활성화에 정(+)의 영향을 미칠 것이다.
H6	시민사회에서 원활한 소통은 사회적 기업의 활성화에 정(+)의 영향을 미칠 것이다.
H7	기업윤리(기업의 사회적 책임)는 사회적 기업의 활성화에 정(+)의 영향을 미칠 것이다.
H8	사회적 기업과 일반 기업 간의 협력·네트워크는 사회적 기업의 활성화에 정(+)의 영향을 미칠 것이다.
H9	사회적 기업 내부의 조직관리는 사회적 기업의 활성화에 정(+)의 영향을 미칠 것이다.

제3장
사회적 기업의 현황

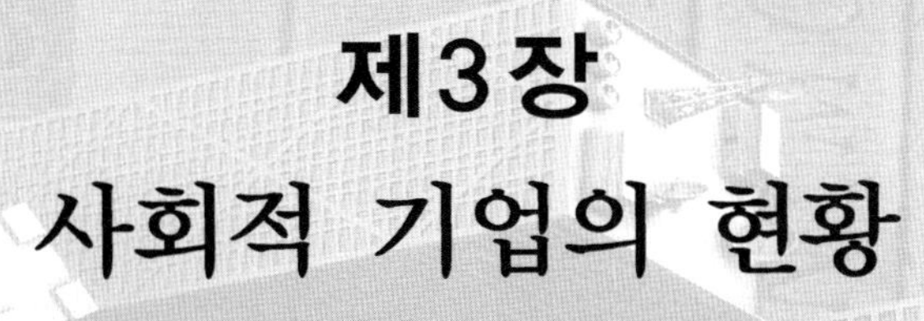

제1절 주요국의 사회적 기업 현황

1. 영국의 사회적 기업

1) 정부 부문

영국의 사회적 기업 연구는 유럽 차원에서 1996년부터 시작된 EMES에 의해 사회적 기업이 연구되고 있다. EMES가 유럽 국가에서 연구한 사회적 기업들은 두 가지로 분류할 수 있다. 첫째, 실업자들의 노동시장 통합과 낙후된 지역의 개발을 위해 일하는 단체들이다. 둘째, 전통적인 분야(취약가정 지원, 노인 돌보기 등)와 보충 교육, 문맹퇴치 교실, 주거지 보장 등 새로운 요구에 부응하는 단체들로 보다 넓게, 공동체 전체에 상품과 서비스를 제공하는 것이다(OECD, 1999: 4).

영국은 일찍이 사회적 기업 지원의 필요성이 대두된 가운데 '2002년 성공적인 사회적 기업을 위한 전략(2002 Government Strategy, Social Enterprise, a Strategy for Success)'을, 2006년에는 더욱 심화된 세부계획인 '2006년 사회적 기업 경쟁력 강화 방안(2006 Social Enterprise Action Plan: Scaling New Heights)'을 수립하여 전략적으로 지원하고 있다(배이화, 2007: 35). 영국은 작은 정부론이 등장하면서 실업자와 노숙자의 자활에 필요한 지속 가능한 일자리를 창출하기 위해 사회적 기업의 역할이 중요시되고 있으며, 2005년 연례 소기업 조사에 따르면 약 5만 5,000개의 사회적 기업이 연간 84억 파운드의 성과를 내고 65만 개의 노동통합형 일자리를 창출하고 있다(Purser, 2009: 22).

영국의 사회적 기업은 대부분 규모가 작고 복잡한 법체계하에서 활동한다. 영국정부는 각종 규제, 세금, 행정집행구조가 사회적 기업의 발전과 성장을 가로막지 않도록 정책을 추진하려고 노력하고 있다(사회투자지원재단, 2009: 7). 즉, 영국식은 정부 개입은 최소화하되 사회적 기업이 영리 기업활동을 통해 취약계층 지원과 사회복지 서비스를 제공하도록 하는 복지 민영화 방식을 취하고 있다. 과거 영국도 전통적으로 복지서비스를 국가가 전담하며 사회적 기업은 소속 구성원의 이익을 중시하는 제한적 협동조합 형태로 발전해 왔다. 그 후 대처 정부 시절의 혹독한 구조조정 과정을 거치면서 취약계층에 대한 실업과 사회서비스 제공 문제가 대두되었고 이어 블레어 정부가 들어서 정책기조를 영리활동의 자율성을 중시하는 기업형 모델로 전환, 현재와 같이 성장했다. 영국식 모델 범주에 속하는 나라는 프랑스, 독일, 벨기에, 룩셈부르크, 네덜란드, 아일랜드 등이다(LG경제연구원, 2009: 45).

영국의 사회적 기업 정책은 중앙정부에서 중점적으로 추진하는 범정부적 추진전략으로서, 현재 중앙과 지방을 연계하는 공동체주의에 입각한 정책으로 실행되고 있다(OTS, 2007: 3). 또한 영국의 사회적 기업은 2002년부터 시작된 정부의 조직적인 지원의 역사가 짧기 때문에 중앙정부 부서에서의 노력은 주로 사회적 기업에 대한 대중의 인지도를 높이고 긍정적 인식을 배양시키는 데에 역점이 모아지고 있다(송백석·곽진오, 2010: 122). 즉, 영국의 사회적 기업에 대한 정책은 사회적 기업을 주로 비즈니스 활성화와 공동체 재건의 혼합으로 간주해 왔다고 할 수 있다(한미영·황상진, 2010: 102).

영국에서 사회적 기업에 대한 재정지원은 2000년부터 사회투자 태스크포스에 의해 시작되었고, 2007년에는 사회투자 태스크포스와 OTS가 공동으로 은행의 휴면자산을 신규 사회투자 기금으로 활용하는 방안이 시작되었다. 또한 2008년에는 사회적 기업을 위한 위기자금 투자 펀드가 조성되었고, 사회 투자 지도자가 OTS에 사회 투자의 새로운 모델로 보고하였다(Nicholls, 2010: 401). 또한 영국은 사회적 기업에 대한 정부의 지원 정책이 제3부문청(Office of the Third Sector)에서 시민사회청(Office of Civil Society)으로 대체되고 있고, 'Big Society Bank'의 설립으로 사회적 기업을 위한 새로운 재정지원이 이루어질 전망이다(Newton, 2010: 59).

2) 시민사회 부문

영국의 사회적 기업은 시민사회와의 연계 역사가 높다고 볼 수 있다. 영국의 사회적 기업은 대부분의 경우 사회운동과 캠페인에서 발생하였고, 다른 발생 요인은 17세기부터 시작된 자선 및 박애주의 운동 전통에서 찾아볼 수 있다. 이러한 전통은 현재 기업활동을 영위하는 소규모 공동체 및 자원봉사 조직에서 찾아볼 수 있다(Aiken, 2006: 23). 영국에서 사회적 기업은 사회적인 측면을 갖춘 독립 상품 거래 조직으로서 등장하였고, 시장에 있어서 사적으로 이용자 지향 서비스를 제공하며 혹은 정부와의 계약에 기초한 서비스를 제공하고 있다(Spear, 2001: 303). 이러한 중심이 되는 사회적 기업은 자선조직이나, 협동조합/공제, 중간 노동시장 조직, 지역사회조직 등이다.

영국에서 사회적 기업은 "다양한 사회 및 환경 이슈를 해결하고

자 하며, 모든 분야에서 활동하는" 조직으로 이해되고 있다. 또한 '공공의 이익을 위해 비즈니스 솔루션'을 사용하고, '강력하고 지속 가능하고 다양한 계층을 포함하는 경제 창출'을 돕는 데 분명하고 중요한 역할을 갖고 있다. 그리고 '주요 정부정책의 목표를 달성'하는 데에도 중요한 역할을 담당하고 있다. 사회적 기업은 "정신 지체 장애인, 노숙자, 장기실직자 등 주류 비즈니스에서 고용할 수 없거나 또는 고용하지 않는 취약계층을 위해 보조적인 비즈니스 환경에서 취업 및 훈련 기회를 제공"한다고도 이해된다(DTI, 2006: 13).

최근 영국의 사회적 기업들은 이웃의 경제적 번영을 향상시킨다는 특정 목적을 가지고 빈곤계층 및 취약계층을 중심으로 운영하는 추세를 보이고 있다. 자원봉사 영역도 보다 혁신적이면서 기업가적으로 변화해 가고 있으며, 자원봉사 조직들이 공공서비스 전달에 있어서 중요한 역할을 하고 있다(김봉화·김재호, 2010: 810).

3) 기업 부문

영국은 사회적 기업과 일반 기업의 협력이 활발한 편이다. 영국의 사회적 기업을 대표하는 사회적 기업 연합(Social Enterprise Coalition)은 사회적 기업에 대한 지원을 물론 사회적 기업의 전국 네트워크 조직으로 영국 사회적 기업의 목소리를 대변하고 있다. 또한 사회적 기업 연합은 정부로부터 사회적 기업에 대한 요구사항을 얻어 내는 대변자로서의 역할을 하기도 하며 다른 일반 기업들과의 협력을 이끌어 내는 사업을 하기도 한다(Social Enterprise Coalition, 2010, 검색일: 2010년 12월 10일).

영국에서 일반 기업과 사회적 기업이 협력하는 것은 사회적 기업과 일반 기업이 협력을 통해 얻는 이득이 많기 때문이다. 먼저 사회적 기업이 얻는 이득은 규모와 역량의 확대를 이룰 수 있고, 기업의 경영능력과 전략능력의 개발, 계약 확대, 신규 사업을 확장할 수 있기 때문이다. 또한 사회적 기업에 필요한 자금 조달과 투자 유치를 이끌 수 있다.

이에 반해 일반 기업은 사회적·환경적 영향력을 심화시키는 역량을 개발할 수 있고, 지역공동체와의 유대를 강화하며, 정치적·공식적으로 지지를 받는 경제요소에 동참할 수 있다. 또한 사회적 기업과 협력을 통해 신규 사업 진출, 윤리적 기업으로서의 이미지 개선 효과, 직원들의 만족감을 증대시킬 수 있다(Newton, 2010: 57). 이에 대한 사례로는 런던 전역의 빈곤가정 초등학생들에게 건강식의 무료 아침식사를 제공하는 사회적 기업인 'Magic Breakfast'를 비롯한 매거진·아카데미·커뮤니케이션 에이전시로 기자 지망생들을 위한 교육 훈련 사업을 제공하는 'CATCH22 ACADEMY'가 있다. 영국에서 이러한 사회적 기업과 일반 기업의 협력은 중요한 사회적 기업의 성공 사례로 소개되고 있고, 점차 이러한 협력 사례가 증가하고 있다.

〈사례 1〉
런던 비즈니스 링크(Business Link in London)
Website: www.businesslink.gov.uk

현재 사업을 하고 있는 사람들과 하려고 준비하는 사람들에게 적절한 조언을 해 주는 사업체로 주로 중소기업들을 대상으로 서비스를 제공하고 있다. 해마다 수천 명의 사업자들을 대상으로 서비스를 제공하고 있다. 정확

신속성을 사이트에 내걸 만큼 소비자 편의 중심의 서비스를 제공하고 있으며 사이트에 가입하게 되면 거의 모든 부분의 비즈니스 도구와 세금, 원가 절감 등에 관한 각종 노하우를 제공받을 수 있다.

특이한 점은 London Development Agency의 대리인 역할을 하고 있으며 그들 스스로를 Not‐for‐Profit, 즉 수익을 추구하지 않는 기관으로 정의하고 있다. 250명 이하의 중소 규모의 기업들에 영국 정부나 유럽기관들의 금전적 지원을 이끌어 내어 다양한 범위의 지원금을 지급한다. 온라인상에서는 여성을 위한 Women's Business Centre, 소수민족을 위한 London's Ethnic Centre, 몸이 불편한 사업가를 위한 Support for Disabled Entrepreneurs를 운영하여 상대적으로 사회적 약자 위치에 있는 이들을 위한 커뮤니티를 제공하고 있다(사회적기업연구원, 2007: 37).

〈사례 2〉
해크니협력개발(Hackney Co‐operative Development)
Website: www.hced.co.uk

해크니협력개발은 1979년 주거협동조합으로 출발하여 중앙정부와 함께 지역사회 재건 프로그램을 20년 넘게 수행해온 비영리단체로, 지역주민에게 개발지원 및 사업상담, 훈련 등을 제공하기 위하여 설립되었다. 해크니협력개발은 지자체로부터 폐허지역을 인수받아 재건작업을 시작하였고, 1982년부터 정부, 일반 기업 등과 연계하여 지역경제 발전 촉진과 도시 재건개발을 진행하고 있다.

사업대상은 해크니 지역 내 유색인종, 여성, 빈곤층을 주 사업대상으로 하고 있고, 지난 3년간 27개의 시작단계 사업에 대한 작업공간을 제공하였으며, 85개 사업을 지원하고 있다.

주요 사업 및 프로그램을 보면, 먼저 기본사업으로는 사업 공간 및 작업장 제공으로 사업 초기 기업, 개인, 민간조직에 적당한 건물(사업과 사무실 등) 및 토지를 제공하고 있다. 특화 및 주력사업은 건물, 환경 관리 및 사회적 기업 구조 창출을 위한 지역 비즈니스 개발 프로젝트를 진행하고 있고, 소규모 사업(소수인종, 여성 기업가 등)에 대한 자문과 지원 서비스를 제공하며, 지역 비즈니스를 안정적으로 수행할 수 있는 물적 기반을 확보하는 것이다. 또한 비정기적 사업으로는 도시 녹색화사업과 질레트광장 프로젝트를 진행하고 있다.

해크니협력개발은 현재 개발 관련 매니저, 프로젝트 지원, 자산 및 세입자

관리, 지역사회 사업개발 담당, 자산관리 매니저 등 총 10명의 직원으로 구성되어 있다. 예산의 대부분은 런던지방정부, 뉴딜 Agencies, 런던개발 협력기구, Hackeny 재건기구, Lottery 자선단체 이사회, 개인 자선가들에 의해 충당되고 있다(산업정보 연구회, 2010).

2. 미국의 사회적 기업

1) 정부 부문

미국에서 사회적 기업의 기원은 1970년대에 소외된 지역을 되살리기 위해 구상된 지역사회 개발로 거슬러 올라간다. 이러한 지역사회 접근법은 점차 높은 관심을 받게 되었고, 1995년에는 애니 E. 케이시와 록펠러 재단을 비롯한 여러 재단과 주택도시개발부가 협력하여 사회적 자본에 큰 비중을 둔 지역사회 접근법에 대한 이해를 높이고 이를 확산하기 위한 프로젝트를 개발했다. 미국에서 사회적 기업이라고 하면 보통 비영리단체가 활동자금을 조달하기 위해서 운영하는 사회적 목적을 가진 일반 기업(사회적 목적기업, 공동체 기반 사업, 공동체 재산 기업)으로 이해된다(OECD, 1999: 33).

영국의 사회적 기업과 미국의 사회적 기업의 형태는 매우 다른 형태를 보이고 있다. 영국의 경우 대부분 국가 중심의 지원으로 이루어진 반면에 미국은 시장 중심의 NGO활동들이 활성화되어 있다. 영국의 사회적 기업은 주로 협동조합, 상호공제조직 중심의 사회적 기업이 발달한 반면에 미국의 사회적 기업은 NGO 중심의 사회적 기업이 발달되어 있다. 즉, 미국에서는 NGO들이 자신들의 사회적 목적을 실현하기 위한 수단으로 사회적 기업을 활용하고 있다(양용희, 2006: 50).

미국은 시장에 대한 국가 개입이 적기 때문에 일반적인 사회적 기업 지원 제도가 없지만 다양한 자원을 활용하고 있다. 먼저, 프로젝트 제출을 통해 중앙·지방 차원의 정부지원을 활용한다. 둘째, 장애인기업 생산품에 대한 우선 구매(Javits – Wnaber – O'Days 법)를 통해 사회적 기업을 지원한다. 셋째, 9개의 타깃집단(취업 취약계층)을 고용한 기업에 대해 세제혜택을 부여하고 있다. 넷째, 지역사회 재투자법(Community Reinvestment Act)을 통해 금융기관을 활용한다. 또한 미국은 사회적 기업 지원을 위해서 60개가 넘는 대학 및 고등교육 기관들이 행하고 있는 Non – Profit Management Education Movement와 Social Enterprise Leadership Movement가 있는 것이 특징이다(OECD 대표부, 2006: 19).

또한 미국의 비영리조직들은 정부의 지원이 축소되면서 재정적 자립을 위해 사회적 기업을 운영하였다. 미국의 사회적 기업은 유럽의 사회적 기업과 달리 이윤의 일부를 사회에 환원해야 한다는 의무조항이 없는 반면 정부가 사회적 기업을 직접 지원하지도 않는다. 미국 정부는 지역사회 발전금융기관(CDFIs: Community Development Finance Institutions)을 통해 간접적으로 사회적 기업의 성장을 유도할 뿐이다(장정순, 2007: 280).

따라서 미국은 사회적 기업을 지원하는 사회적 벤처캐피탈이 발달하였다. 사회적 벤처캐피털에는 사회적 기업에 투자하는 사모펀드(Private equity)와 일반이나 연기금이 가입하는 사회책임투자 펀드를 통해 사회적 기업을 지원하고 있다(이원재, 2006: 34).

한편, 미국 정부는 2009년 4월 사회혁신실(Office of Social Innovation)

을 설치하여 미국 비영리 부문에서 혁신적 사회문제 해결 방법을 개발하는 사회적 기업가 정신을 독려하고 지원하는 역할을 하도록 했다. 그리고 미국봉사법(Serve America Act)을 통해 전문 지식을 갖춘 미국인이 교육, 의료 환경 등의 영역에서 마음 놓고 봉사활동을 할 수 있도록 생계비를 지원하여 사회적 기업을 지원하도록 하고 있다 (이원재, 2010).

2) 시민사회 부문

미국에서 사회적 기업은 정확한 개념은 아니다. 사회적 기업이라는 용어는 시장에서 사회적 목적을 강조하는 조직으로 이해되고 있다 (Young, 2001: 2). 이렇듯 미국에서 사회적 기업이라는 용어는 비영리 조직(NGO)으로 이해되는 경우가 많으며 미국은 비영리조직이 오랜 세월에 걸쳐 발달해 왔다. 미국에서 NGO가 발달하게 된 것은 식민지 시대부터 거대 정부를 반대하는 전통에서 기인된다. 미국은 연방정부 나 주정부가 수립되기 이전에 이미 시민의식을 기반으로 시민의 자발 적인 참여에 의한 결사체가 발달하여 왔다(장정순, 2007: 278).

미국에서 사회적 기업이 본격적으로 등장하게 된 것은 1990년대 클린턴 정부 출범 이후 정부가 지역 개발 등 새로운 사회서비스 분 야에서 지원을 시작하면서 비영리조직이 사회적 목적을 달성하기 위한 사회적 기업을 운영하는 형태가 생겨나기 시작하면서부터이다. Auteri(2003: 173)는 미국에서 비영리조직이 활성화되는 것은 비영 리조직이 지닌 장점 때문이라고 보고 있다. 첫째, 비영리조직은 일 반 시민의 다양한 욕구를 충족시킬 수 있다는 것이다. 둘째, 비영리

조직의 자원은 대부분이 강제적인 납세자가 아닌 자발적인 기부자에 의해 제공되므로 새로운 서비스를 개발할 수 있다는 장점을 지니고 있다. 셋째, 비영리조직은 일반 시민에게 이타적이며 공적인 업무를 수행하는 기관으로 인식되어 일반 시민의 신뢰를 얻고 있다는 점이다. 넷째, 비영리조직에 의해 생산되는 서비스는 비용 절감 효과를 줄 수 있다는 것이다.

한편 미국의 활발한 기부문화와 자원봉사는 사회적 기업 활동에 좋은 조건으로 작용하고 있다. 미국의 기부문화는 자선을 시혜가 아닌 투자로 보는 민간재단에 의해 활성화되었다. 사회적 기업 입장에서도 재단으로부터의 기부를 투자유치로 인식하고 있다. 이를 벤처자선(Venture Philanthropy)이라고 하며 미국 사회적 기업 활성화에 큰 기여를 하고 있다. 또한 미국은 전 세계적으로 자원봉사활동이 가장 활발해 2003년 존스홉킨스대 시민사회연구소 조사에 의하면 전체 경제활동 인구의 9.8%가 사회적 기업에 자발적 노동력을 직간접적으로 제공하고 있다. 이는 유급상근인력 860만 명의 상당한 규모이다(LG경제연구원, 2009: 44). 즉, 미국의 사회적 기업은 비영리단체를 중심으로 오랜 전통을 가지고 운영되어 왔다. 이러한 이유는 미국사회에서 사회적 기업이 정부 중심의 육성 정책에서 출발한 것이 아니라 시민사회에서 자발적으로 발생했다는 것에서 기원을 찾을 수 있기 때문이다.

3) 기업 부문

미국에서 사회적 기업은 정부, 시장, 비영리조직의 경계선에서 사회문제 해결을 위한 새로운 영역으로 성장하고 있다. 기업으로서 사회적 기업은 혁신적이고 생산성을 높이기 위한 시장 친화적인 접근을 하며 정부와 같이 공공재와 사회서비스를 제공함으로써 시장 실패에 대한 사회적 기능의 역할을 한다. 또한 비영리조직으로서 사회적 기업은 사회적 목적을 실현하기 위해 활동하여 정부, 시장, 비영리조직의 경계선에서 역할을 수행한다(Wolk, 2007: 5). 이처럼 미국의 사회적 기업은 비영리 부문이나 자선의 영역에서도 존재할 뿐 아니라 영리부문이나 투자의 영역에도 존재한다.

비영리 사회적 기업은 사회적 가치를 중요시하지만 경영적 효율성을 통해서 지속 가능한 정도의 수익을 추구한다는 특징을 지니고 있다. 반면 영리적 사회적 기업은 전통적인 기업처럼 주주, 소비자, 종업원, 공급자 등 이해관계자의 이익을 도모하면서 동시에 직접적 이해관계자가 아닌 사회 전반의 이익도 추구한다. 미국에서 사회적 기업은 경영기술을 동원해서 이익을 추구하는 한편 사회적 가치를 함께 추구하려는 데 목적을 두고 있다(장정순, 2007: 275).

미국에서 사회적 기업이라는 광범위한 분야가 협동조합, 비영리조직, 상호조직 등을 포함하는 것으로 이해되는 경우가 많은데, 이들 조직은 모두 다른 국가의 같은 조직들에 비해 상업성이 높다는 특징을 지닌다. 급성장하고 있는 사회적 기업운동은 우수 대학과 재단, 비영리조직을 연계하고 있다. 이러한 맥락에서 사회적 기업이란 사회적 기업가정신의 조직적 산물을 의미하는 용어로 쓰인다(Johnson & Spear, 2006: 76).

미국에서 일반 기업과 사회적 기업의 협력은 상호 간 공동의 이익 창출이라는 목적에서 실현되고 있다. 보잉사의 경우 파이어니아 인더스트리(부품 제조업체)와 같은 사회적 기업 지원을 사회공헌으로 인식하였으나 점차 사업적 관계로 발전하였다. 또한 밴 엔 제리(아이스크림 회사)는 쥬마벤처스(청소년 직업훈련)를 지원하여 아이스크림 가게를 오픈하도록 하였다. 그리고 스타벅스는 제3세계의 소규모 커피농가와 협동조합과 협력함으로써 사회공헌 활동은 물론 사회적 지지를 얻게 되었다(실업극복국민재단 함께 일하는 사회, 2006: 41-62).

따라서 미국의 사회적 기업의 특징을 정리하면 다음과 같다. 첫째, 비영리조직들이 사회적 목적을 달성하기 위한 수단으로 상업적 활동을 수행하는 맥락과 사회적 벤처라는 맥락이 사회적 기업의 주요 맥락을 차지하고 있다. 둘째, 사회적 기업의 활동을 위한 제도적 규정이 없으며, 이에 따라 매우 다양한 유형의 사회적 기업이 존재한다. 셋째, 미국의 사회적 기업은 특히 비즈니스적인 방법과 관행이 매우 강하다. 넷째, 벤처자산이 미국의 사회적 기업의 활성화에 중요한 요인으로 자리 잡고 있다(김정원, 2009: 65).

〈사례 1〉
굿윌 인더스트리(Goodwill Industry)
Website: www.goodwill.org

굿윌 인더스트리는 장애인과 소외계층에게 직업훈련 서비스를 통한 자활지원을 위해 1902년에 감리교 목사 출신의 에드가 헬름즈(Edgar J. Helms) 박사에 의해 보스턴에서 설립되었다. 굿윌 인더스트리의 사업은 이웃과 기업으로부터 그들이 사용했던 옷가지 및 중고물품을 기증받아, 굿윌 매장 안에서 그 물품을 손질하고 수선·수리하여 저렴한 가격으로 고객에게 판매하거나 취약계층들에게 무료로 제공한다. 기증자는 쓰지 않는 물건을 굿윌 인더스트리에 기증함으로써 세금혜택을 받을 수 있고, 물품을 수선하는 일은 장애인 등의 취약계층의 몫이 되어 결과적으로 새로운 일자리 창출과 환경 보호라는 이중의 효과를 거둘 수 있었다.
2007년 굿윌 인더스트리에서 고용 및 직업훈련을 제공받은 사람이 110만

명 이상을 기록하였으며, 기증받은 옷가지와 물품들은 미국 내 2,200개 이상의 사회적 벤처(Social Venture)라고 할 수 있는 소매 점포와 인터넷 옥션사이트(www.shopgoodwill.com)를 통해 판매되고 있다. 굿윌의 총수입 84% 이상은 장애인들과 소외계층들에게 체계적인 직업자활 기술교육 프로그램과 지역사회에서 필요로 하는 맞춤식 직업 훈련 프로그램을 통해 그들의 사회의 구성원으로서 정신적·경제적으로 자립할 수 있도록 지원해 주는 데 재투자되고 있으며, 직업평가, 직업적응훈련 및 배치, 임시고용 등 4가지 프로그램의 체계적 운영을 통하여 사회적응 훈련 및 일자리를 지원하고 있다(사회적기업연구원, 2008b: 48).

〈사례 2〉
프리 긱(Free Geek)
Website: www.freegeek.org

프리 긱은 오소 마틴(Oso Martin)에 의해 2000년 2월에 설립된 비영리조직이다. 중고컴퓨터를 위시한 전기전자제품을 수거해서 재활용함으로써 환경 보전과 동시에 지역사회의 취약계층에게 컴퓨터 기술 교육, 인터넷 이용 및 직업기술훈련을 무상 혹은 저렴한 가격에 공급한다. 수익창출이 쉽지 않지만, 자원봉사자들에게는 컴퓨터 분해를 위한 시간당 임금을 지급하지 않는다. 그 대신 직업훈련 및 수리된 새 컴퓨터 제공 등 인센티브를 부여하는 방법으로 사업의 경제적 어려움을 극복한다. 그 결과 프리 긱은 현재 이 분야의 성공 모델 중의 하나가 되었다. 프리 긱은 파쇄된 금속 가치 소재를 재생·판매하여 운영비의 20%에 달하는 부가수익을 창출하고 있다. 또한 수리된 제품들을 중고할인판매점을 통해 저렴한 가격에 판매해 일정 수입을 창출한다. 최근에 프리 긱은 정부 보조금을 받게 되었고, 프리 긱의 모든 수익은 직업훈련이나 사회활동 및 환경 보호 활동을 지원하기 위해 재투자하고 있으며, 다양한 이해관계자들이 평등하게 참여하는 민주적인 의사 결정구조를 갖추고 있다. 프리 긱의 규모는 매년 두 배로 성장해 왔으며, 2008년에는 미국 전역에 9개의 프랜차이즈 가맹점을 두고 있다. 2000년까지 8년 동안 1,500톤 이상의 전자폐기물을 재활용했으며, 15,000대 이상의 컴퓨터 시스템을 새것으로 수리해서 지역사회에 제공해 왔다. 2003년 조사기준으로 프리 긱은 2,600명의 지원자를 훈련시켰고, 2,300대의 컴퓨터를 재생산했으며, 10만 대 이상의 기기를 기부받았다. 매월 30톤의 기기를 작업해서 15~16톤을 재생 처리하는 등 2007년 한

해에만 월 40~50톤, 연 500톤가량의 물량을 처리했다(사회적기업연구원, 2009: 29).

3. 일본의 사회적 기업

1) 정부 부문

일본의 경우는 사회적 기업이라는 용어보다 커뮤니티 비즈니스라는 용어를 더 많이 사용하고 있다. 최근 들어 사회적 기업이나, 소셜 비즈니스(Social Business)란 용어를 사용하기는 하지만 대체적으로 커뮤니티 비즈니스(Community Business)를 사용하는 경향이 높다. 이러한 용어를 사용하는 이유는 일본의 경우 지역사회 발전이라는 차원에서 사회적 기업을 바라보는 시각이 강하기 때문이다.

일본의 경우 1970년대부터 사회적 사명을 가지고 실질적으로 이익을 배분하지 않는다거나 혹은 민주적 참가를 취지로 하는 사업조직이 성립되어 있었다. 구체적으로는 Worker's Collective나 노동자협동조합, 공동연(共同連)에 가입한 장애인 소규모 사업장, 그리고 '대지를 지키는 모임'에 의해 설립된 주식회사 '대지'와 같은 '시민운동형 주식회사' 등을 들 수 있다(Fujii Athui, 2009: 1).

일본의 경우 1990년대 중반 이후부터 NPO를 중심으로 다양한 커뮤니티 비즈니스가 전개되고 있다. 일본 경제산업성은 3가지 대표적인 커뮤니티 비즈니스 정책을 제시하고 있다. 첫째, 환경 커뮤니티 비즈니스 모델 사업으로 커뮤니티 비즈니스를 통해 지역의 환경 문제를 해결하는 것이다. 둘째, 지역 신사업 이전 촉진사업으로 커뮤니티 비즈니스 사업 모델 및 노하우를 다른 지역의 사업자에게 이전해서 지역의 커뮤니티 비즈니스를 육성하고 지원하는 것이다. 셋째, 지역 신사업 활성화 중간지원 기능 강화서업으로 커뮤니티 비즈니스 중간지원조직 지원을 하는 것이다(삼성경제연구소, 2009: 24).

일본에서 사회적 기업은 시장을 통해서 재화와 용역(서비스)을 공급하여 수익을 창출하며 사회적 과제를 해결하는 것으로 보고 있다. 일본 정부의 사회적 기업에 대한 지원은 NPO에 대한 지원으로 이루어지고 있다. 일본에서는 특정 비영리 활동 촉진법(NPO법)을 통해 NPO에게 법인격을 부여하여 세제혜택, 국가와 지방자치단체로부터 지원 등을 하고 있다. 또한 중소기업 지원 정책의 일환으로 사회적 기업에 대해 경영지원, 인재 육성, 시장 개척, 각종 사업 보조, 금융지원, 세제지원 등을 하고 있다. 지역별로 사회적 기업을 지원하기 위해서 소셜비즈니스 추진을 선도하고 있고, 지역의 신사업 활성화의 중간 지원 기능 강화 사업, 지역의 신사업 이전 촉진 사업 등을 추진하고 있다(Ishii Yoshiaki, 2009: 5 - 7).

이러한 이유는 일본에서는 사회적 기업을 위한 법인격이 존재하지 않고 사회적 기업이라고 자유롭게 지칭할 수 있기 때문에 다양한 법인격 단체가 존재한다(Tanaka Takafumi, 2009: 9). 즉, 일본에서 사회적 기업의 관심은 정부의 한계로 나타난 것으로 일련의 법률 변경을 통해 장려되고 있다(Kerlin, 2010).

또한 일본에서는 2008~2012년을 소셜비즈니스 집중 추진기간으로 정하여 정책자원을 집중 투입할 계획이다. 소셜비즈니스 진흥을 위한 과제로 사회적 인지도 향상, 소셜비즈니스 담당 인재의 양성, 소셜 사업기반 강화를 강력하게 해결하고, 2012년 말까지 2008년도

대비 10배 확대된 고용규모(약 3.2만 명→약 20만 명), 시장규모(약 2,400억 엔→약 2.2조 엔)를 향해 소셜비즈니스 추진 이니셔티브, 지역 CB/SB 추진협의회, 경제산업성 등이 협력해서 프로그램을 추진하고 있다(Itshiki Hiroki, 2010: 47).

2) 시민사회 부문

일본은 다양한 사회적 기업 조직에 대해 학자들마다 상이한 용어로 부르고 있지만 모두 지역사회를 기반으로 한다. 먼저 Hosono(2000: 33)는 스마트 커뮤니티를 건강한 지역사회에서 파트너십이 구축된 것이라고 보고 있다. Kaneko Ikuyo et al.(2003: 30)은 커뮤니티 비즈니스란 커뮤니티에 기반을 두고 사회문제를 해결하기 위해 벌이는 활동이라고 정의한다. 커뮤니티 비즈니스의 특징으로 사명감, 비영리 추구, 지속적 성과, 자발적 참여, 비활동적 동기에 따른 참여 등이 있다. Hosouchi Nobutaka et al.(2006: 15)은 커뮤니티 비즈니스란 지역 커뮤니티를 기점으로 주민이 친밀한 유대관계 속에서 주체적으로 운영하는 사업을 말한다고 정의한다.

이러한 일본의 커뮤니티 비즈니스는 마을 만들기라고 하는 일본 특유의 주민운동에 기반을 두고 있다. 마을 만들기는 기본적으로 주민이 주체가 되어서 자신들이 사는 지역에서 공동의 공간과 공동의 시스템을 창출해 내 지역을 좀 더 살기 좋게 변화시켜 나가는 것을 말하는 것이다. 이러한 마을 만들기는 최근 지역 발전의 새로운 방법론으로 관심의 대상이 되는 내발(內發)적 발전과 맥을 같이한다(김정원, 2009: 81).

일본의 커뮤니티 비즈니스의 특징은 4가지로 정리할 수 있다. 첫째, '지역에 밀착한 비즈니스'이다. 즉, 지역사회를 기반으로 커뮤니티 비즈니스가 이루어진다. 둘째, '이익 추구를 제일로 하지 않는 적정 규모, 적정 이익의 비즈니스'이다. 보통의 기업은 영리 추구가 중요하지만 커뮤니티 비즈니스는 영리 추구가 우선사항이 아니다. 셋째, '영리를 제일로 하는 비즈니스와 자원 활동의 중간 영역 비즈니스'이다. 즉, 커뮤니티 비즈니스는 사회적 배제 집단에 사회관계를 지속적으로 만들어 가는 것이다. 넷째, '글로벌한 시각에서, 로컬에서 행동하는 개방적 비즈니스'이다. 커뮤니티 비즈니스는 정해진 법인격이 없기 때문에 기업조합, 마을 만들기와 같은 주식회사, 비영리주식회사 등 다양하다(Hosouchi Nobutaka, 2010: 123). 일본의 커뮤니티 비즈니스는 시민활동으로는 공익성과 수익성을 추구하기 어렵고, 개별의 논리나 집단의 논리를 적용하기 모호하며, 영리·비영리로 구분되기 어려운 지역사회의 문제를 지역주민의 힘으로 해결하는 영역에 있다(함유근·김영수, 2010: 124).

또한 일본에서는 사회적 기업으로서 NPO 법인에 주목하고 있다. NPO 법인은 행정(지자체)과 파트너십을 맺기 쉽고, 세제 우대조치를 받을 수 있으며, 사회자본의 창출에 관여할 수 있기 때문이다(Tanaka Takafumi, 2009: 26).

따라서 일본의 경우 사회적 기업은 별도로 존재하지 않고 다양한 조직들이 사회적 기업으로 불리고 있다. 한신 대지진 이후 자원봉사 조직과 NPO가 발달함에 따라 지역사회에서 이러한 조직들이 마을 만들기나 지역사회 발전 사업 등에서 활발히 활동하고 있다.

3) 기업 부문

일본 기업들은 1990년대 후반부터 환경문제 등에 대한 관심이 높아져 환경매니지먼트 체제를 갖추게 되었다. 최근에는 환경문제를 포함한 보다 광범위한 기업의 사회적 역할을 기대하는 기업의 CSR에 대한 관심이 증대하고 있다. 일본의 CSR에 대한 접근은 크게 기업윤리론 측면, 이해관계자론 측면, 지속 가능성론 측면에서 이루어지고 있다(사공 목, 2006: 52 - 53).

일본 기업의 사회공헌 활동비용 추이를 살펴보면, 2007년도 사회공헌 활동 실적 조사결과에서 일본 경단련 회원 기업의 사회공헌 비용은 총 1,802억 엔이고, 1개사 평균 4억 6,800만 엔으로 나타나 매년 증가하고 있는 추세이다. 일본 기업의 사회공헌을 위하여 설립한 재단은 2007년 현재 190개이고, 1980년대에 비해서 다양한 업종이 사회공헌을 위해 재단에 출연을 하고 있다(Mazutani Eri, 2009: 21 - 22). 이러한 일본 기업의 사회적 책임활동의 최근 관심은 사회적 기업 활동에 대한 일반 기업의 참여 증가로 이어지고 있으며, 사회공헌과 비즈니스의 경계가 모호해지고 점차 통합되는 현상이 나타나고 있다(Tsukamoto & Nishimura, 2009).

그리고 일본에서는 커뮤니티(사업자 및 지원자)가 네트워크를 형성하여, 사회적 과제를 사업으로 해결하는 움직임을 활성화시키는 장을 구축하고 있다. 이러한 지역협의회는 일본 전국 9개 구역으로 나뉘어 설치되어 있고, 소셜비즈니스의 과제에 대해 소셜비즈니스 사업자와 대학 등의 관계자가 하나가 되어 정보 교환, 연구 조사, 계몽 보급 등을 실행하고 있다. 그 예로, 소셜비즈니스 창업·사업 전개를 위한 지원방법의 정보 교환, 지역의 기업과 소셜비즈니스 사업자의 수요·공급 연결 등이 있다(Itshiki Hiroki, 2010: 44).

한편, 사회적 기업의 자립적 발전에는 제도나 시장을 초월한 네트워크 형성이 필요한데, 일본에서 다른 부문과의 본격적인 사회적 기업 네트워크는 결여되어 있는 상태이다. 또한 일본에서는 사회적 기업에 있어서 사회적 혁신(social innovation)을 이끌어 내는 기업가적 리더십이 일방적으로 강조되고 있고, 조직을 관리하고 사업을 성공시켜 확장하는 경영능력에는 충분히 주의를 기울이지 않는 경향이 있다(Tsukamoto Ichiro, 2010: 5 - 14).

〈사례 1〉
NPO 법인 '쥬부 리사이클운동 시민 모임'

NPO 법인 '쥬부 리사이클운동 시민 모임'은 1991년에 행정기관보다 먼저 쓰레기를 재활용하는 시스템인 '리사이클 스테이션' 사업을 개발했다. 시민이 리사이클 스테이션에 재활용 쓰레기를 가지고 오면, 모집한 시민 재활용가가 그것을 분리하고, 네트워크화한 회수업자가 재활용 쓰레기를 회수하는 시스템이다. 회수업자에게는 대금을 지불해 회수하도록 하고 있다.
1999년 '후지마에 갯벌을 지키는 모임'은 시민과 매스컴을 대상으로 갯벌을 쓰레기 매립지로 만들겠다는 나고야 시의 계획에 반대하는 운동을 펼쳤고, 마침내 계획을 막아 낼 수 있었다. 이것은 전형적인 시민운동의 활동이다.
나고야 시는 쓰레기 매립지 건설을 단념하고, 1999년 2월에 '쓰레기 비상사태 선언'을 발표했다. 그리고 쓰레기 감량이라는 대안까지 떠맡게 됐다.
나고야 시는 쓰레기 분리수거의 세분화를 추진하고, 시민과 사업소가 협력해 쓰레기 재활용을 철저하게 실시해 나갔다. 이 과정에서 나고야 시는 '쥬부 리사이클운동 시민 모임'과 연대해 리사이클 스테이션을 이용한 쓰레기 감량에 착수했다. 나고야 시는 기업, NPO, 시민의 협력으로 1998년에 102만 톤이나 되던 쓰레기를 2001년도에는 25퍼센트로 줄일 수 있었다. 또한 매립량은 1998년도의 28만 톤에서 반으로 줄어들었다.
나고야 시는 더는 대규모 쓰레기 매립지가 필요 없게 되었다. 나고야 시에

서 하는 병이나 캔 등의 분리수거는 10종류가 넘고, '용기 포장 리사이클
법'을 실시한 모범 도시로 꼽힌다. 나고야 시의 쓰레기 감량을 뒤에서 지
원한 단체가 바로 NPO 법인 '쥬부 리사이클운동 시민 모임'이다(Hosouchi
Nobutak et al., 2006: 176－177).

〈사례 2〉
지바 현 후바나 시의 환경 순환형 사회 구축 사업

지바 현 후바나 시의 환경 순환형 사회 구축 사업은 기업, 지방자치단체,
지역사회, NPO 등이 각자의 이해를 극대화하는 상호 협력 관계 속에서 시
도된 커뮤니티 비즈니스로, 기업이 지역사회의 공익을 위해 지속적으로 기
여하는 이상적 형태를 보여 주는 사례이다. 이 사업은 지역에서 나오는 쓰
레기의 수집과 분리수거를 지역 비즈니스화하고, 수집된 쓰레기는 지역 제
조업체에 맡겨 각종 제품(유지, 액세서리, 가방 등)으로 생산하며, 이것을
지역 유통점과 제휴하거나 판매 점포를 만들어 지역주민들에게 판매하는
것이다. 이 모든 과정을 NPO 단체가 조정하고 지역 특화한 재생 상품의
브랜드도 만들어 낸다. 즉, NPO 주도로 지역주민, NPO, 지방자치단체, 지
역 기반 생산업체 및 유통업체가 제휴하여 자원 순환형 사회적 프로세스를
구축하고 있다. NPO가 기업과 지역사회 사이에서 중개자 노릇을 하며 기
업의 이해와 지역사회의 이해를 조정하고, 기업은 자사의 사업이 환경 보
전에 기여한다는 것을 보여 주면서 기업의 이미지를 높이고 있다.
후바나 시는 또한 장애인의 재활용 기술 보유를 위한 직업 훈련과 사회 참
여 프로그램을 시행하고 있다.
일본 환경성은 지방자차단체 관련 사업을 지원하거나 NPO나 NGO 등 민
간단체가 주도할 사업을 공모하고 선정위원회의 심사를 거쳐 채택한 사업
에 대하여 사업당 100만 엔에서 1,000만 엔을 지원하고 있다.
또한 일본 정부는 「순환형 사회 형성 추진 기본법」, 「폐기물처리·리사이
클법」, 「그린(Green) 구입법」, 「주요 개별 물품의 폐기물·리사이클 대책」
등 관련 법제도를 제정 또는 정비해 지원하고 있다.
후바나 시는 지역에서 생산된 것을 지역에서 소비하게 하는 사업을 하고
있다. 후바나 시의 시민과 기업에서 배출되는 폐지를 후바나 시 유가물 회
수 협동조합에서 회수하여 흰 종이나 우유팩, 사무용 폐지 등으로 선별한다.
폐지는 제지 회사를 거쳐 100% 재생 화장지로 제작되고, 이것을 후바나
시의 시민과 기업이 다시 구매함으로써 리사이클 순환이 계속되게 한다.

후바나 시는 또한 재생 사업도 추진하고 있다. 시민이 분류한 유가물은 쓰레기 수집장을 거쳐 후바나 시 유가물 회수 협동조합으로 간다. 수거된 유가물은 후바나 시 재생센터에서 판매하여 다시 시민이 재이용하게 되지만 재이용이 불가능한 물건은 재생한 뒤 시민에게 판매하고 있다. 이것은 재활용과 재사용을 결합한 사업으로, 효율적이고 경제적이다(함유근·김영수, 2010: 137-140).

4. 주요국의 사회적 기업 특징

사회적 기업에 대한 용어는 각국에서 다양하게 정의되어 왔다. 사회적 기업이라는 용어가 처음 사용되기 시작한 것은 1970년대 이후 영국을 비롯한 유럽과 북미에서이다(임혁백 외, 2009). 사회적 기업에 대한 국제적인 현황은 아직까지 체계적으로 연구되지 못했다. 대부분 미국과 유럽의 사회적 기업에 대한 연구가 주류를 이루고 있는 상황이다. 여러 국가 간에 발생되는 차이점은 사회적·경제적 발전의 수준, 구체적인 법제도, 복지제도의 성격, 사회적·경제적·역사적 발전 등에서 다른 점이 반영된 경향이 있다(Borzaga & Defourny, 2001: 20). Kerlin(2006, 2010)의 연구에 따라 재구성해 보면 미국과 영국, 그리고 일본과 한국에서 사회적 기업으로 간주되는 조직의 종류와 사회적 기업이 운영되고 있는 사회적·정치적 지배구조 모두에 있어서 국가 간의 차이를 볼 수 있다. 사회적 기업이 국가마다 차이가 나타나는 것은 지역의 사회경제적 맥락에 기인하고 지역이나 국가의 사회 구조나 제도에 따라 다르게 나타난다(Kerlin, 2010: 165).

<표 3-1>에서 주요 국가 간의 가장 큰 차이점은 미국은 수익창출, 영국은 사회적 이익, 일본은 지역사회 발전, 한국은 일자리 창출

과 사회서비스 확충을 동시에 추구하는 형태라고 할 수 있다. 조직 형태에 따라서도 미국은 비영리단체가 주도하고 있고, 영국은 협회와 협동조합이, 일본은 NPO나 기업조합, 주식회사 등이, 한국은 기업 형태의 회사와 비영리단체, 협동조합이 상호 혼합되어 있는 형태를 나타내고 있다. 사회적 기업의 전략 개발에 있어서도 미국은 아쇼카와 같은 사회적 기업을 지원하는 재단이나 비영리단체 등을 통해 사회적 기업 지원이 이루어지고 있는 반면에, 영국은 정부나 각종 단체 차원에서 사회적 기업을 지원하고 있다. 일본은 사회적 기업을 지원하기 위한 Workers Collective와 같은 단체가 사회적 기업을 지원하고 정부 차원에서도 사회적 기업을 지원하기 위해 경제산업성을 중심으로 정책이 추진 중에 있다. 한국의 경우는 사회적 기업 육성법 제정에 따라 중앙정부 주도로 사회적 기업을 지원하고 있는 점에서 큰 차이가 있다.

사회적 기업의 배경에 있어서도 미국은 자유로운 기업활동이 보장되는 시장경제의 바탕에서 사회적 기업이 활동하고 있는 반면, 영국은 민간단체의 유형과 특성뿐 아니라 모든 비영리 추구 조직들이 활동하는 사회적 경제 차원에서 사회적 기업이 활동하고 있다. 일본은 한신 대지진 이후 NPO에 대한 관심과 법제도가 생겨났고, 커뮤니티 비즈니스와 사회적 기업에 대한 관심이 높아졌다. 그러나 일본은 사회적 기업보다는 커뮤니티 비즈니스라는 용어를 많이 사용하고 있고, 사회적 기업에 대한 관심은 적은 편이다. 한국은 미국의 시장경제와 유럽의 사회적 경제의 혼합형으로 사회적 기업이 발전하고 있다. 이는 한국의 경우 외환위기 이후 취약계층의 고용창출에 대한 정부정책으로 사회적 기업 육성법이 제정되면서 사회서비스 제공이 추가되어 나타난 결과라고 할 수 있다.

또한 법제도에 있어서 미국은 사회적 기업에 대한 명확한 법률이 존재하지 않고 있다. 영국은 사회적 기업에 관한 법률이 회사법이나 산업공제조합법 등에서 적용을 받다가 2005년 제정된 지역공동체 이익회사법(CIC: Community Interest Company)의 제정으로 사회적 기업을 지원하기 위한 법률이 기반을 갖추게 되었다(OECD 대표부, 2006: 16). 일본은 워커스 컬렉티브 네트워크를 중심으로 사회적 기업에 관한 법률이 추진 중에 있다(Fujii Athui, 2009: 11). 반면, 한국은 정부 주도로 2007년 「사회적 기업 육성법」이 제정되어 사회적 기업에 대한 명확한 법제도를 갖추게 되었다.

결국 사회적 기업이 발달한 선진국들의 경우 오랜 역사와 전통을 가지고 있으며, 각국에서 다양한 특성을 가진 사회적 기업이 존재함을 알 수 있다. 또한 주요국의 사회적 기업의 성장과 발달에 있어서 각국의 문화와 맥락에서 그 차이를 발견할 수 있었다. 현재 각국에서 사회적 기업은 사회문제와 경제위기로 인한 국가의 서비스가 미치지 못하는 부분의 문제들을 해결하기 위한 새로운 대안으로 자리매김하고 있다.

<표 3-1> 주요국의 사회적 기업

구 분	영 국	미 국	일 본	한 국
강조점	사회서비스	수익 창출	지역사회 발전 (경제성 지향)	일자리 창출, 사회서비스 제공
공통적 조직 형태	협회/협동조합	비영리단체	비영리단체	회사, 비영리단체, 협동조합
주력 사업	대인 서비스/ 노동통합	모든 비영리 활동	마을 만들기/ 지역사업	일자리 창출

사회적 기업 형태	다수	다수	다수	증가추세
수혜자 개입	흔함	제한적	흔함	법률상 제도화
전략 개발	정부	재단	정부와 재단	정부
대학 연구	사회과학	상경 및 사회과학	사회과학	사회과학
배경	사회적 경제	시장 경제	사회적 경제	혼합형
법제도	지역공동체 이익 회사법	부족	법 제정 추진 중	사회적 기업 육성법

자료: Kerlin, 2006을 재구성

5. 외국 사례의 시사점

지금까지 사회적 기업이 발달한 영국과 미국, 그리고 일본의 사례를 살펴보았다. 외국의 사회적 기업 사례를 보면 모두 오랜 역사적 전통이 있음을 알 수 있다. 사회적 기업은 단기간에 만들어진 조직이 아니고, 각 나라의 역사적 배경과 맥락 문화에 따라 각기 다른 특징을 가지고 있으며, 오랜 기간 동안 지역사회와 시민들의 자발적 노력이 있었다. 그러나 이러한 사회적 기업의 사례에서 몇 가지 공통적인 특징들을 찾을 수 있다.

먼저 외국의 사회적 기업들은 조직의 목표가 사회적 목적 실현을 우선적으로 실천하고 있다는 것이다. 사회적 기업의 목표가 사회목적 실현과 수익창출이지만, 사례에 등장한 사회적 기업들은 모두 빈곤, 실업, 환경 등 사회문제 해결이라는 사회적 목적 실현에 우선적인 가치를 두고 있다. 이것은 곧 사회적 기업이 하이브리드한 성격을 가지고 있지만, 수익창출보다는 사회적 목적 실현이 우선시된다는 것을 의미한다.

두 번째, 외국의 사회적 기업은 지역사회를 기반으로 활동하고 있다는 점이다. 한국의 경우 사회적 기업은 대도시를 중심으로 발달해 있는 반면, 외국의 사례에서는 지역사회를 기반으로 사회적 기업이 운영되고 있다. 즉, 외국의 경우는 지역사회의 문제를 지역 내에서 해결하려는 움직임이 강하다. 지역사회에서 일어나는 문제들을 해결하기 위해 지역의 자원을 적극적으로 활용하는 것이다. 이러한 측면에서 사회적 기업은 일정한 지역의 범위를 두고 기업활동을 함으로써 지역의 문제들을 해결해 나간다.

셋째, 외국의 사회적 기업들은 사회문제 해결을 위한 자발적 모임의 형태를 갖추고 있다는 것이다. 한국의 사회적 기업은 정부의 인증을 통해서 사회적 기업으로 활동을 한다. 반면 외국의 경우 인증을 받는 곳도 일부 있지만 대부분 사회문제 해결을 위해 시민들의 자발적 모임이나 단체를 통해 사회적 기업이 운영된다. 이러한 경우 사회적 기업은 시민들의 자율성이나 주체성 등이 보장되어 사회적 기업이 활성화될 수 있는 기반이 된다.

넷째, 외국의 사회적 기업들은 정부와 시민사회, 기업이 협력체계를 구축하고 있다는 점이다. 외국의 경우 사회적 기업을 위한 정부의 법적인 지원과 재정적인 지원도 존재하고, 기업과 연계한 지원도 다양하게 구축되어 있는 것을 알 수 있다. 또한 외국의 경우 사회적 기업에 대한 시민들의 관심과 참여가 높다는 점이다. 한국의 경우 사회적 기업 육성법을 통해 정부 차원의 법적인 지원책은 마련되어 있지만, 사회적 기업과 일반 기업 간의 연계는 구축되어 있지 않다. 또한 한국의 경우 사회적 기업에 대한 시민들의 관심과 참여가 높지 않은 실정이다. 더욱이 정부와 기업, 시민사회가 협력하여 사회문제를 해결한 사례는 찾아보기 어렵다.

결국 외국의 성공적인 사회적 기업 사례가 시사하는 바는 사회적 기업 스스로가 단순히 기업활동을 통해서 사회적 목적을 실현하고 수익을 창출하는 것이 아니라는 것이다. 사회적 기업이 외국에서 성공하고 활성화될 수 있었던 것은 정부와 기업, 시민사회의 공동적인 노력이 있었기에 가능했다고 볼 수 있다. 외국의 사례에서 사회적 기업은 기본적으로 사회적 목적 실현과 수익창출을 위해 활동한다. 그러나 사회적 기업이 성장하고 발전할 수 있었던 것은 정부와 기업, 시민사회의 거버넌스 체계 속에서 사회적 기업이 사회적 가치 실현을 중심에 두고 운영되었기 때문이다.

제2절 한국의 사회적 기업 현황

1. 한국의 사회적 기업 도입 및 인증 현황

1) 사회적 기업의 인증 현황

한국사회에 사회적 기업이 소개된 계기는 1990년대 후반 IMF 외환위기 시절 실업 극복을 위한 방편으로 사회적 기업이 주목받기 시작하면서부터이다. 사회적 기업에 대한 관심은 초기 경제위기 속에서 실직자들의 자활공동체에서 시작되었으나, 취약계층의 고용창출로 이어지게 되었고, 그 이후에는 사회적 목적 실현이라는 목표로 성장하게 된다. 정부는 경제위기 극복과 사회서비스 확충의 중요한 수단으로서 사회적 기업의 중요성을 인식하고 2007년 사회적 기업을 육성하기 위한 법안을 마련하게 된다.

한국사회에는 이미 사회적 기업이라 할 수 있는 여러 자활공동체나 생활협동조합 등이 활동을 하고 있었다. 그러나 본격적으로 사회적 기업이 한국사회에 알려지기 시작한 것은 몇몇 사회적 기업의 정부 인증을 시작으로 성공적인 사례가 소개되면서였다.

사회적 기업으로 최초로 인증을 받은 다솜이 재단, 아름다운 가게, 원주의료소비자생활협동조합 등은 사회적 기업을 한국사회에 알리는 중요한 시발점이 되었다. 다솜이 재단의 경우는 여성 일자리 사업의 일환으로 유료 간병서비스를 시작하였고, 아름다운 가게의 경우는 자원 재활용과 공정무역 상품판매로 널리 알려지기 시작했다. 원주의료소비자생활협동조합은 조합원과 지역주민의 건강하고 안전한 지역사회 만들기를 목표로 활동하고 있다. 이후 성공적인 사회적 기업 사례가 널리 알려지고, 정부는 매년 사회적 기업에 대한 인증을 확대 실시해 나가게 되었다.

이에 따라 고용노동부는 총 10차례 걸쳐 사회적 기업으로 인증 신청을 한 718개 기관(2007년 1차 113개, 2차 53개, 2008년 1차 54개, 2차 46개, 3차 81개, 4차 104개, 2009년 1차 45개, 2차 19개, 3차 57개, 4차 83개, 2010년 1차 63개)을 대상으로 인증심사소위원회의 사전 검토, 사회적 기업(설립) 인증기관의 현장실사, 사회적 기업 육성위원회의 심의를 실시하였다. 그 결과 2007년 1차, 32개, 2차 18개, 2008년 1차 29개, 7월 2차 23개, 3차 47개, 2009년 1차 26개, 2차 8개, 3차 17개, 2009년 4차 26개, 2010년 32개 기관을 사회적 기업으로 인증하였다(평균 인증률 45.96% 총 인증 사회적 기업은

330개이나 이후 인증 취소 및 반납, 폐업한 기업이 11개임). 이로써 2007년부터 2010년 5월 현재까지 노동부로부터 인증받은 사회적 기업은 319개로 집계되었다(고용노동부 · 사회적기업원, 2010).

<그림 3 - 1>에서 319개 사회적 기업은 서울 및 경인지역에 편중 분포된 것으로 나타났다. 319개 사회적 기업을 지역별로 분석한 결과, 서울 · 경기 · 인천에 소재한 사회적 기업의 수는 총 147곳으로 이는 전체 사회적 기업의 46%가 넘는 수치이다. 또한 서울 및 경인권을 제외한 나머지 지역을 권역별로 구분해 보면 광주 · 전라권(46개소, 14.4%), 대전 · 충청권(32개소, 10.0%), 부산 · 울산 · 경남권(37개소, 11.6%), 대구 경북권(27개소, 8.5%) 순이며, 특별자치도인 제주도는 9개 기관이 사회적 기업으로 인증되었다.

<표 3 - 2>의 사회적 기업 인증 결과에서 알 수 있듯이 사회적 기업 인증의 지역별 편차가 큰 편이다. 이러한 결과는 서울과 경기도, 인천, 강원도의 경우 사회적 기업에 대한 지역의 관심과 활동이 상대적으로 다른 지역보다 높다고 볼 수 있다. 또한 지역별로 인구나 경제규모의 크기와도 상관관계가 있는 것으로 판단된다. 반면에 울산시와 충남도, 제주도의 경우는 다른 지역보다 사회적 기업의 인증 수가 저조한 편이다. 이러한 결과는 다른 지역에 비해 사회적 기업에 대한 관심이 적은 편이라 볼 수 있으며, 향후 사회적 기업 육성을 위한 지역사회의 관심과 노력이 요구된다.

정부의 정책은 과거 고용노동부를 중심으로 사회적 기업 육성 정책이 추진되었지만, 현재는 점차 사회적 기업 육성이 지방자치단체로 확산되어 가는 경향을 나타내고 있다. 이는 중앙정부 중심의 사회적 기업 육성 정책이 변화되는 측면에서 바람직한 현상이라고 볼

수 있다. 그러나 사회적 기업 육성 정책의 권한을 과도하게 지방자
치단체에게 이양시킬 경우 해당 지방자치단체의 역량 부족으로 인
한 부실한 사회적 기업 육성 정책으로 전락할 위험성도 배제할 수
없다.

〈표 3-2〉 지역별 사회적 기업 분포

지 역	인증기관의 수	비율(%)	지역	인증기관의 수	비율(%)
서울시	73	22.9	강원도	21	6.6
인천시	18	5.6	충북도	16	5.0
대전시	10	3.1	충남도	6	1.9
대구시	15	4.7	경북도	12	3.8
울산시	8	2.5	경남도	12	3.8
광주시	12	3.8	전북도	17	5.3
부산시	17	5.3	전남도	17	5.3
경기도	56	17.6	제주도	9	2.8
합 계	319(100%)				

자료: 고용노동부·사회적기업원, 2010 재구성

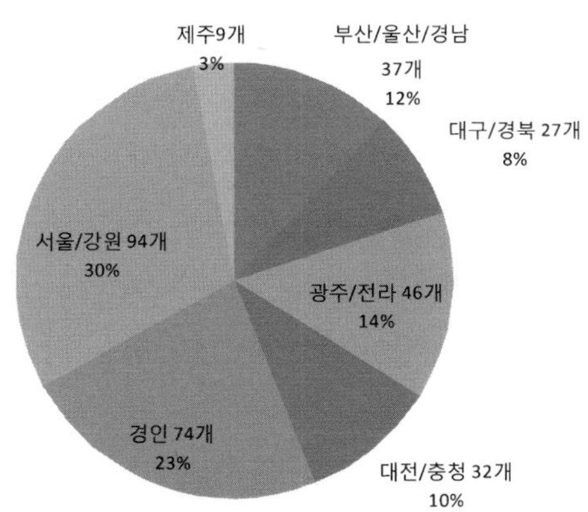

자료: 고용노동부·사회적기업원, 2010 재구성

〈그림 3-1〉 권역별 사회적 기업 인증 현황

또한 <그림 3 - 2>를 보면, 고용노동부는 사회적 기업이 제공하
는 서비스 내용을 9개(교육, 보건, 사회복지, 환경, 문화 · 예술 · 관
광 · 운동, 보육, 산림보전 · 관리, 간병 · 가사지원, 기타 등) 범주로
구분하고 있다. 업종 유형에 따라 391개 사회적 기업의 사업내용을
분석해 보면 기타 분야의 사업을 수행하는 곳이 91개로 전체의
28.5% 수준이며, 환경(62개), 사회복지(56개), 간병 · 가사지원(39개)
이 뒤를 이었다. 그러나 산림보전 · 관리 분야의 사회적 기업은 아직
등장하지 않은 것으로 나타났다.

현재는 환경과 사회복지 분야의 사회적 기업이 많은 것으로 나타
났다. 향후에는 다양한 사회적 기업의 육성과 더불어 특히 교육, 보
건, 보육 등 시민들의 생활과 밀접한 사회적 기업이 더욱 늘어날 필
요가 있다. 시민들의 생활과 밀접한 사회적 기업은 사회적 기업에
대한 인식도를 높이고 시민들의 다양한 욕구를 충족시킬 수 있을 뿐

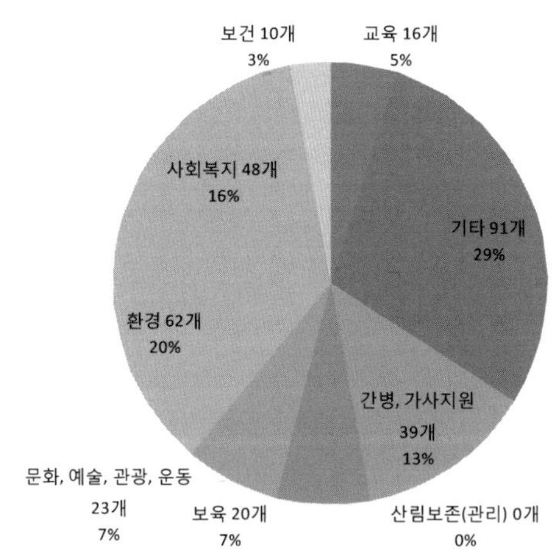

자료: 고용노동부 · 사회적기업연구원, 2010 재구성

〈그림 3-2〉 서비스 내용별 사회적 기업 인증 현황

만 아니라 사회적 기업이 우리 사회에 정착될 수 있는 중요한 역할을 하게 될 것이다. 즉, 현재는 사회서비스 제공이라는 측면에서 사회복지 분야의 사회적 기업들이 많은 수를 차지하고 있지만 향후에는 다양한 분야의 사회적 기업이 출현해야 한다.

사회적 기업 육성법에서는 사회적 기업으로 인증 가능한 조직형태를 민법상 법인·조합, 상법상 회사 또는 비영리민간단체 등으로 규정하고 있다. <그림 3-3>에서 319개 사회적 기업을 조직형태별로 구분해 보면 주식회사 및 유한회사 등 상법상 회사의 수가 132개이며, 민법상 법인 79개를 제외한 비영리 민간단체, 사회복지 법인, 생활협동조합, 영농조합 등의 수가 108개로 다수 진입해 있음을 확인할 수 있다. 그러나 일부에서는 사회적 기업의 인증제도가 사회적 기업의 성장을 방해한다는 의견도 있다. 사회적 기업 육성법에서 인증 가능한 조직형태를 법적으로 규정하고 있어 다양한 사회적 기업의 출현을 저해하고 있다는 지적이 있기도 하다. 현재는 정부의 인증을 통해서만 사회적 기업이라는 명칭을 사용할 수 있지만, 사회적 기업 인증을 받지 않고 활동하는 단체나 조직도 상당수 존재하고 있는 것으로 인터뷰 결과 나타났다(M 사회적 기업가 인터뷰 2010년 10월 9일). 이러한 이유는 정부의 사회적 기업 인증절차나 요건이 까다로운 측면도 있고, 사회적 기업 인증을 받게 되면 정부로부터 각종 지원을 받게 되므로, 정부의 관리 감독하에 놓이게 되기 때문에 자유로운 기업활동을 위해서 사회적 기업 인증을 포기하거나 기피하는 경우가 발생하기도 한다.

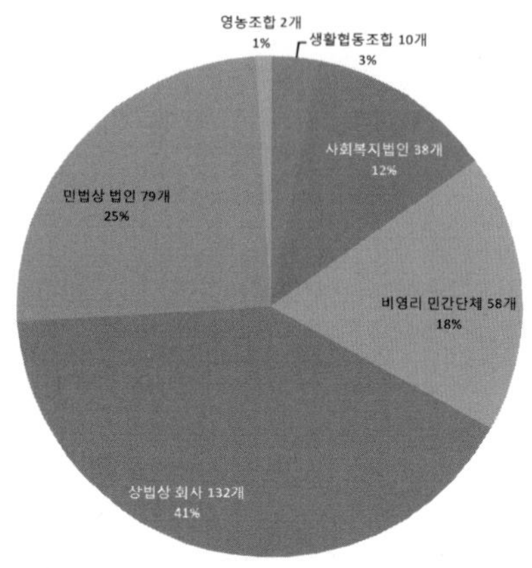

자료: 고용노동부 · 사회적기업원, 2010 재구성

〈그림 3-3〉 조직형태별 사회적 기업 인증 현황

인증된 사회적 기업 다수는 일자리 제공을 통해 사회목적을 실현하고 있는 것으로 나타났다. <그림 3-4>에서 319개 사회적 기업의 사회목적 실현을 유형별로 분석해 보면 일자리 제공형 158개(49.5%), 혼합형 76개(23.8%), 기타형 40개(14.7%), 사회서비스 제공형 35개(11.9%)로 일자리 제공형이 가장 많은 것으로 나타났다.

이러한 결과는 정부의 일자리 창출 정책과 무관하지 않은 것으로 보인다. 사회적 기업의 목적이 취약계층에 대한 고용창출과 사회서비스 제공이지만 현재는 사회적 기업이 일자리 제공에 초점이 맞추어져 있다. 향후에는 사회적 기업이 단순히 일자리 제공에만 한정되는 것이 아니라 다양한 사회목적을 실현할 수 있도록 사회적 기업의 육성 전략이 변화될 필요성이 있음을 시사하는 것이다. 또한 사회적 기업의 본연의 목적인 사회적 목적 실현과 수익창출이라는 두 가지 목표를 달성하기 위해서라도 다양한 형태의 사회적 기업 육성 정책이 필요하다.

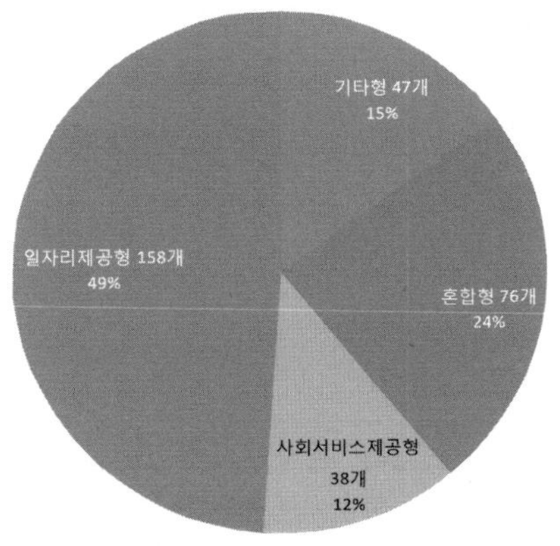

자료: 고용노동부 · 사회적기업연구원, 2010 재구성

〈그림 3-4〉 사회목적 실현별 사회적 기업 인증 현황

2. 한국의 사회적 기업 인증에 관한 법·제도

1) 사회적 기업의 인증 요건

한국은 2007년에「사회적 기업 육성법」이 제정되었다. 사회적 기업의 인증은 법령에 따라 인증절차를 거치게 되는데,「사회적 기업 육성법」제7조 1항은, 사회적 기업을 운영하고자 하는 자는 제8조의 인증요건을 갖추어 고용노동부장관의 인증을 받아야 한다고 명시하고 있다. 또한 제7조 2항은, 고용노동부장관은 제1항의 규정에 따른 인증을 하고자 하는 경우 사회적기업육성위원회의 심의를 거쳐야 한다고 규정하고 있다. 현재 한국에서는 사회적 기업 육성법에 따라 사회적 기업으로 인증받은 사회적 기업만이 사회적 기업이라는 명칭을 사용할 수 있다. 사회적 기업 인증을 받지 못한 기업이 사회적 기업이라는 명칭을 쓰면 법적인 제재를 받게 된다. 따라서 사회적

기업 인증을 받지 못하거나 인증 기준에 미치지 못한 기업들의 경우 소셜벤처나 협동조합 등 다양한 형태로 명칭을 사용하고 있다. 이러한 사회적 기업의 인증요건에 대한 내용을 자세히 살펴보면 <표 3-3>과 같다.

<표 3-3> 사회적 기업의 인증 요건

인증요건	주요 내용	법조항
조직형태	• 「민법」상 법인·조합, 「상법」상 회사 또는 비영리 민간단체 • 대통령이 정하는 조직형태 ▶ 「공익법인의 설립, 운영에 관한 법률」 제2조의 공익법인 ▶ 「비영리민간단체지원법」 제2조의 비영리 민간단체 ▶ 「사회복지사업법」 제2조 2호의 사회복지법인 ▶ 「소비자생활협동조합」 제2조의 생활협동조합	법 제8조 시행령 제10조
사회적 목적 설립	• 당해 조직의 주된 목적이 취약계층에게 일자라나 사회서비스를 제공하여 지역주민의 삶의 질을 높이는 등 사회목적을 실현 • 사회적 목적 실현에 대한 구체적 판단기준 ▶ 일자리 제공형: 전체 근로자 중 취약계층의 고용비율이 30% 이상 ▶ 사회서비스 제공형: 전체 서비스 수혜자 중 사회서비스를 제공받는 취약계층의 비율이 30% 이상 ▶ 혼합형: 전체 근로자 중 취약계층의 고용비율과 사회서비스를 제공받는 취약계층의 비율이 각각 20% 이상 ▶ 기타형: 사회적 목적의 실현 여부를 위해 표시된 취약계층 고용 비율과 사회서비스 제공 비율 등으로 판단하기 곤란한 경우(사회적 기업 육성위원회의 심의를 거쳐 노동부장관이 결정)	법 제9조 시행령 제9조
유급근로자 고용	• 유급근로자를 고용하여 재화와 서비스의 생산, 판매 등 영업활동을 수행	법 제8조
영업활동을 통한 수익	• 인증 신청일이 속하는 월의 직전 6개월 동안에 영업활동을 통한 총수입이 해당 조직에서 지출되는 총 노무비의 30% 이상에 해당	법 제10조 시행령 제10조
이해관계자가 참여하는 의사 결정 구조	• 서비스 수혜자, 후원자, 근로자 등 이해관계자가 참여하는 의사 결정 구조를 갖춰야 함	법 제8조
정관이나 규약	• 인증을 받고자 하는 조직은 목적, 사업내용 등을 기재한 정관이나 규약 등을 갖춰야 함	법 제8조, 제9조 시행령 제11조

사회적 목적을 위해 재투자	● 상법상 회사의 경우 회계연도별로 배분 가능한 이윤이 발생하는 경우 이윤의 2/3 이상을 사회적 목적을 위해 사용해야 함	법 제8조

자료: 법제처 「사회적 기업 육성법」 재구성

2) 사회적 기업의 인증 신청과 선정 절차

사회적 기업의 인증 신청과 선정 절차는 동법 제8조 3항에서 "사회적 기업의 인증 방법 및 인증절차에 관하여 필요한 사항은 고용노동부령으로 정한다"라고 명시하고 있다. 사회적 기업의 인증 신청과 선정절차는 구체적으로 고용노동부장관과 민관 합동으로 구성된 '사회적 기업 육성위원회'의 심의를 거쳐 인증하게 된다. '사회적 기업 육성위원회'는 고용노동부에 설치하며 위원회는 위원장을 포함하여 15인 이내로 구성되고, 위원은 관계부처의 공무원 및 사회적 기업에 대해 학식과 경험이 풍부한 사람 중 고용노동부장관이 위촉한 자로 구성된다. 사회적 기업의 인증 절차는 <그림 3-5>와 같다.

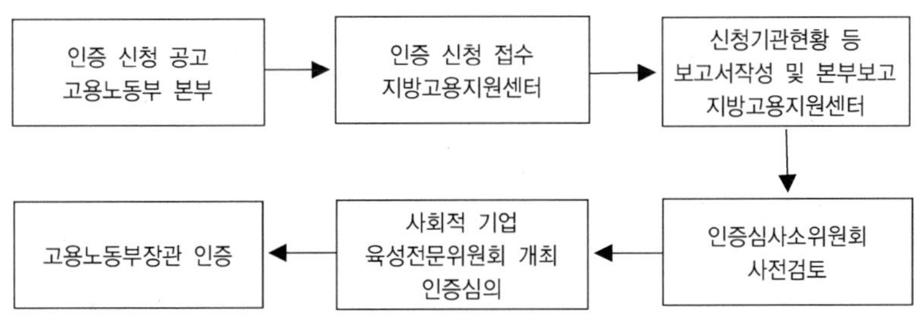

자료: www. socialenterprise.go.kr 재구성

〈그림 3-5〉 사회적 기업 인증 절차

3) 사회적 기업에 대한 지원

사회적 기업은 「사회적 기업 육성법」에 따라 일정한 형식을 갖추게 되면 정부로부터 각종 지원을 받게 된다. 사회적 기업이 고용노동부로부터 사회적 기업으로 인증받게 되면 정부로부터 경영지원, 시설비 등의 지원, 공공기관의 우선 구매, 조세 감면 및 사회 보험료의 지원, 사회서비스 제공하는 사회적 기업에 대한 재정지원, 연계기업에 대한 조세 감면 등 지원을 받게 된다. 이를 구체적으로 살펴보면 <표 3-4>와 같다.

〈표 3-4〉 사회적 기업에 대한 지원

지원 형태	지원 내용	법조항
경영지원	• 고용노동부 장관은 사회적 기업의 운영에 필요한 경영·기술·세무·노무·회계 등 분야에 대한 전문적인 자문 및 정보 제공 • 고용노동부 장관은 제1항의 지원업무를 대통령령이 정하는 정부출연기관이나 민간단체에 위탁	법 제10조
시설비 등의 지원	• 국가 및 지방자치단체는 사회적 기업의 설립 또는 운영에 필요한 부지 구입비·시설비 등을 지원·융자하거나 국·공유지 임대	법 제11조
공공기관의 우선 구매	•「중소기업진흥에 관한 법률」 제2조 제8호의 규정에 따른 공공기관의 장은 사회적 기업이 생산하는 재화나 서비스의 우선 구매를 촉진 • 공공기관의 장은 「중소기업제품 구매촉진 및 판로지원에 관한 법률」 제5조 제1항의 규정에 따라 구매계획을 작성하는 경우 사회적 기업이 생산하는 재화 및 서비스의 구매계획을 구분하여 포함	법 제12조
조세 감면 및 사회 보험료의 지원	• 국가 및 지방자치단체는 사회적 기업에 대해 「법인세법」, 「조세특례제한법」 및 「지방세법」이 정하는 바에 따라 국세 및 지방세를 감면 • 국가는 사회적 기업에 대하여 「고용보험 및 산업재해보상보험의 보험료 징수 등에 관한 법률」에 따른 고용보험료 및 산업재해보상보험료, 「국민건강보험법」에 따른 보험료 및 「국민연금법」에 따른 연금 보험료의 일부를 지원	법 제13조

사회서비스 제공 사회적 기업에 대한 재정지원	• 고용노동부장관은 사회서비스를 제공하는 사회적 기업에 대해 예산의 범위 안에서 공개 모집 및 심사를 통하여 사회적 기업의 운영에 필요한 인건비·운영경비·자문비용 등 재정적인 지원 • 고용노동부장관은 기업 또는 지방자치단체와 연계되어 있는 사회적 기업에 대하여 제1항의 지원을 할 때 연계기업이나 연계지방자치단체의 재정지원 상황을 고려하여 사업비를 추가 지원 • 재정지원 대상의 선정 요건 및 심사 절차 등에 관하여 필요한 사항은 고용노동부령으로 정함	법 제14조
연계기업에 재한 조세 감면	• 국가 및 지방자치단체는 연계기업에 대하여 「법인세법」, 「조세특례제한법」 및 「지방세법」이 정하는 바에 따라 국세 및 지방세를 감면	법 제16조

자료: 법제처 「사회적 기업 육성법」 재구성

3. 한국 사회적 기업 육성 정책의 변천

한국의 경우 1997년 외환위기 이후 실업과 빈곤을 치유하기 위해 시민단체와 종교기관들의 구호활동이 처음 시작되었고, 차츰 '일자리 창출' 활동으로 초점이 옮겨졌다. 이때 많은 비영리조직이 각 지역에서 정부의 공공근로 사업을 민간에 위탁하거나 실업극복국민위원회(현 '함께일하는재단')의 지원을 받아 일자리 창출 활동에 적극적으로 나서기 시작했다(김정원, 2009: 113).

정부는 공공근로사업의 내용을 고민하는 과정에서 유럽의 사회적 기업 개념이 소개되었고, 우리 사회에 필요한 새로운 서비스를 발굴하는 것에 주력하여 저소득 취약계층이 공급 주체가 되는 사회서비스가 처음 도입되었다. 공공근로사업의 일자리는 단순히 재정지원에 의해 유지되는 임시적 일자리였고 정부의 재정지원이 끊어지면 바로 사라지는 일자리였다. 시민사회단체들 사이에는 공공근로사업이 장기적인 전망을 갖기 위해서는 유럽의 사회적 경제라는 배경이 필요하고, 나아가 참여자들이 적극적으로 참여하는 조직인 사회적 기업이 필요하다는 인식이 확산되었다(김혜원, 2009: 74). 사회적 기업이라는 개념은 외환위기 시절에 빈곤과 실업 극복을 위한 시민사회 진영의 실천 속에서 제3섹터형 일자리라는 개념을 빌려서 일종의 '정책적 대안'으로 등장하게 된 것이다.

2000년 이후 국민기초생활보장제도를 통해 기본적인 사회 안전망 구축이 이루어지는 동시에 일정한 수준으로 경제가 회복되면서, 긴급구호의 성격으로 시작되었던 공공 근로의 전망이 새롭게 논의되기 시작했다(엄형식, 2007: 150). 이에 따라 사회적 일자리 사업은 2003년 노동부의 시범사업에 의해 시작되었고, 이후 국가정책으로 수용되어 다양한 변화를 겪게 되었다. 공공근로민간위탁사업은 종료되고, 사회적일자리창출사업이 2004년 본격적으로 실시되었다. 또한 2007년에는 사회적 기업 육성법이 제정되고, 2008년 사회적 기업 인건비 지원 사업이 실시되는 등 정부의 사회적 일자리 정책은 크게 확대되었다. 2010년에는 정부가 보다 의욕적으로 사회적 기업 육성을 추진하고 있다. 특히 주목할 만한 것은 기존에 고용노동부나 행정안전부, 보건복지부 등 중앙정부를 중심으로 사회적 기업 육성 정책이 추진되었으나 지방자치단체들에까지 확대되었다는 것이다. 그리고 사회적 기업 육성정책에 대한 권한을 지방자치단체에 이양하고 지역을 기반으로 한 사회적 기업 육성을 추진하도록 정책이 변화되었다. 그러나 아직까지 실질적으로 사회적 기업 육성을 위한 법적 · 제도적 · 재정적 지원체계는 구체적으로 수립되지 않은 실정이다. 보다 구체적인 사회적 기업 육성정책에 대한 사항은 중앙정부와 지방정부 간의 협의와 논의가 필요한 실정이다. 이러한 정부의 연도별 사회적 일자리 정책의 변화를 살펴보면 다음 <표 3-5>와 같다.

<표 3-5> 사회적 일자리 정책의 변천 과정

연도	정책 내용
1997년	• 자활지원센터 특별취로사업 실시
1999년	• 공공근로민간위탁사업 실시
2000년	• 특별취로사업을 자활공공근로로 대체
2001년	• 공공민간위탁사업 대폭 축소 • 자활공공근로를 자활근로로 명칭을 변경하고 시장형과 공익형으로 유형 구분
2003년	• 공익형 자활근로를 사회적 일자리형 자활근로로 변경 • 노동부 사회적일자리창출사업 시범 운영
2004년	• 노동부 사회적일자리창출사업 본격 실시 • 기획예산처 주도로 사회서비스 부문 일자리 창출 확대 • 복권기금으로 운영되는 가사간병도우미사업 실시 • 노인일자리 사업 실시
2007년	• 사회적 기업 육성법 제정
2008년	• 사회적 기업 인건비 지원 사업실시 • 지역별 예비 사회적 기업 발굴을 위한 사회적일자리 창출 사업 실시
2010년	• 사회적 기업 육성을 위한 일자리 창출 사업을 지자체도 할 수 있도록 전환 • 모든 지자체가 지역형 예비 사회적 기업 지정제도를 운용하도록 지원

자료: 김정원. 2008 재구성

1) 중앙정부의 정책

한국정부는 경기침체로 인한 실업과 사회적 양극화 해소를 위해 고용창출 정책을 적극 추진하고 있다. 정부는 일자리 만들기가 최고의 국정과제이며 사회적 기업은 일자리 창출에 있어 큰 의미를 가지고 있다고 보고 있다. 노동부는 최근 고용노동부로 부처명을 바꾸고, 2012년까지 사회적 기업 1천 개를 육성하고 5만 개의 일자리 창출을 목표로 하고 있다. 또한 일자리 창출의 추진전략도 기존의 중앙정부 주도형에서 지역·시장 친화적 체제로 전환하고, 지방자치단체가 주도하고 중앙정부가 밀어 주는 방식으로 사회적 기업 육성 추진체계를 개선하고 있다. 또한 정부는 사회서비스 수용에 대응하기 위한 5대 분야를 선정하여 지원하고 관계 부처 간 MOU 체결 및 운영을 통해 구체적인 목표 및 실행방안을 마련하고 있다.

중앙정부의 사회적 기업 육성을 위한 전략 분야는 크게 네 부분으로 나뉘어 있고, 문화 분야는 문화체육관광부와 문화재청, 녹색에너지 분야는 환경부와 산림청, 지역 분야는 농림수산식품부와 행정안전부 그리고 지식경제부가 관계되어 있으며, 교육 분야는 교육과학기술부, 돌봄 분야는 보건복지부를 중심으로 육성하고 있다. 중앙정부의 사회적 기업 육성에 관한 전략은 여러 중앙부처의 이해관계가 얽혀 있어 혼란의 여지를 줄 수 있다. 과거에는 고용노동부를 중심으로 사회적 기업 육성 정책이 시행되었지만, 최근에 들어서는 여러 중앙부처와 지방자치단체는 물론 기초자치단체에까지 사회적 기업 육성 정책이 확대되고 있다.

이러한 다각적인 사회적 기업 육성을 위한 정책적 노력이 오히려 무분별한 사회적 기업을 육성하는 결과를 초래할지 모른다는 우려의 목소리가 있기도 하다. 이를 극복하기 위해서는 각 부처의 특성에 맞는 사회적 기업 육성 전략을 수립하는 것도 중요하지만, 부처 간의 연계를 통해 사회적 기업 육성 정책의 일관된 기준을 수립하는 것이 필요하다. 우선 중앙부처의 사회적 기업 육성 전략을 살펴보면 다음 <표 3-6>과 같다.

<표 3-6> 사회적 기업의 전략 육성 분야

전략분야	관계부처	사회적 기업 발굴 유형 사례
문화	문화체육관광부 문화재청	• 09.6월 노동부 – 문광부 MOU 체결 – 40개(449명 일자리)의 예비 사회적 기업 창출 중 • 문화재관리 · 활용 분야의 사회적 기업 모델 개발
녹색 에너지	환경부 산림청	• '12년까지 환경 분야 사회적 기업 300개 육성 – '10.5.10. 노동부 – 환경부 MOU 체결 • 산림 분야 일자리사업 중 수익 가능 모델 발굴
지역	농림수산식품부 행정안전부 지식경제부	• '15년까지 '농어촌 공동체 회사' 사업 3천 개소 육성→ 사회적 기업으로 유도 • 'Post – 희망근로사업'(희망의 집수리사업 등) 취약계층 일자리 제공 사업의 사회적 기업 발전 유도
교육	교육과학기술부	• 공공성이 담보된 방과 후 학교 사회적 기업 발굴 · 육성→공교육의 보완 기능 수행(추진 협의체 가동, 3월~)
돌봄	보건복지부	• 집수리 · 간병 · 청소 · 자원재활용 · 음식물 재활용 등 자활공동체 사업 대상 사회적 기업화 지원 등

자료: 고용노동부, 2010a

또한 12개 중앙부처에서는 사회적 기업 육성을 위한 다양한 사업을 실시하고 있다. 부처의 특성에 맞는 사회적 기업 육성 사업을 통해 부처 차원에서 사회적 기업 육성을 위한 사업을 추진하고 있다. 대표적으로 통일부는 북한이탈주민의 사회적 기업 지원 사업으로 북한이탈주민의 사회적 기업 설립을 지원하고 안정적인 일자리 제공과 서비스 제공을 추진하고 있다.

특히 여성가족부는 여성 사회적 기업 육성 시범사업으로 결혼이민자, 경력단절여성 등 취약계층 여성의 일자리 지원을 위한 여성 사회적 기업 모델 발굴을 위해 노력하고 있다. 산림청은 아직까지 산림 분야의 사회적 기업이 진출하지 못함에 따라 산림 분야 일자리 사업 중 수익 가능한 모델을 발굴하고 있다. 이에 대한 구체적인 사항은 다음 <표 3 – 7>과 같다.

〈표 3-7〉 중앙부처 사회적 기업 육성현황

구 분	사업명	사업내용 및 추진계획
교육과학기술부	방과 후 학교 사회적 기업 발굴·육성	• 공공성이 담보된 방과 후 학교 사회적 기업을 발굴·육성하여 공교육의 보완 기능 수행 • 정책연구 추진, 관계기관 MOU 체결 예정
통일부	북한이탈주민 사회적 기업 지원 사업	• 북한이탈주민 사회적 기업 설립 지원, 안정적 일자리 제공과 사회서비스 제공 도모
행정안전부	희망의 집수리사업 등 사회적 기업 발전 유도	• 희망의 집수리사업 등 Post-희망근로 지역공동체 일자리 사업 추진
문화체육관광부	문화 분야 사회적 기업 육성	• 재정지원 일자리사업의 사회적 기업 추진 및 문화예술 분야 사회적 기업 활성화 • MOU 체결('09.6.16.), 40개(449명)의 예비 사회적 기업 창출
농림수산식품부	농어촌 공동체회사 활성화	• '15년까지 농어촌 공동체회사 사업 3천 개소 육성, 11,200개의 일자리를 창출하여 사회적 기업으로 유도 • 우수한 회사에 농어촌 지역개발 등 사회적 관련사업 연계지원 및 교육·컨설팅 지원
지식경제부	저소득층 에너지 효율 개선 사업 사회적 기업 참여 확대	• 저소득층 가구당 100만 원 한도 내에서 단열, 바닥 배관 시공('10년도 예산 292억 원) • 시공업체 선정 시 타 경쟁업체와 동일조건(동점 시)이라면 사회적 기업을 우선적으로 선정하여 성장을 지원
보건복지부	자활공동체 활성화	• 사회적 기업 인증요건을 충족할 수 있는 자활공동체는 인증받을 수 있도록 최대한 지원
환경부	환경 분야 사회적 기업 활성화	• '12년까지 환경 분야 사회적 기업 300개 육성, 1만여 개 일자리 창출 • MOU 체결('10.5.10.)
여성가족부	여성 사회적 기업 육성 시범 사업	• 결혼이민자, 경력단절여성 등 취약계층 여성의 일자리 지원을 위한 여성 사회적 기업 모델 발굴
중소기업청	사회적 기업에 대한 중소기업 지원 제도 적용	• '창업기업지원자금' 내 사회적 기업 지원금을 별도 신설·운영('10년 50억→'11년 100억), 영리형 사회적 기업의 성장을 지원 • 사회적 기업의 제품구매 실적을 중소기업제품 구매 실적에 포함시켜 의무구매비율(50%) 적용
문화재청	문화재 분야 사회적 기업 활성화	• 문화재 분야 사회서비스 확대와 신규 일자리 창출을 위해 기존 문화재 관리방법을 개선, 문화재관리·활용의 사회적 기업 정책모델 개발 • '09년도 문화재 분야 사회적 일자리 창출사업 시행(230명)

| 산림청 | 산림 분야 사회적 기업 육성 방안 | • 산림 분야 일자리사업 중 수익 가능한 모델에 대한 사회적 기업 집중 육성(숲체험 교육, 도시녹지 조성·관리, 목제품 생산, 산림바이오매스 가공 분야 등)
• 산림 분야 사회적 기업 육성 네트워크 구축 및 협의회 구성, 관계부처 MOU 체결 예정 |

자료: 고용노동부, 2010a

한편 고용노동부는 2010년에 사회적 기업 육성을 위한 (예비)사회적 기업 일자리 창출 사업 시행지침을 마련하였다(고용노동부, 2010b). (예비)사회적 기업 일자리 창출 사업이란 사회적으로는 필요하지만 수익성 등이 부족하여 시장에서 충분히 공급되지 못하는 복지·환경·문화·지역 개발 등 사회서비스를 취약계층에게 일정 부분 무료(또는 시장보다 낮은 수준)로 제공하는 것이다.

또한 취약계층에게 일자리를 제공하기 위해 비영리단체 등이 신규 일자리를 창출할 수 있도록 지원하는 사업이다. (예비)사회적 기업 일자리 창출 사업은 서비스 이용자에게 이용요금의 일부를 부담시켜 수익을 창출하거나 민간기업 또는 지역사회와 파트너십을 통하여 다양한 자원을 동원함으로써 자립을 지향하는 모델을 말한다.

2) 지방정부의 정책

「사회적 기업 육성법」 제3조 2항은 지방자치단체는 지역별 특성에 맞는 사회적 기업 지원시책을 수립·시행하여야 한다고 규정하고 있다. 사회적 기업에 대한 지방정부의 역할은 사회적 기업 육성·조례 제정으로 행정·재정지원을 하여 지역특성에 맞는 문화·환경·지역 개발 등 전략 분야 사회적 기업을 육성하는 것이다. 또한 지방정부는 사회적 기업 제품·서비스 우선 구매를 통해 사회적 기업의 활성화를 도모해야 한다. 사회적 기업에 관한 조례를 제정한 지방정부는 2010년 8월 현재 총 48개로 광역자치단체는 16개, 기초자차단체는 32개이다. 또한 지방자치단체의 사회적 기업 관련 조례 제정은 계속적으로 확대되고 있다. 이를 구체적으로 살펴보면 다음 <표 3-8>과 같다.

지방정부의 사회적 기업에 대한 육성은 대부분 행정안전부에 의해 추진되고 있다. 행정안전부는 일자리 창출을 위한 사회적 기업 육성 및 활성화에 적극 나서기로 하고 이를 위해 중단기적인 추진계획을 설정하였다. 행정안전부는 2010년 하반기에 총 208억 원의 예산을 투입하여 주민 주도의 '자립형 지역공동체사업'을 집중 육성하고, 이를 통해 2011년까지 232개의 지역 풀뿌리형 사회적 기업을 인증받도록 추진계획을 설정하였다. 또한 희망근로사업, '지역공동체 일자리사업' 중 사회적 기업으로 전환 가능한 수익구조 및 자립 요건을 갖춘 사업도 사회적 기업으로의 전환을 적극 지원할 계획을 수립하였다(행정안전부, 2010a).

〈표 3-8〉 지방정부 사회적 기업 조례 제정 현황

구 분	조례 제정 자치단체	계
광역자치단체	서울시, 대전시, 대구시, 부산시, 울산시, 인천시, 광주시, 경기도, 강원도, 충북도, 충남도, 경북도, 경남도, 전북도, 전남도, 제주특별자치도	16
기초자치단체	나주시, 전주시, 청주시, 성남시, 광명시, 울산 동구, 양산시, 남양주시, 여주군, 곡성군, 광양시, 광주 남구, 군산시, 논산시, 마산시, 목포시, 문경시, 부산 해운대구, 서울 마포구, 서울 용산구, 서울 중랑구, 서울 종로구, 서울 송파구, 포항시, 제천시, 인천 서구, 익산시, 완주군, 영암군, 여수시, 아산시, 진안군	32
합 계	48	

자료: www.socialenterprise.go.kr 재구성

행정안전부는 시도 발전연구원, 상공회의소 등을 통해 자립형 지역공동체사업 및 사회적 기업 관련 리더 양성 및 교육, 창업컨설팅 등을 지원한다. 지자체별로는 전담공무원을 지정하고, 교육프로그램 개설 등을 통해 전문성을 강화해 나가기로 하였다. 또한 기업, 시민단체, 자치단체 등이 긴밀한 협력 네트워크를 구축하여 금융지원, 경영컨설팅 등을 제공할 방침이다.

한편, 행정안전부는 지역 풀뿌리형 사회적 기업 육성을 위해 지역형 예비 사회적 기업을 지정·육성하고, 자립형 지역공동체 사업과 자립 기반 강화를 위해 행·재정적 지원, 중앙과 지방 간 그리고 민관협력네트워크 구축 등의 분야에 행정안전부와 지방자치단체가 행·재정력을 집중하기로 하였다(행정안전부, 2010b). 이를 위해 행정안전부는 지역형 예비 사회적 기업을 2010년에 890개를 지정하고, 2013년까지 1,840개를 육성하기로 하였다. 예비 사회적 기업은 과거에는 고용노동부의 사회적 일자리 창출 사업에 참여하는 기업을 위주로 지정하였다. 그러나 현재는 자치단체장의 권한으로 지정할 수 있는 지역형 예비 사회적 기업이 도입됨에 따라 보다 지역특성과 실정에 맞는 기업들이 사회적 기업으로 진입할 수 있게 되었다.

또한 행정안전부는 자립형 지역공동체 사업(Community Business)으로 232개의 마을 공동체 사업을 육성하기로 했다. 자립형 지역공동체 사업은 지역에 산재해 있는 자원(향토 문화 관광 자연자원 등)을 활용하여, 비즈니스 방법을 통해 주민 주도로 개발하는 것이고, 안정적인 일자리 창출 및 지역경제 활성화를 도모하는 한국형 Community Business이다(행정안전부, 2010b). 이를 위해 인건비 지원보다는 경영컨설팅, 리더양성, 교육, 판로 개척 등을 지원하여 자립 경영이 가능한 사회적 기업 육성을 목표로 하고 있다.

자립형 지역공동체의 자립 기반 강화를 위해 자치단체는 전문가·리더 양성 프로그램을 운영하고, 사회적 기업 생산제품을 공공기관이 우선 구매하며, 제품 홍보 등 사회적 기업의 판로를 지원하게 된다. 또한 자치단체청사·주민센터·공공시설의 유휴공간을 무상 임대하는 등 실질적 지원을 강화해 나가도록 설정하고 있다. 자립형 지역공동체를 위한 지원·협력 네트워크 구축을 위해서는 기업, 금융기관, 사회단체 등 다양한 주체와 네트워크를 구축하고, 1사 1사회적 기업 결연 및 창업, 지역공헌사업, 사회적 기업 제품 소비 및 나눔 운동을 전개하는 등 범국민적 인식 확산 및 동참을 이끌어 낼 계획이다.

서울특별시의 경우 서울형 사회적 기업을 사업으로 운영하고 있다. 서울형 사회적 기업은 서울지역에 소재한 사회적서비스 제공을 목적으로 활동하는 기업(단체) 중 고용노동부의 7가지 인증조건을 못 미치더라도 사회목적의 구체적 실현 및 수익성 창출에 대한 성장 가능성이 높아 서울시 사회적기업육성위원회에서 심의를 통해 지정한 기업(단체)이다. 서울형 사회적 기업으로 지정되면 일반 근로자의 인건비 일부를 지원(50명 이내)하게 되고, 전문인력에 대해서도 인건비 일부(1명)를 지원받게 된다. 또한 기업 설립 및 경영컨설팅을 무료로 지원받게 된다. 지원기간은 1년을 원칙으로 하되 발전유망기업은 최장 2년까지 지원을 받게 된다(서울특별시, 2010).

대전광역시는 사회적 기업 육성 및 지원에 관한 조례를 제정해 제도적으로 사회적 기업을 후원하는 것은 물론, 관련 부서 담당 사무관 20명을 사회적 기업의 후견인으로 지정하는 전국 최초 사회적 기업 후견인 제도를 도입했다. 이를 통해 지역의 사회적 기업인 야베스 공동체, 무지개클린사업단 등이 성공적인 롤모델로 자리 잡고 있으며, 사회적 기업과 후견인 간의 세미나를 개최하는 등 지역경제를 위한 지원을 펼치고 있다.

대구시는 2009년 7월 10일 제정한 「대구광역시 사회적 기업 육성 및 지원에 관한 조례」 시행에 따라 중기 사회적 기업 육성 및 지원 종합 로드맵을 마련하여 2012년까지 60개 사회적 기업을 육성하고 2,000개 일자리를 창출할 계획이다. 이와 함께 (예비)사회적 기업 180개를 발굴하여 6,000명의 취약계층에게 일자리를 제공해 나가려고 계획하고 있다. 또한 사회적 기업 육성을 위한 지역 참여 확대를 목표로 지역개발·문화·환경 관련 사회적 기업 발굴을 위해 구·군별 '1개 이상의 지역연계사업'을 추진해 나가고 있다(고용노동부, 2010c).

한편, 기초자치단체 중에서 마포구는 사회적 기업 전문컨설팅그룹인 SCG(Social Consulting Group)와 MOU 체결을 통해 기업, 사회적 기업, 전문가그룹 등이 한뜻으로 긴밀한 협력체계를 구축하였다. 주요 협약내용은 마포구 내 '홍대문화' 기반 사회적 기업의 세계화 육성 지원, 청년실업 해소를 위한 사회적 기업가 육성에 멘토링 코칭, 사회적 기업을 돕는 프로보노 육성과 프로보노 서비스 품질 제고 지원을 하고 있다. 또한 마포구에는 자바르떼(문화공연 사회적 기업)를 비롯해 서교·동교동 일대를 중심으로 모두 9개의 사회적 기업이 있다. 마포구는 서울시에 있는 50개의 사회적 기업 중 18%를 차지하며, 25개 지자체 가운데 가장 많다. 또한 사회적 기업 인증을 앞둔 예비 기관까지 합치면 30곳에 달한다(서울신문, 2009년 4월 3일). 구체적인 자치단체별 사회적 기업 육성 현황은 <표 3-9>와 같다.

〈표 3-9〉 지방자치단체 사회적 기업 육성현황

구 분	사업명	추진성과	추진계획
서울시	서울형 사회적 기업 발굴·육성	• 총 2차에 걸쳐 서울형 사회적 기업 195개(65 백여 명) 지정	• 연도별 사회적 기업 육성계획 마련 • 인건비 지원: 일반직원 월 90만 원/인(50명까지), 전문 직원 월 150만 원/인(1명까지) • 중소기업육성자금 기업설립·경영 컨설팅지원(전문가 Pool 116명)
부산시	2010년 사회적 기업 육성방안	• 사회적 기업 대상사업 분석 벤치마킹(2~5월) • 부서별 사회적 기업 발굴 보고회('10.2.11, 4.14.) • 사회적 기업 창업 아카데미(3~4월)	• 부산형 예비 사회적 기업 발굴·육성(30개 기업, 1,920백만 원 예산 편성) • 부서별 예비 사회적 기업 발굴 추진(6건 사업 아이템에 97백만 원 지원) • 시·부산은행 공동출연 사회적 기업 설립 추진(소요예산: 700백만 원) • 사회적 기업 '부산 방과 후 학교' 설립계획 마련(소요예산: 2,000백만 원) 등
광주시	예비 사회적 기업 인큐베이팅 지원 사업	• 사업계획 수립 • 관련 사업비(800백만 원) 확보	• 관내 비영리법인·단체를 대상으로 공모를 통해 150개의 일자리(단체당 10명 이내) 창출(6개월간 지원)
대전시	대전형 사회적 기업 발굴·육성	• 기본계획 수립('10.1.)	• 3년간 48개 사회적 기업 발굴·육성 • '12년까지 예산 4,752백만 원, 인원 440명 육성
울산시	사회적 기업 육성계획	• 육성계획 및 조례 제정 • 울산시 (예비)사회적 기업 협의회 출범('10.3.10.) • 제1기 사회적 기업 창업아카데미 개최('10.5.6.)	• 2012년까지 사회적 기업 25개 육성 • 1사 1사회적 기업 사회공헌 결연 사업 • 사회적 기업 컨설팅 및 워크숍 개최('10.9, 22백만 원) • (예비)사회적 기업 홍보물 제작(8백만 원)
대구시	지속 가능한 대구형 사회적 기업 육성	• 사회적 기업 창업지원단 발족('10.3.2.~) • 사회적 기업 창업 설명회 개최(2회, 47개 기업)	• '12년까지 180개 (예비)사회적 기업 육성, 6천 명 일자리 창출 • 사회적 기업 창업 설명회 개최를 통해 대구형 사회적 기업 모델 발굴(20개) → 컨설팅 실시 • 대구시 실·과장을 사회적 기업 PM요원 지정 → 애로사항 해결 • 구·군 사회적 기업 육성 조례 조속 제정('10.9. 중)

구 분	사업명	추진성과	추진계획
인천시	사회적 기업 육성계획	• 사회적 기업 육성지원 위원회 구성('10.4.9.)	• 인천형 사회적 기업 육성 및 지원(소요예산: 150백만 원) • 인천지역 사회적 기업 장기 발전 육성지원 방안 연구용역(소요예산: 35백만 원)
경기도	경기도 (예비)사회적 기업 육성 계획	• 전문인력 44개 기관, 45명 지원(347백만 원)	• 경기도 예비 사회적 기업 지정·육성 • 도 지정 예비 사회적 기업에 전문인력 지원(1인당 70만 원, 11개월간) • 창업에 필요한 인프라 구축비로 기업당 10백만 원 범위에서 지원(12개 기업)
강원도	사회적 기업 육성방안	• 종합계획 수립, 조례 제정 등 지원 기반 구축	• 사회적 기업 시설비 지원(지원 금액 150백만 원) • 사회적 기업 도협의회와 네트워크 운영(소요예산: 10백만 원)
충북도	사회적 기업 육성 기본계획 연구용역	• 조례 제정 등 지원기반 구축	• 충북 사회적기업육성위원회 구성·운영(13명) • 사회적 기업 육성 기본계획 연구용역 실시('10.5.~9. 40백만 원) • 조례 시행규칙 재정 추진('10.5.~7.)
충남도	사회적 기업 육성을 위한 기본계획 수립	• 육성계획 및 지원체계 구축	• 지역밀착형 사회적 기업 육성 • 사회적 기업 경영활동 지원 • '12년까지 기업 수 35개, 일자리 375개 예산 4,800백만 원 지원
전북도	사회적 기업 육성	• 사회적 기업 전담부서 배치('09.4.) • 42개 (예비)사회적 기업에 시설·장비 지원(300백만 원)	• 도 자체 예비 사회적 기업 지정, 일자리 창출 사업 추진(350여 명, 1~2년, 소요예산: 4,414백만 원) • 문화예술·농어촌 분야 1시군 1사회적 기업 집중 육성
전남도	전남을 사회적 기업 요람으로	• 사회적 기업 유치 T/F 개최(2회) • 사회적 기업 협의회 개최(2회) • 공동판매장 개설(1개소)	• 대기업 연계 사회적 기업 유치, 1시군 1사회적 기업 운동 전개 • 사회적 기업 유치 T/F팀 구성·운영(정무부지사가 단장, 월 1회 추진 상황 보고회 개최) • 사회적 기업 창업 기반 조성 및 자립 기반 강화
경북도	경북형 예비 사회적 기업 육성 사업	• 육성계획 및 육성위원회 구성 등	• 경북형 예비 사회적 기업 130개를 발굴·육성하여 사회적 기업 100개 인증, 2천 개 일자리 창출('14년까지 142억 원 예산 투입)

구 분	사업명	추진성과	추진계획
경남도	사회적 기업 시설·장비 구입 지원	• 조례 제정 등 지원체계 구축	• 도 내 인증 사회적 기업(12개소)을 대상으로 1기업당 15백만 원 내외 지원(총 사업비 162백만 원)
제주도	사회적 기업 육성·지원	• 연중 기본계획 수립	• 제주의 전통과 지형·풍습·경제에 걸맞은 사회적 기업 육성(제주 말과 오가피를 주원료로 제품을 만드는 영농조합법인 산새미 인증) • 사회적 기업 CI 및 BI 제작지원(소요예산: 120백만 원)

자료: 고용노동부, 2010a

제3절 한국 사회적 기업의 문제점

1. 정부 중심형 사회적 기업 정책

한국에서 사회적 기업과 관련한 정부정책은 취약계층의 일자리 창출을 목표로 하는 정책에 기원을 두고 있다. 시기별로 정부는 공공민간위탁사업, 자활근로사업, 고용노동부의 사회적 일자리 창출사업 등을 실시하였다. 그러다가 참여정부 중반 이후 사회서비스에 대한 관심이 증폭되면서 사회적 기업은 일자리 창출과 사회서비스 공급을 함께 이루어 낼 민간 주체로 인식되게 되었고 「사회적 기업 육성법」이 시행되기에 이르렀다. 「사회적 기업 육성법」이 제정됨에 따라 사회적 기업에 대한 인증을 정부가 관할함으로써 사회적 기업의 지위를 정부가 독점하게 되었다. 정부의 인증 요건과 절차에 따라서 사회적 기업이 인증되고 인증된 사회적 기업에는 정부가 정한 기준에 의한 지원이 이루어진다(김정원, 2009: 133). 그러나 사회적 일자리 및 사회적 기업을 대안경제의 한 방안이라는 측면에서 접근한다면 민(民)의 대안으로서 가능성을 지니고 있겠지만, 국가정책의 한 영역이라는 측면에서 접근한다면 국가의 정책 목표 달성을 위한 도구로서 자리매김할 가능성이 크다(김정원, 2008: 86). 「사회적 기업 육성법」을 통한 정부의 인증 절차, 이윤의 사회적 목적 재투자 의무조항을 통해서 알 수 있듯이 한국의 사회적 기업은 정부 주도로 육성되고 있는 실정이다. 이러한 정부 주도형의 사회적 기업 육성은 사회적 기업의 성공에 대한 여러 가지 문제를 나타내고 있다(LG경제연구원, 2009: 49).

먼저, 사회적 기업의 인증과 관련한 문제이다. 사회적 기업의 인증을 받기 위해서는 조직형태, 유급근로자의 고용을 통한 영업활동, 사회적 목적 실현, 이해관계자가 참여하는 의사결정구조, 영업활동을 통한 수입, 정관 및 규약의 구비, 사회적 목적을 위한 이윤의 재투자 등 요건을 충족해야 한다. 그러나 현실적으로 소규모 사회적 기업들의 경우 이러한 요건들을 모두 충족하기는 어렵다(김순양, 2009: 68). 많은 사회적 기업들이 인증을 받는 데 있어 고용노동부나 서울시의 사회적 기업 인증기준의 형식적인 조건만 갖춘 경우가 많다(서울시 자치구 L 사회적 기업 담당 공무원 인터뷰 2010년 10월 23일). 사회적 기업은 대부분 소규모로 운영되고 있고, 대부분 취약계층의 고용창출에 초점이 맞추어진 현실에서 사회적 기업의 인증을 위한 준비과정과 절차는 매우 까다롭고 어려운 일이라고 할 수 있다. 또한 고용노동부의 인증을 받아야만 사회적 기업이라는 명칭을 사용할 수 있기 때문에 사회적 기업의 인증과 절차는 사회적 기업의 성공에 매우 중요한 부분이다.

둘째, 사회적 기업의 육성법에 관련한 문제들이다. 현재 사회적 기업 육성 정책은 시장경제의 기능을 왜곡시키고 예산만 낭비할 가능성이 크다는 비판이 있다. 보다 근본적으로는 미국과 영국 등에서 정부의 역량이 미치지 못하는 영역에서 사회적 기업이 생겨났는데, 사회적 기업의 창업과 운영을 정부가 지원한다는 것은 이론적으로 모순이라는 지적이 있다(이광택, 2008: 34). 즉 서구 사회의 경우 사회적 기업이 시민사회의 영역에서 자발적으로 발생한 것과 비추어 보면 정부 주도의 사회적 기업 육성이 취약계층을 위한 한시적인 고용창출 효과만 나타내고 지속 가능한 사회적 기업으로의 성공에 제약을 가져올 수 있다. 또한 현재의 사회적 기업 육성법은 다양한 사회적 기업의 종류나 유형들을 포괄하지 못하고 있고(M 사회적 기업가 인터뷰 2010년 10월 9일), 사회적 기업 육성법 자체도 지방자치법이나 지방세법 등과 연계되어 있지 않은 경우가 많으며, 법령 자체도 자주 변경되고 있는 실정이다(서울시 자치구 J 사회적 기업 관련 공무원 인터뷰 2010년 10월 20일).

셋째, 사회적 기업의 재정지원에 관한 문제들이다. 현재 한국의 사회적 기업은 정부의 인증을 통해 구성원들의 인건비와 각종 조세를 한시적으로 지원받고 있다. 이러한 재정지원방식은 다른 국가의 사회적 기업 지원방식과는 다른 방식이다. 특히 사회적 기업의 성장과 관련하여 인건비 지원 방식은 사회적 기업의 성장과 발전을 왜곡할 수 있다. 참여자에 대한 인건비 지원의 현재 지원방식은 사회적 기업의 자립을 촉진하기 어렵고, 자율성을 침해할 소지가 있다. 또한 앞으로 출현하게 될 다양한 사회적 기업의 발달을 막을 수 있다.

그리고 「사회적 기업 육성법」에서 규정하는 취약계층은 범위가 너무 넓어 인건비 제공의 근거로 삼기에 어렵다(박찬임, 2009: 170). 사회적 기업에 대한 인건비 지원정책은 초기 사회적 기업의 정착을 위해서는 필요한 요소이지만 장기적인 측면에서는 오히려 사회적 기업의 자립에 악영향을 가져와 극단적인 경우 사회적 기업의 폐업이나 구조조정 등을 가져올 수 있다.

사회적 기업 인증심사 시에 사회적 목적 실현이나 구체적인 수익 창출에 대한 계획 없이 단지 재정지원을 받기 위해 형식적인 요건만 갖춘 사회적 기업들이 많이 존재한다(서울시 자치구 L 사회적 기업 관련 공무원 인터뷰 2010년 10월 18일).

결국 한국의 사회적 기업은 정부지원의 기능과 역할만 크게 강조되어 있는 불균형 상태에 놓여 있다. 선진국의 사례를 볼 때 사회적 기업은 본래 시민사회의 영역에서 자발적으로 발생하는 것이 일반적이다. 그러나 현재 한국정부는 사회적 기업을 단지 정책의 수단이나 목표로 여기고 사회적 기업 육성을 위한 양적인 성장에만 관심이 집중되어 있는 상태라 볼 수 있다. 사회적 기업은 양적 성장도 중요하지만 질적인 성장이라는 측면에서 접근해야 한다. 사회적 기업의 양적 성장에만 집중하게 되면 사회적 기업의 내실화는 기대하기 어렵다. 지속 가능하고 건강한 사회적 기업이 되기 위해서는 질적인 성장이 담보되어야 하고, 그래야만 사회적 기업의 활성화를 기대할 수 있다.

2. 시민사회와 연계·소통 부재

사회적 기업은 시민사회의 복합적 요구를 반영하여 실행하고 그것을 네트워크라는 새로운 사회적 관계망으로 발전시킨다. 사회적 기업이 추구하는 복합적인 관계 속에서 이해당사자의 참여과정은 다양한 거래비용을 줄일 수 있는 계기를 마련해 준다(장원봉, 2010: 50). 또한 지역사회의 사회서비스와 관련한 이해당사자들은 서비스 제공 노동자, 관리자, 이용자, 관련 시민단체, 지방정부 그리고 재정지원 등이다. 이러한 이해당사자들은 사회적 기업들 간의 정보 비대칭 현상을 줄이고 협력적인 사업 연계를 통하여 서비스의 중복투자 혹은 중복수혜의 문제를 줄일 수 있다. 사회적 기업은 사업의 연속성을 확보하기 위해서도 반드시 지역사회 네트워크에 참여한 사람이나 조직들과 협력해야 한다(홍현미라, 2008: 153). 그러나 사회적 기업을 둘러싼 최근의 상황은 사회적 기업이 지니고 있는 역사와 의미에 대한 진지한 이해와 성찰보다는 정부가 주도하는 사회적 기업 관련 정책의 장(場)에 시민사회를 동원하고 있는 실정이다(김정원, 2009: 165).

사회적 기업은 지역의 특성과 그 지역주민의 요구, 지역주민의 삶의 질 등을 기반으로 지역조직화가 함께 이루어져야 한다. 한국사회에 출현한 사회적 기업에는 이러한 것들이 결핍되어 있으며 이윤을 위한 경영담론만이 과잉되어 있는 실정이다(최준, 2005: 28). 이러한 현상은 사회적 기업에 대한 인식도 조사에서도 나타난다. 사회적 기업연구원의 조사에 따르면 사회적 기업의 인지도는 5점 척도에서 2.75점으로 시민들의 인지도가 낮은 편으로 나타났다(사회적기업연구원, 2008: 27). 또한 대부분의 일반 시민들은 사회적 기업을 막연히 '좋은 기업' 정도로 이해하고 있는 경우가 많으며, 사회적 기업에 대한 의미나 사회적 기업이 어떤 일을 하는지 전혀 모르는 경우가 상당수이다(K 사회적 기업가 인터뷰 2010년 10월 10일). 정부에서도 최근 사회적 기업에 대한 홍보를 많이 하고 있지만, 아직까지는 시민들의 인식도 측면에서 열악하다고 할 수 있다(M 사회적 기업 관련 공무원 인터뷰 2010년 10월 18일). 이러한 결과는 사회적 기업이 아직까지 한국사회에서 정착되지 못하고 있음을 나타낸다.

사회적 기업은 서구 유럽이나 미국과 같이 시민들의 자발적 참여로 발생되어야 한다. 그러나 한국은 정부 주도에 의한 사회적 기업 육성 정책이 실시되고 있다는 점에서 시민사회와 단절된 현상을 나타내게 되는 것이다. 향후 지속 가능한 사회적 기업을 위해서는 시민사회와의 연계가 무엇보다 필요하다. 이에 따라 정부는 국가 및 지역공동체의 가치 실현에 기여하는 사회적 기업을 육성해야 한다. 사회적 기업이 추구하는 사회적 목적은 특정 이해집단이나 특정 단체만을 위한 것이라기보다는 지역공동체나 지역사회와 국가를 위한 목적이어야 한다(조영복 외, 2008: 62).

따라서 사회적 기업은 사회적 목표를 달성하기 위해 지역사회 자원을 동원하고 시민 참여를 유도하며 공정거래와 같은 윤리적 시장을 촉진하여 시민사회 발전과 함께 기업의 사회적 · 환경적 책임 실천에 대한 인식을 증가시킬 수 있다(OTS, 2006: 10). 또한 대안적 생산자 운동인 사회적 기업은 대안적 소비자들이 있을 때 생존 가능하므로 윤리적이고 대안적인 소비자운동의 촉발과 연대를 통해 지역사회 경제 활성화에도 실질적인 영향력을 행사하는 조직으로 성장할 수 있게 된다(이은애, 2009: 28). 사회적 기업의 성공은 시민사회의 이해와 적극적인 참여가 전제되고, 궁극적으로 사회적 기업의 제품과 서비스에 대한 구매로 귀결될 때 가능하다(조영복, 2010: 10).

결국 현재 한국사회의 사회적 기업은 시민사회와의 연계·소통의 부재의 상태에 놓여 있다고 할 수 있다. 사회적 기업이 발달한 선진국의 경우는 시민사회와의 적극적이고 긴밀한 소통과 연계가 이루어지고 있다. 반면 한국에서는 사회적 기업이 정부 주도로 이루어지고 있어 이러한 단절현상이 지속되고 있는 측면이 있다. 사회적 기업의 활성화를 위해서는 시민사회와의 연계와 소통이 전제되어야 한다. 본질적으로 사회적 기업은 시민들의 자발적 참여를 통해 기업활동이 이루어지기 때문이다.

3. 사회적 기업 운영상의 전문성 미흡

사회적 기업은 민간기업이나 비영리단체와는 다르며, 조언자나 위원회 구성원, 최고 경영자들은 사회적 기업의 운영에 있어서 어려움에 직면한다(Spear et al., 2009: 248). 사회적 기업은 이윤이 아니라 사회적 가치를 최우선으로 한다. 따라서 사회적 기업은 수익모델을 창출하기가 쉽지 않다. 사회적 기업도 기업이므로 일정한 위험을 감수해야 하는데, 이 위험을 회피하기 위해서는 수익에 대한 관심을 기울이지 않을 수 없다(김정원, 2009: 168). 사회적 기업은 이윤창출보다는 사회적 목적 실현에 보다 중점을 둔 기업이며, 사회적 기업가들도 수익 추구보다는 사회적 목적 실현에 보다 가치를 두는 경우가 많다(B 사회적 기업가 인터뷰 2010년 10월 10일). 이렇듯 한국의 사회적 기업의 사회적 가치와 경제적 수익이라는 양 갈래의 길에 서 있다.

초기 단계의 사회적 기업은 기업 자체의 열악한 조건들로 인해 지속 가능한 발전에 필요한 역량을 갖추는 것이 쉽지 않다. 사회적 기업은 일반 노동시장에서 환영받지 못하거나 배제된 사람들을 고용하고 있기 때문이다. 사회적 기업은 자본과 기술에 있어서도 어려움을 겪는데, 신용이나 네트워크가 부족한 상황에서 초기 자본을 구하는 것이 쉽지 않기 때문이다. 또한 사회적 기업은 업종 자체의 수익성이 낮은 것이 대부분이고 시장에서의 판로 개척을 위한 영업이나 마케팅 기술도 취약한 편이다(정선희, 2006: 70). 한국의 사회적 기업은 전반적으로 사회 시스템의 경험 부족으로 인하여 사회적 기업의 지속 가능성에 대한 끊임없는 의문이 핵심문제로 제기되고 있다(김용호·송경수, 2009: 10).

취약계층의 참여로부터 시작된 사회적 기업의 도입은 사회적 기업이 성장하는 데 있어서 많은 장애요인을 수반할 수밖에 없었다. 특히 부족한 자본력이나 경영능력의 미흡, 인적 자원의 취약성 등의 문제는 이미 사회적 기업들이 설립 당시부터 감내해야 하는 문제가 되었다(장원봉, 2009: 68). 또한 사회적 기업 대부분이 기술, 자금, 인력 등 경영자원의 부족과 낮은 브랜드 인지도, 규모의 경제가 지배하는 경쟁적인 영리시장, 서비스 이용자(수혜자)의 지불 능력 부족 등 성장기회가 제한적인 사회서비스 시장에서 기업 경영을 하고 있기 때문에 많은 어려움을 겪고 있다(이은애, 2008: 5).

이러한 측면에서 McGregor & Clark(2003)은 스코틀랜드 사회적 경제 연구에서 54%의 응답자가 조직을 유지·발전시키는 데 있어서 주된 장애물이 적절한 기금을 확보하지 못하는 것이라고 하였다.

한국의 사회적 기업은 재원조달문제에 덜 고민하고 있어 정부의존도가 높고, 시장경제, 즉 민간기업과의 경쟁에 과도하게 노출되어 있어 지속 가능성에 대한 현실적 우려를 나타내고 있다. 즉, 한국의 사회적 기업은 자본의 영세성과 취약계층 중심 인력 구성, 초기 투자비용 조달 문제 등으로 인하여 적정한 임금을 보장하는 양질의 일자리를 창출하고 주기적인 수요를 발굴할 수 있는 서비스 품질 개선에서 뒤처질 개연성이 있다(노대명, 2008: 67).

특히 한국의 사회적 기업은 인건비 지원 중심 구조이다. 한국정부는 다른 나라와 달리 사회적 기업에 대해 직접적인 인건비 지원을 하고 있다. 이러한 지원 방식은 공공근로사업이 사회적 일자리사업으로, 사회적 일자리사업이 사회적 기업 정책으로 진화하는 과정에서 남아 있는 과제이다. 현실적인 문제는 사회적 기업 중 일부가 이러한 지원방식에 의존하고 있으며, 인건비 지원이 현재 사업운영에 있어 가격경쟁력을 유지하는 한 가지 방안으로 보고 있다(김혜원, 2009; 곽선화, 2009). 일부 사회적 기업의 경우 정부의 지원이 중단되어도 수익창출을 하고 사회목적 실현도 잘하고 있지만, 대다수의 사회적 기업들은 정부의 지원이 끝나게 되면 기업 운영에 상당한 타격을 받게 된다.

특히 취약계층을 고용한 사회적 기업의 경우는 정부 재정지원에 대한 의존도가 높기 때문이다(L 사회적 기업 관련 공무원 인터뷰 2010년 10월 18일). 또한 한국 사회적 기업의 노동자들은 낮은 임금 수준을 보이고 있고, 1년 미만의 단기근로 계약을 체결하고 있으며, 비정규직이 대부분이라 높은 고용 불안의 요소를 가지고 있다(이정봉, 2010: 60). 이러한 직접적인 인건비 지원은 사회적 기업의 경영성과에 대한 착시 현상을 일으키고 정부지원에 의존하는 관행이 기업 내에 생길 위험이 있고, 여전히 사회적 기업 제품의 서비스의 판로와 자금 조달 측면에 문제를 안고 있다(김혜원, 2010: 15).

이에 따라 한국사회의 사회적 기업 인적 구성, 판로 개척 및 기술 상황 등을 고려할 때 자립을 위해 사회적 기업가의 열정과 헌신에만 의존하는 것은 현실적인 문제가 많다고 할 수 있다. 현재 한국의 사회적 기업은 대부분의 사회적 기업의 경우가 헌신적이고 진취적인 사회적 기업가 정신을 가진 사회적 기업가가 기업을 운영하기보다는 일반적인 기업 운영조차도 미숙한 사람들이 사회적 기업을 운영하는 경우가 많다.

따라서 일부 사회적 기업을 제외하고는 많은 사회적 기업들이 경영상의 어려움을 겪고 있다. 이를 극복하기 위해서는 내부적 역량 강화뿐만 아니라 외부적 자원을 활용한 경영능력 향상을 추구해야 하는데 일반 기업과의 연계가 사회적 기업 운영상의 문제를 해결할 수 있는 대안이 될 수 있을 것이다. 결국 사회적 기업은 이러한 조직 내부의 역량 강화와 더불어 사회적 기업 외부의 자원이 동원되어 조화를 이루었을 때 비로소 사회적 기업의 활성화를 기대할 수 있다.

제4장
연구의 조사 설계

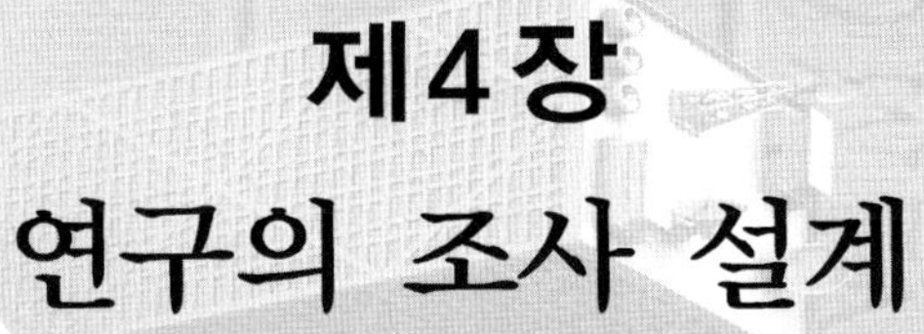

제1절 변수의 선정 및 측정지표

본서는 사회적 기업 활성화에 어떠한 요인들이 영향을 미치는가를 밝혀내는 것이다. 이에 따라 종속변수는 사회적 기업의 활성화를 설정하였고, 독립변수는 크게 정부 부문, 시민사회 부문, 기업 부문 세 부문으로 구분하여 연구의 분석틀을 구성하였다. 이러한 종속변수와 독립변수의 선정은 선행연구를 바탕으로 이루어졌으며, 보다 구체적으로 다음과 같이 구성하였다.

종속변수인 사회적 기업의 활성화는 전반적인 사회적 기업의 활성화, 사회서비스 제공, 그리고 고용창출이다. 독립변수는 크게 세 가지 부문으로 구분하였다. 먼저 정부 부문은 법적 지원, 제도적 지원, 전자정부서비스이다. 두 번째, 시민사회 부문은 사회적 기업에 대한 신뢰, 착한 소비, 소통 등이다. 세 번째, 기업 부문은 기업윤리(기업의 사회적 책임), 협력·네트워크, 조직관리 등으로 구성하였다. 이러한 종속변수와 독립변수는 보다 객관성을 확보하기 위해 다음 <표 4-1>의 선행연구들을 통하여 도출하였다.

〈표 4-1〉 변수 선정에 이용된 선행연구

구 분			선행연구
종속 변수	사회적 기업 활성화	전반적인 사회적 기업 활성화	조영복(2010), 고용노동부(2010), 채종헌·이종한(2009)
		사회 서비스 제공	OECD(1999), OTS(2006), Jons et al.(2007), 박찬임(2008), 김정원(2008), Peattil & Morley(2008), 정경희 외(2006), 이문국(2007), 김혜원(2009b), 이윤재(2010)
		고용창출	Peattil & Morley(2008), Borzaga & Defourny(2001), Nelmes(2004), European Council(2005), 임혁백 외(2007), 김정원(2009), 박찬임(2008), Birkhölzer(2009), 삼성경제연구소(2009), 이신모(2009)

독립 변수	정부 부문	법적 지원	Johnson & Spear(2006), OECD 대표부(2006), Kendall(2005), 장원봉(2006), 사회적 기업 육성법, Beozzo(2010)
		제도적 지원	OECD 대표부(2006), Johnson & Spear(2006), 사회적 기업 육성법, Peattil & Morley(2008)
		전자정부서비스	정충식(2007), 김성태(2007), Scholl(2007), 안재민(2009), 김현성(2010), Stowers(2004), Markellou et al.,(2007)
	시민사회 부문	신뢰(SE)	Bourdie(1983), Coleman(1988), Putnam(2003), Paxton(1999), Evers(2001), Tani(2009), 박희봉(2009)
		착한 소비	LG경제연구원(2009), Nicolas & Opal(2005), Ozcaglar‐Toulouse et al.(2006), Visser et al.(2007), Huybrechts & Defourny(2010), 차태훈·하지영(2010), 현소은(2009), 박미혜·강이주(2009), 고애란(2009), 권은정(2010)
		소통	Putnam(2000), Dutta‐Bergman(2006), Barber(1998), Wellman & Haythornthwaite(2002), Quan‐Haase & Wellman(2004), 한국정보문화진흥원(2010), Arnold(2003), 김혁(2005), Tapscott & Williams(2008), Blanchard(2004), 김유정(2005), Lumann(2006), 조화순(2010), 홍성구(2009), 송경재(2008), Habermas(1983), 박은미(2009), Honneth(2000), Honneth(2005)
	기업 부문	기업윤리	Vogel(2005), Visser et al.(2007), Freeman(1991), Brown & Dacin(1997), Klein & Dawar(2004), 송호신(2010), Carroll(1979), 박찬임(2008), Cornelius et al.(2008), Poter & Kramer(2011)
		협력·네트워크	Visser et al.(2007), Elkington & Hatigan(2008), Tencati & Zsolnai(2009), 양만식(2010), Austin(2001) 곽선화(2009), Agrnoff(2006), 전국경제인연합회(2009), 고용노동부(2009), Doherty et al.(2009), Martin & Thompson(2010)
		조직관리	김정원(2009), 고용노동부(2009), Doherty et al.(2009), Martin & Thompson(2010), 김혜원(2010), 정선희(2006), 김용호·송경수(2009), 장원봉(2009), Mcgregor & Clark(2003), Darby & Jenkins(2007), Grant(2004), NCVO(2007), Nickols(2000), Johnson & Scholes(2005), Royce(2007), 홍일유(2008)

1. 종속변수

사회적 기업의 활성화는 사회적 기업이 갖는 조직의 성과목표에 따라 달라진다. 사회적 기업은 일반적으로 공익성과 영리성을 추구한다. 그러나 본서에서는 사회적 기업 활성화 요인에 보다 초점을 맞추었으므로, 먼저 한국사회에 사회적 기업이 얼마나 활성화되어 있는가에 대한 지표를 선정하였다. 그리고 사회적 기업의 효과라 할 수 있는 사회서비스 제공과 고용창출을 종속변수로 선정하였다.

1) 전반적인 사회적 기업의 활성화

전반적인 사회적 기업의 활성화는 단순한 수치상의 성과를 나타내는 것이 아니다. 전반적인 사회적 기업의 활성화는 사회 내에서 사회적 기업의 수치가 증가하는 양적 성장은 물론, 질적 성장을 동반하여 사회적 기업이 사회 전반에 걸쳐 기업활동을 함으로써 나타나는 결과이다. 또한 사회적 기업이 활성화되었다는 것은 사회 내의 구성원들이 사회적 기업을 인식하고 사회적 기업이 생산하고 제공하는 각종 제품이나 서비스를 활발히 이용하는 것이라고 할 수 있다(조영복, 2010; 채종헌 · 이종한, 2009; 고용노동부, 2010).

즉, 전반적인 사회적 기업의 활성화는 사회적 기업이 기업활동 추구를 통해서 발생되는 제품과 서비스를 소비자들이 이용하면서 얻게 되는 것으로 사회 내에서 발생하는 효과이다. 더불어 전반적인 사회적 기업 활성화는 사회적 기업의 양적인 성과와 질적인 성과가 융합되어 나타나는 사회 전반에 걸쳐 나타나는 사회적 기업의 기업활동의 결과라 할 수 있다.

따라서 본서에서는 전반적인 사회적 기업의 활성화에 대해 통합적으로 볼 수 있는 지표를 채종헌 · 이종한(2009), 조영복(2010), 고용노동부(2010) 등의 연구에 따라 다음과 같이 선정하였다. ① 전반적으로 볼 때 우리나라의 사회적 기업은 활성화되어 있다.

2) 사회서비스 제공

먼저 사회서비스 제공은 사회적 가치 창조에 관한 것으로, 사회적 기업이 제공하는 기존의 정부나 시장이 해결했던 문제들인 사회적·환경적·윤리적 문제 등을 해결하는 서비스 수행의 주체가 될 수 있다는 것이다(OTS, 2006; Donmenico et al., 2010). 사회적 기업의 사회서비스는 사회적 기업 자체의 성과이기도 하고(London & Morfopoulos, 2010), 사회적 기업이 사회서비스 제공을 수행함에 있어서 정부지원을 통해 재분배적 성격을 갖는다. 또한 사회적 기업이 제공하는 사회서비스는 시장에서 제공하는 서비스의 질이 양극화되는 것을 해소하며, 기업의 환경적 책임에 대한 새로운 윤리적 기준을 마련해 준다(Jons et al., 2007; 박찬임, 2008; 김정원, 2008; Peattil & Morley, 2008).

사회서비스는 학자나 실행국가 그리고 기관마다 다양하게 정의하고 있는데 이를 종합하면 개인과 사회 전체의 복지 증진 및 삶의 질 향상을 위해 사회적으로 제공하는 서비스이다. 구체적으로는 보육 및 보호 중심의 사회복지 서비스, 간병·간호 등의 보건의료서비스, 방과 후 활동 및 특수교육 등의 교육서비스, 도서관·박물관 운영 등의 문화·예술 서비스로 구분할 수 있다(정경희 외, 2006; 이문국, 2007; 김혜원, 2009b; 이윤재, 2010). 즉, 사회서비스는 사회적 기업이 기업활동을 통해 제공하는 것으로 다양한 형태로 나타나며, 사회적 기업은 이를 통해 수익창출을 하게 된다. 또한 사회서비스 제공은 전체 사회의 이익에 이바지하게 되고 삶의 질 향상이라는 긍정적 결과를 나타내게 된다.

따라서 본서에서는 사회적 기업이 제공하는 사회서비스를 사회복지, 보건, 교육, 문화, 환경 등으로 정의하고자 한다. 사회서비스 제공에 대한 측정지표는 OTS(2006), Donmenici et al.(2010), London & Morfopoulos(2010), Jons et al.(2007), 박찬임(2008), 김정원(2008), Peattil & Morley(2008), 정경희 외(2006), 이문국(2007), 김혜원(2009b), 이윤재(2010) 등의 선행연구에 따라 다음과 같이 선정하였다. ① 우리나라의 사회적 기업은 사회서비스를 잘 제공하고 있다.

3) 고용창출

사회적 기업은 장기 실업자, 학습 장애가 있는 사람들, 전과자, 자격이 부족한 사람들, 기타 비교적 고용률이 낮은 사람들을 위한 유급 교육 훈련을 포함한 고용기회 창출의 목표를 가지고 있다(Peattil & Morley, 2008: 38). 노동통합형 사회적 기업이 그 전형으로 사회적 기업은 일반적으로 노동에서 배제당하는 사람들에게 안정적인 일자리를 제공하고, 직업적으로 전망이 없는 사람들에게 평생직장을 구해 주는 초석이 되어 지속적인 고용 가능성의 기반을 강화할 수 있다(Borzaga & Defourny, 2001; Nelmes, 2004; 임혁백 외, 2007). 사회적 기업은 보다 많은 사람들이 고용시장에 참가하는 것에서 중요하고, 빈곤과 실업 문제에 대처하는 인프라 확산에 있어서도 중요한 역할을 한다(European Council, 2005; 김정원, 2008).

사회적 기업은 지역사회 차원에서 고용창출과 발전이라는 차원에서 소비자 만족과 양질의 일자리 창출이 가능하고, 경제상황의 악화 속에서 기업가 정신을 발휘하여 창업을 통해 사회 진출을 유발해 청년실업 해소의 기회가 될 수 있다(박찬임, 2008; 이신모, 2009; 삼성경제연구소, 2009).

즉, 사회적 기업은 일차적으로 그동안 노동시장에서 배제되었던 취약계층의 고용창출을 일으킨다. 사회적 기업을 통해 취약계층의 사람들은 직업 재교육이나 훈련을 통해 새로운 일자리를 얻게 되고, 실직자들도 사회적 기업을 통해 재취업의 기회를 얻게 되는 것이다.

또한 새롭게 대두되고 있는 청년들의 실업 문제에 있어서도 사회적 기업은 창업활동이나 사회적 기업의 관리자 등으로 취업해 실업 해소에 기여하게 된다. 따라서 본서에서는 고용창출을 취약계층의 고용과 실직자들의 재취업, 그리고 청년들의 실업 해소로 정의한다.

따라서 고용창출에 대한 측정지표는 Peattil & Morley(2008), Borzaga & Deforuny(2001), Nelmes(2004), 임혁백 외(2007), European Council(2005), 김정원(2008), 이신모(2009), 삼성경제연구소(2009), 박찬임(2008) 등의 선행연구에 따라 다음과 같이 선정하였다. ① 우리나라의 사회적 기업은 고용창출의 효과를 내고 있다.

2. 독립변수

1) 정부 부문

(1) 법적 지원

세계 각국 정부는 사회적 기업을 육성하기 위해 다양한 정책적 노력을 기울이고 있다. 유럽은 EU 차원에서 최초로 사회적 기업 정책을 개발하고, 기업 정책의 일환으로 시작되었다. 유럽위원회는 유럽 공동체 내에 협동조합, 상호조합, 협회, 재단 등을 지원하기 위한 다개년 계획에 합의하였다(Johnson & Spear, 2006: 34). 이에 따라 유럽에서는 사회적 기업의 법적 지위를 승인하는 법률들이 채택되었다. 구체적으로는 영국의 지역공동체 이익회사법, 프랑스의 경제이니셔티브법, 이탈리아의 사회적기업법, 폴란드의 공익활동과 자원봉사활동에 관한 법 등이 대표적이며, 미국의 사회적 기업 지원을 위한 별도의 법이 존재하지 않는다(Johnson & Spear, 2006; OECD 대표부, 2006; Kendall, 2005; 장원봉, 2006; Beozzo, 2010).

한국은 2007년 제정된 사회적 기업을 통해 사회적 기업 육성을 위한 법적 지원의 기틀을 마련하였다. 사회적 기업은 사회적 기업 정책을 위한 법적인 형식을 갖추었다는 데 의미가 있고, 법률을 통해 사회적 기업이 인증을 마치면 각종 지원을 받을 수 있게 된다. 사회적 기업을 위한 법률은 사회적 기업 활성화에 긍정적인 영향을 미칠 수 있을 것이다. 사회적 기업의 인증은 다른 일반 기업과 차별화를 둠으로써 사회적 기업이 갖는 공공성이나 공익성과 같은 고유의 특성을 갖추는 데 도움을 주게 된다. 또한 사회적 기업 육성법은 한국사회에서 사회적 기업이 운영될 수 있는 강력한 근거가 된다는 점에서 그 영향력이 크다고 할 수 있다. 사회적 기업의 법적 지원은 사회적 기업이 한국사회에서 기업활동을 할 수 있는 토대를 마련했다는 측면에서 중요한 의미를 가진다.

따라서 법적 지원의 측정지표는 Johnson & Spear(2006), OECD 대표부(2006), Kendall(2005), 장원봉(2006), 「사회적 기업 육성법」, Beozzo(2010) 등의 선행연구를 통해 다음과 같이 선정하였다. ① 정부의 사회적 기업 인증제도는 효과적으로 운영되고 있다. ② 우리나라 사회적 기업 육성법의 내용은 적절하게 규정되어 있다.

(2) 제도적 지원

  사회적 기업에 대한 제도적 지원은 나라마다 상이하다. 유럽 국가들
은 통합된 사회적 기업의 정의는 존재하지 않지만 각국에서 사회적 기
업을 지원하기 위한 제도들을 도입함으로써 사회적 기업을 육성하기
위한 발판을 마련하고 있다. 영국의 경우 사회적 기업들은 은행과 지역
사회 개발 금융기관(CDFI: Community Development Finance Institution)
과 같은 기타 대출업체를 통한 일련의 외부 자금 조달 방법을 이용
한다. 또한 유사자본(near – equity), 인내 자본(patient capital) 등을 포
함한 수입이나 보조금에 대한 대안으로 혁신적인 형태의 투자도 늘
어나고 있다(Peattie & Morley, 2008: 24).

  유럽 차원에서 이퀄(EQUAL)은 노동시장 내 불평등과 차별문제를
해결하기 위한 커뮤니티이니셔티브이며, 이퀄은 2002~2008년 동안
유럽사회기금 중 약 3억 유로를 사회적 경제 부문에 제공했다. 프랑
스는 CDC(국영금융기관)가 ADIE(창업지원협회)와 협력하여 20,500
개 영세기업에 창업지원금을 지원하였다. 또한 독일의 사회적 기업
은 보조금 금액이 각기 다른 사업의 지원을 받으며, ABM(고용창출
대책) 제도는 90% 임금보조금을 지원하며 일부 지역정부제도는
100% 보조금을 지원하기도 한다. 폴란드는 사회적 협동조합 설립자
개개인에 대해 약 1,700유로의 보조금을, 설립된 협동조합에 가입하
는 사람에게는 1,000유로의 보조금을 지급한다(Johnson & Spear,
2006: 114).

  반면, 미국은 정부 차원의 제도적 지원은 존재하지 않지만 비영리
조직에 대한 자금지원이 있어 자선단체의 기부금이 큰 비중을 차지
하고, 실제로 자선단체 기부금은 정부보조금과 비슷한 수준이다. 미

국은 지역사회재투자법을 통해 사회적 기업이 금융기관을 활용하기
도 한다(OECD 대표부, 2006).

한국은 사회적 기업 육성법에 따라 시설비 지원, 세금 감면 및 사
회보험료 지원, 인건비 지원 등의 재정지원을 하고 있다. 그러나 본
서에서는 정부 부문의 제도적 지원을 사회적 기업에 대한 직접적인
재정지원에 보다 집중된 것으로 한정한다. 사회적 기업에 대한 재정
지원은 초기 사회적 기업을 운영하는 데 있어서 매우 중요한 역할을
한다. 대부분의 사회적 기업은 기업 운영 측면에서 재정적 어려움을
호소하면서 경영상의 문제점을 가지고 있다(M 사회적 기업가 인터
뷰 2010년 10월 9일). 정부 차원의 재정지원은 사회적 기업이 초기
에 기업 운영의 어려움을 극복하고 안정화하는 데 많은 도움을 줄
수 있다. 즉, 정부의 적정한 재정지원은 사회적 기업이 향후 견실한
기업으로 성장하고 시장에서 자립할 수 있는 기반을 제공해 주며,
지역사회에서 선순환의 체제를 확립하는 데 기여할 수 있다.

따라서 제도적 지원의 측정지표를 Peattie & Morley(2008), Johnson &
Spear(2006), OECD 대표부(2006), 「사회적 기업 육성법」 등의 선행
연구에 따라 다음과 같이 선정하였다. ① 우리나라 정부의 사회적
기업에 대한 재정지원은 적정하게 이루어지고 있다.

(3) 전자정부서비스

사회적 기업을 운영함에 있어 정부와 업무 처리는 빈번할 수밖에
없다. 전자정부는 다양한 행정서비스를 온라인화함으로써 언제 어디
서나 고객의 접근과 이용이 가능한 서비스를 제공한다(정충식, 2007).
또한 전자정부는 고도의 정보인프라와 정보기술을 활용하여 행정업

무의 개편과 조직의 효율화를 기하는 혁신적인 행정체제이며, 유비쿼터스 전자정부로 발전하고 있다(김성태, 2007; 김현성, 2010). 전자정부는 대국민서비스 제공(G4C)은 물론 기업활동 환경 제공(G2B) 등 전자정부서비스를 제공하고 있다. 이러한 전자정부서비스는 대면접촉에 따른 거래비용을 축소시켜 주며 업무의 효율성을 가져온다(Scholl, 2007; 안재민, 2009; Stowers, 2004; Markellou et al., 2007). 그러나 현재 사회적 기업은 전자정부서비스가 구축되지 않아 활용하지 못하고 있는 실정이다(Y 사회적 기업가 인터뷰 2010년 8월 20일).

사회적 기업에게 있어 전자정부서비스는 중요한 요소이다. 사회적 기업은 대부분 정부와 업무 처리에 관련하여 접촉이 빈번하다. 사회적 기업으로 인증을 받기 위해서 혹은 인증받은 사회적 기업은 기업 운영과 관련하여 수시로 정부와 교류하게 된다. 이때 잘 구축된 정보시스템이나 전자정부서비스는 고용노동부는 물론 사회적 기업에게 업무 처리의 편리함과 능률을 가져오게 된다. 사회적 기업에 대한 정보시스템이나 전자정부서비스 구축은 소규모 인력을 가진 사회적 기업이 본연의 기업활동에 집중할 수 있도록 해 주는 한편 정부 차원에서도 업무 처리의 효율성과 능률성을 가져오게 된다. 즉, 발달된 전자정부서비스의 구축은 사회적 기업과 고용노동부 모두에게 시간적 · 경제적 이익을 가져올 수 있다.

따라서 본서에서는 전자정부서비스를 사회적 기업과 정부의 업무 처리 과정에서 발생하는 것으로 사회적 기업을 지원하기 위한 정보시스템이나 전자정부서비스의 구축 정도로 본다. 이에 따라 측정지표는 Stowers(2004) Markellou et al.(2007), 정충식(2007), 김성태(2007), Scholl(2007), 안재민(2009), 김현성(2010) 등의 선행연구에 따라 다

음과 같이 선정하였다. ① 우리나라에서는 사회적 기업을 지원하기
위한 정보시스템이나 전자정부서비스가 잘 구축되어 있다.

2) 시민사회 부문

(1) 신뢰

신뢰는 일반적으로 사회자본과 관계가 깊다. 사회적 자본은 이웃
이나 직장에서 생긴 우연적인 관계들을 필수적이면서도 선택적인
관계로 전환시키는 것을 포함하고, 주관적으로 느껴지는 어떤 의무
감을 암시한다(Bourdie, 1983). 또한 사회적 자본은 행위자들 사이의
관계구조 속에 내재하고(Coleman, 1988), 사회적 자본 내에 신뢰, 정
보, 규범 등이 내재한다(Putnam, 2000). 신뢰는 개인에 대한 신뢰와
기관에 대한 신뢰로 나뉘는데, 기관에 대한 신뢰는 종교기관, 교육
기관, 행정기관, 입법기관에 대한 신뢰가 포함된다. 개인 및 기관에
대한 신뢰가 높을수록 사회적 자본의 수준이 높다고 할 수 있다
(Paxton, 1999). 사회적 기업이 성공하려면 신뢰관계가 형성되어야
하며, 사회적 자본은 사회적 기업의 목적을 부여하는 중요한 이행수
단이다(Evers, 2001; Tani; 2009; 박희봉, 2009).

즉, 사회적 기업은 시민들의 자발적 참여로 설립되고, 일반 기업
과 같은 이윤 추구의 목적보다는 사회적 목적 실현이라는 공익적 성
격을 보다 강조하고 있다. 또한 사회적 기업은 정부나 일반 기업이
미처 수행하지 못하는 각종 사회서비스를 제공한다는 점에서 사회
에서 요구하는 다양한 기대에 부응할 수 있는 여건을 갖추고 있다.

그러므로 본서에서는 신뢰를 기관에 대한 신뢰로서 사회적 기업에

대해 가지는 신뢰로 정의한다. 사회적 기업에 대해 가지는 신뢰가 높을수록 사회적 자본의 수준에 영향을 줄 수 있다고 판단된다. 따라서 신뢰에 대한 측정지표는 Bourdie(1983), Coleman(1988), Putnam(2000), Paxton(1999), Evers(2001), Tani(2009), 박희봉(2009) 등의 선행연구를 통해 다음과 같이 3가지로 지표를 선정하였다. ① 전반적으로 볼 때 사회적 기업을 믿을 만하다. ② 사회적 기업은 우리 사회에 도움을 준다. ③ 사회적 기업의 거래과정은 공정하고 투명하다.

(2) 착한 소비

착한 소비 혹은 윤리적 소비라는 말은 비교적 최근에 사용되는 용어이다. 사회적 기업이 사회적 목적을 실현하는 기업으로 알려지면서 착한 기업이라는 말도 함께 사용되고 있다. 최근 사회적 기업은 공정무역에 관한 제품을 판매하거나 거래하는 경우가 많아지고 있으며, 우리나라에서는 커피나 초콜릿 같은 저개발 국가의 농작물에 대한 공정 무역 혹은 공정거래를 중심으로 착한 소비 혹은 윤리적 소비라는 말이 생겨났다(LG경제연구원, 2009; 고애란, 2009). 이러한 착한 소비는 공정무역과 관련이 깊은데, 공정 무역은 제3국의 제품에 대해 정당한 가격을 보장해 주고, 제3국 생산자 및 노동자에게 안정적인 가격과 권리를 보장하여 자립을 돕는 무역형태이다(Nicolas and Opal, 2005; Ozcaglar-Toulouse et al., 2006).

공정무역은 단순히 제3국에 도움을 주는 것이 아니라 공정성과 투명함, 존중 등을 기반으로 개발도상국의 지속 가능한 발전에 기여하고, 공정무역 조직들은 생산자들을 지원하고 자각을 일으키는 활동과 전통적인 국제 무역의 규칙과 관행의 변화를 위한 운동에 참여

한다(Visser et al., 2007: 339). 공정무역 사회적 기업은 공정성, 무역, 교육과 규제와 옹호 등의 차원을 결합하고, 공정무역 사회적 기업은 판매를 중요시하기보다는 교육적 활동에 치중하고 소비자와 직접 접촉한다(Huybrechts & Defouny, 2010: 5).

착한 소비는 가난한 제3세계 생산자들이 만든 친환경적인 제품을 제값에 사는 윤리적 녹색 소비자 운동이며, 공정무역 운동을 포함한 소비자 운동으로 인간, 동물, 환경에 해를 끼치는 상품을 사지 않고 공정무역에 의한 상품을 구입하는 것이다(현소은, 2009; 박미혜 · 강이주, 2009). 또한 착한 소비는 공정무역 상품이나 친환경 제품을 취급하는 사회적 기업의 상품을 구입하는 것을 의미하기도 한다(권은정, 2010: 10).

따라서 착한 소비는 사회적 기업이 3세계의 생산자들이 생산한 제품을 공정무역을 통해 들여와 이를 공정성, 투명성, 환경 보호 등의 가치를 가지는 윤리적 소비를 하는 것이다. 또한 착한 소비는 일반 기업이 생산한 제품이나 서비스보다는 사회적 기업이 생산한 제품이나 서비스를 구매함으로써 보다 공정하고 환경 친화적인 구매 활동을 하는 윤리적 소비를 지칭하는 것이다.

이에 따라 착한 소비의 측정지표를 다음과 같은 선행연구에 따라 선정하였다. 첫째, LG경제연구원(2009), 고애란(2009), Nicolas and Opal(2005), Ozcaglar-Toulouse et al.(2006) 등의 선행연구에 따라 다음과 같이 선정하였다. ① 공정무역은 제3세계의 발전에 기여한다. 둘째, Huybrechts & Defouny(2010), 현소은(2009), 박미혜 · 강이주(2009) 등의 선행연구에 따라 다음과 같은 측정지표를 선정하였다. ② 사회적 기업의 상품을 구매하는 것은 취약계층의 복지에 도움이 되기 때문이다. 셋째, 차태훈·하지영(2010), 권은정(2010), Visser et al.(2007) 등의 선행연구에 따라 다음과 같은 측정지표를 선정하였다. ③ 제3세계에서 만든 공정무역 상품을 구매하는 것은 친환경적 제품이기 때문이다.

(3) 소통

소통은 송신자가 수신자에게 메시지를 전달하는 과정을 의미한다. 소통, 즉 의사소통은 참여자들이 그들의 행위계획을 합의적으로 조정하는 상호작용이기도 하다(Habermas, 1983: 96). 또한 소통은 일대일의 관계가 아니라 복수의 타인들에 대해 개인행위자가 자신의 개성을 드러내려는 일 대 다의 소통으로 공통감에 호소되어 수용될 때 소통이 일어난다(Arendt, 1958: 45). 사회체계는 소통과 그것을 행위로 할당하는 과정으로 구성되는데, 인간이 사회구성단위가 아니라 소통이 사회구성의 기본단위이며, 전체 사회는 소통행위를 통해서만 성립되고 이를 통해서 사회가 지속된다(Luhmann, 2006: 26).

소통의 문제는 의사소통의 상대를 나와 다른 사람, 우리와 다른 사람으로 여길 때 발생하며, 인정의 원칙을 통해 타자를 포용하면서 그 한계를 넘어설 수 있다(Honneth, 2000).

따라서 소통은 송신자와 수신자 간에 메시지 전달 과정에서 벗어나 사회체계 내에서 행위자들이 공통감에 의존해 인정의 원칙을 통해 각 행위자를 포용할 때 성립된다. 이러한 소통은 정보통신기술이 발달함에 따라 우리 사회는 점점 디지털화되고 인터넷의 사용빈도가 높아지면서 온라인으로 이동하고 있다. Putnam(2000: 339)은 1990년대 후반 미국사회의 커뮤니티 붕괴를 인터넷이나 다른 커뮤니케이션 수단도 막지 못하고 있다고 지적했다.

그러나 한편에서는 인터넷과 같은 새로운 기술이 정부의 규제에서 벗어나 적절히 사용되기만 한다면 신뢰할 만한 공공의 목소리가 표현될 수 있는 중요한 수단이 될 수 있다고 지적한다(Barber, 1998: 126). 또한 이메일이나 채팅, 다른 커뮤니케이션 수단들은 커뮤니케이션의 갭을 채워 줄 뿐만 아니라 사회적 만남을 보강하는 역할을 한다(Wellman & Haythornthwaite, 2002). 인터넷은 보다 편리하고 적절한 커뮤니케이션 수단으로서 전화와 면대면 만남을 결합함으로써 사회적 자본을 보강해 온라인커뮤니티 활성화를 돕는다(Quan-Haase & Wellman, 2004). 인터넷 커뮤니티는 상징적으로 존재하는 공간이 아니라 참여와 상호 교류의 의미가 실현되는 공간이다. 인터넷 커뮤니티에서는 자발적 참여가 중요하며 단순한 모임보다는 목적의식이 강조되는 곳이다(김유정, 2005: 80).

또한 지역공동체를 활성화시키기 위한 목적으로 수립된 인터넷사이트나 온라인커뮤니티는 공동체 구성원들 간의 결속력을 높이고, 시민적 참여를 활성화시킨다(Arnold, 2003; Dutta-Bergman, 2006). 오프라인 공동체와 온라인커뮤니티는 기능적으로 중첩되는 부분이 있지만, 지역 시민사회의 커뮤니티 구성은 네트워크화된 개인으로서의 시민 권능을 강화할 뿐 아니라 e-사회적 자본 형성을 가능하게 해 준다(홍성구, 2009; 송경재, 2008). 블로그, 페이스북과 트위터, 싸이월드와 같은 소셜네트워크서비스는 강력한 커뮤니티 조직 수단이 되며, 확산되는 소셜미디어는 기업의 새로운 소통 전략의 방편으로 작용하고 있다(Tapscott, 2009; 삼성경제연구소, 2010; 조화순, 2010: 107).

따라서 사회적 기업에 관련하여 소통은 다양한 측면에서 이루어진다. 소비자들은 온라인커뮤니티를 통해서 사회적 기업에 관한 정보를 얻을 수 있고, 사회적 기업은 소비자들의 의견을 청취하고 소통할 수 있는 기회가 제공되기도 한다. 또한 사회적 기업들의 온라인커뮤니티는 사회적 기업 제품의 거래나 서비스 구매를 위해 도움을 주는 의사소통의 장이 되기도 한다.

이러한 측면에서 소통은 오프라인과 온라인이 상호작용하는 사회적 기업과 소비자의 관계 속에서 이루어진다. 온라인커뮤니티는 사회적 기업과 소비자를 연계하고 정보를 제공함으로써 소통을 보다 원활하게 하고, 사회적 기업들도 소비자들의 의견을 보다 적극적으로 청취하고 소통할 수 있다.

이에 따라 본서에서는 소통에 대한 측정지표를 다음과 같은 선행연구를 통해 선정하였다. 첫째, Barber(1998), Wellman & Haythornthwaite(2002), 김유정(2005), Quan – Haase & Wellman(2004), 김혁(2005), 한국정보문화진흥원(2010) 등의 선행연구에 따라 다음과 같이 측정지표를 선정하였다. ① 온라인커뮤니티는 사회적 기업에 관한 유용한 정보를 얻을 수 있다. 둘째, Habermas(1983), Arendt(1958), Luhmann(2006), Honneth(2000), Honneth(2005) 등의 선행연구에 따라 다음과 같은 측정지표를 선정하였다. ② 사회적 기업은 소비자들의 의견을 적극적으로 청취하고 소통한다. 셋째, Arnold(2003), Dutta – Bergman(2006), 홍성구(2009), 송경재(2008), 조화순(2010) 등의 선행연구를 통해 다음과 같은 측정지표를 선정하였다. ③ 사회적 기업들의 온라인커뮤니티는 사회적 기업 제품이나 서비스의 구매에 도움을 준다.

3) 기업 부문

(1) 기업윤리

기업윤리 혹은 기업의 사회적 책임은 법적인 의무 이상으로 작업자 환경과 사회 복지를 향상시키는 것이다. 기업윤리와 연관된 활동은 기업의 정상적인 이익 추구 과정 이외의 다양한 사회문제들을 해결하기 위해 더 많이 시도하는 기업의 노력이다(Vogel, 2005: 28). 기업은 투자의 이익을 도모할 뿐만 아니라 근로자의 복지나 생활의 향상을 꾀하고, 소비자에게 좋은 상품을 제공하는 등의 사회적 책임을 부담해야 하는 사회적 책임에 직면하고 있다(송호신, 2010).

기업은 경제적 이윤창출 이외에 법률 준수, 윤리적 책임, 자선적 책임 등 네 가지 책임을 가진다(Carroll, 1979: 500; McFarland, 1982). 기업의 사회적 책임은 시민들이 기업에 대해 가지는 믿음이며, 기업들에게는 주주에 대한 의무 이상으로 사회에 대한 책임이 크다는 것이다(Visser et al., 2007: 215). 기업의 사회적 책임은 기업 이미지를 향상시키고 유지하는 데 유용한 도구이다. 또한 기업의 지속적인 사회적 책임활동은 장기적으로 기업에 대한 긍정적인 이미지를 제고시켜 줄 수 있는 강력한 커뮤니케이션 도구의 역할을 수행한다(Freeman, 1991; Brown & Dacin, 1997).

이러한 측면에서 사회적 기업은 기업의 책임감에 대한 기준을 높임으로써 윤리적 시장의 새로운 기준을 설정한다(Peattie & Morley, 2008). 즉, 사회적 기업은 사회적 목적을 실현하고 취약계층에게 사회서비스를 제공함으로써 시장에서 일반 기업들의 사회적 책임감을 유도하는 역할을 하게 된다. 또한 사회적 기업은 사회적 목적을 실현하면서 일반 기업들이 중심으로 여겼던 이윤 추구 활동에서 벗어나 기부, 자선활동, 윤리경영, 지역사회 봉사 등의 사회공헌 활동에 대한 책임감을 고취시킨다(박찬임, 2008: 5).

따라서 사회적 기업은 기업윤리 혹은 기업의 사회적 책임의 확산을 유도하고 일반 기업이 시장에서 사회적 목적을 실현하여 사회공헌 활동을 하도록 하는 촉매로서의 역할을 한다(Cornelius et al., 2008: 362). 이에 따라 본서에서는 기업윤리 혹은 기업의 사회적 책임은 일반 기업이 법적·윤리적·자선적 책임, 지역사회 봉사 등과 같은 사회공헌 활동을 하는 것으로 정의한다.

따라서 본서는 기업윤리의 측정지표를 다음과 같이 설정하였다. 첫째, Carroll(1979), Vogel(2005), McFarland(1982) 등의 선행연구에 따라 다음과 같이 선정하였다. ① 우리나라 기업은 공정거래 질서와 관련 법규를 지키기 위해 노력한다. 둘째, Visser et al.(2007), Freeman(1991), Carroll(1979) 등의 선행연구에 따라 다음과 같이 선정하였다. ② 우리나라 기업은 윤리적·도덕적 규범을 준수하기 위해 노력한다. 셋째, Brown & Dacin(1997), Klein & Dawar(2004), 송호신(2010), 박찬임(2008), Cornelius et al.(2008) 등의 선행연구에 따라 다음과 같이 선정하였다. ③ 우리나라 기업은 기부, 자선활동, 지역사회봉사 등 사회공헌 활동을 위해 노력한다.

(2) 협력·네트워크

대부분의 사회적 기업은 소규모 인력, 자본, 기술 등 조직의 특성상 기업 운영에 있어서 취약성을 가지고 있다. 사회적 기업의 취약성은 사회적 기업의 활성화에 어려움을 겪는 요소로 작용할 수 있다. 사회적 기업이 이러한 취약성을 극복하기 위해서는 다른 민간 부분과의 연계가 필요하다. 즉, 사회적 기업이 활성화되기 위해서는 우수한 일반 기업과의 협력과 네트워크가 바탕이 되어야 한다.

이러한 차원에서 1987년에 설립된 북미 지역의 사회적 벤처 네트워크는 기업을 통하여 정의롭고 지속 가능한 세계를 구축하기 위한 약속을 공유하는 기업경영자들인 기업 설립자, 민간 투자자, 사회적 기업가 및 주요 영향권자로 이루어졌다. 사회적 벤처 네트워크는 박탈당한 지역사회 내에서 수익을 창출하고자 하는 기업과 같이 사회적 목적을 가진 기업을 위한 새로운 모델을 발전시키는 기업 제휴를 촉진하고 있다(Visser et al., 2007: 608).

또한 사회적 기업가는 주류기업이 가진 자원과 정치적 영향력, 사업의 발전 때문에 가장 관심 있는 파트너로 생각한다(Elkington & Hartigan, 2008: 129). 전통적 기업과 사회적 기업의 파트너십은 기업윤리 차원에서도 효용성을 가져오고(Austin, 2001: 10), 일반 기업 차원에서도 지속 가능성과 협력을 강조하는 것은 기업의 환경적 · 사회적 · 문화적 맥락 속에서 기업의 적절한 능력이 나타나기 때문이다(Tencati & Zsolnai, 2009). 또한 기업은 기업의 사회적 책임활동을 위해서 이해관계형 협력 거버넌스의 확립, 사회공헌을 실시하는 지원자 측의 기업과 지원을 받는 측의 행위자에게 있어서 대등한 입장을 구축해야 한다(양만식, 2010: 270).

한편, 일반 기업은 사회공헌 활동으로서 사회적 기업에게 경영컨설팅, 교육 훈련, 기술지원 등의 경영지원활동을 하고 있다(고용노동부, 2009; 전국경제인연합회, 2009; Smallbone et al., 2001). 이러한 일반 기업의 경영지원은 전체 사회 이익에 도움을 주고 전략적 경영

행위로 고용 촉진뿐만 아니라 사회적 기업의 위험 감수와 활성화로 건전한 지역사회 발전에도 기여한다(Doherty et al., 2009, Martin & Thompson, 2010; 안병훈·장대철, 2008; Porter & Kramer, 2002; Marx, 1996; 신지숙, 2009; 김익성, 2009; 이상석, 2009; 조영삼, 2004). 따라서 협력·네트워크는 다른 주체들과 함께 작업을 하는 것으로 단일 기업이나 주체가 해결하기 힘들거나 불가능한 문제를 극복하기 위해 이루어진다(Agranoff, 2006: 60).

본서에서 협력·네트워크는 기업 운영에 있어서 사회적 기업과 민간기업이 상호 협력하여 정보 공유를 하거나 상호 간에 공동의 목표를 위해 협력하는 것을 의미한다. 또한 개별 사회적 기업들 간에도 정보 공유를 하고 상호 간에 네트워크를 형성해 지속적인 기업 발전을 이루도록 협력관계를 구축하는 것을 의미한다. 그리고 협력·네트워크는 일반 기업이 경영능력이 취약한 사회적 기업에게 경영능력 향상을 위해 경영컨설팅, 교육 훈련, 기술지원 등을 제공해 줌으로써 상호 이익의 관계를 유지하고 동반자적 관계로 발전할 수 있도록 한다.

따라서 본서에서는 협력·네트워크에 대한 측정지표를 다음과 같은 선행연구를 통해 설정하였다. 첫째, Visser et al.(2007), Elkington & Hartigan(2008), Austin(2001), Tencati & Zsolnai(2009), Agranoff(2006) 등의 선행연구에 따라 다음과 같은 측정지표를 선정하였다. ① 일반 기업과 사회적 기업은 상호 간에 정보 공유 등 협력관계를 유지하고 있다. 둘째, 안병훈·장대철(2008), Porter & Kramer(2002), Marx(1996), 신지숙(2009), 김익성(2009), 이상석(2009), 조영삼(2004) 등의 선행연구에 따라 다음과 같은 측정지표를 선정하였다. ② 사회적 기업들 간에는 정보 공유, 네트워크 형성 등 협력관계를 유지하고 있다. 셋째, 고용노동부(2009), 전국경제인연합회(2009), Doherty et al.(2009), Martin & Thompson(2010), 양만식(2010), Smallbone et al.(2001) 등의 선행연구에 따라 다음과 같은 측정지표를 선정하였다. ③ 일반기업은 사회적 기업에게 경영컨설팅, 교육 훈련, 기술지원 등을 제공해 주고 있다.

(3) 조직관리

사회적 기업은 기업 운영상 인력, 회계, 재무 등 경영능력의 부재로 인한 어려움을 겪고 있다(김혜원, 2010; 김정원, 2009). 이에 따라 사회적 기업은 경영능력 향상을 위한 각종 지원책이 요구되며, 사회적 기업의 위험 감수와 활성화를 위해서는 사회적 기업에 대한 경영지원뿐만 아니라 기업 자체의 조직관리가 필수적 요소로 작용한다(Doherty et al., 2009; Martin & Thompson, 2010). 사회적 기업은 자본과 기술에 있어서도 어려움을 겪는데, 신용이나 네트워크가 부족한 상황에서 초기 자본을 구하는 것이 쉽지 않기 때문이다. 또한 사회적 기업은 업종 자체의 수익성이 낮은 것이 대부분이고 시장에서의 판로 개척을 위한 영업이나 마케팅 기술도 취약한 편이다(정선희, 2006: 70).

한국의 사회적 기업은 전반적으로 사회 시스템의 경험 부족으로 인하여 사회적 기업의 지속 가능성에 대한 끊임없는 의문이 핵심문제로 제기되고 있는 실정이다(김용호 · 송경수, 2009: 10). 특히 사회적 기업의 부족한 자본력이나 경영능력 미흡, 인적 자원의 취약성 등의 문제는 이미 사회적 기업들이 설립 당시부터 감내해야 하는 문제가 되었다(장원봉, 2009: 50). 사회적 기업 대부분은 기술, 자금, 인력 등 경영자원의 부족과 낮은 브랜드 인지도, 규모의 경제가 지배하는 경쟁적인 영리시장, 서비스 이용자(수혜자)의 지불 능력 부족 등 성장기회가 제한적인 사회서비스 시장에서 기업 경영을 하고 있기 때문에 많은 어려움을 겪고 있다(이은애, 2008; MCgregor & Clark, 2003; 노대명, 2008; 김혜원, 2009, 2010; 곽선화, 2009; 이정봉, 2010).

이러한 사회적 기업의 조직 차원의 취약성들을 극복하기 위해서는 전략적 조직관리가 요구된다(Doherty et al., 2009: 54). 전략적 조직관리는 사회적 기업의 지속 가능성을 담보해 주고, 사회적 기업이 활성화될 수 있는 기틀을 마련해 주기 때문이다(Darby & Jenkins, 2007). 전략적 조직관리는 사회적 기업의 목표 수행을 위한 자원 할당과 행동 경로의 선택, 그리고 조직의 목적과 장기적인 목표를 결정해 주고, 기업의 전략은 의사 결정의 유형을 파악할 수 있도록 해 주며, 환경 변화 속에서 자원의 배치를 통해 조직의 장점들을 달성할 수 있는 기회를 제공해 준다(Grant, 2004; NCVO, 2007; Nickols, 2000; Johnson & Scholes, 2005). 또한 사회적 기업은 인적 자원관리를 통해 조직 내부의 균형을 유지할 수 있고, 기업적 목적과 사회적 목적을 달성하는 현실적 기회를 제공받을 수 있다(Royce, 2007: 10).

따라서 사회적 기업의 조직관리는 전략적 차원의 조직관리로서 조직 내부의 양질의 인적 자원 구축과 체계적인 경영시스템을 통해 이루어진다. 사회적 기업은 단순히 아무런 전문성이 없는 취약계층이 모여 기업활동을 하는 것이 아니라 교육 훈련이나 재교육을 통해 관련 분야의 충분한 전문성을 가진 사람들이 모여 기업을 운영함으로써 기업의 전문성을 확보하게 된다. 그렇게 되면 사회적 기업의 구성원들은 그들이 소속해 있는 직장에 대해 긍지와 자부심을 갖게 되고 자신들이 가진 역량을 발휘하게 된다.

또한 조직관리는 사회적 기업의 내부 경영시스템이 체계적으로 구축되어 있을 때 그 효과가 나타날 수 있다(홍일유, 2008: 367). 대부분의 사회적 기업이 소규모이고 적은 인력으로 기업을 운영하는 것으로 볼 때 체계적인 경영시스템은 사회적 기업의 조직관리에 중요한 요소로 작용하게 된다.

이에 따라 조직관의 측정지표를 다음과 같은 선행연구를 통하여 설정하였다. 첫째, 김혜원(2010), 김정원(2009), Doherty et al.(2009), Martin & Thompson(2010), 정선희(2006) 등의 선행연구에 따라 다음과 같이 측정지표를 선정하였다. ① 사회적 기업 직원들은 관련 분야의 전문성을 충분히 갖추고 있다. 둘째, 김용호·송경수(2009), 장원봉(2009), 이은애(2008), MCgregor & Clark(2003), 노대명(2008), 김혜원(2009, 2010), 곽선화(2009), 이정봉(2010) 등의 선행연구를 통해 다음과 같이 측정지표를 선정하였다. ② 사회적 기업 직원들은 현재의 직장에 대해 긍지와 자부심을 가지고 있다. 셋째, Darby & Jenkins(2007), Grant(2004), NCVO(2007), Nickols(2000), Johnson & Scholes(2005), Royce(2007), 홍일유(2008) 등의 선행연구에 따라 다음과 같은 측정지표를 선정하였다. ③ 사회적 기업 조직 내부의 경영시스템은 체계적으로 구축되어 있다.

제2절 설문조사 및 자료의 수집

1. 설문의 구성

<표 4-2>를 보면, 본서의 설문은 인구사회학적 배경을 포함하여 총 29문항으로 구성하였다. 종속변수인 사회적 기업 활성화는 전반적인 사회적 기업 활성화, 사회서비스 제공, 고용창출 등 3문항으로 구성하였다. 독립변수는 정부 부문에서 법적 지원 2문항, 제도적 지원 1문항, 전자정부서비스 1문항으로 구성하였고, 시민사회 부문에서 신뢰(SE: 사회적 기업에 대한 신뢰) 3문항, 착한 소비 3문항, 소통 3문항으로 구성하였으며, 기업 부문에서는 기업윤리 3문항, 협력·네트워크 3문항, 조직관리 3문항으로 구성하였다. 다음 인구사회학적 배경에 관련한 질문으로는 4문항을 구성하였다.

본서의 설문에서는, 사회적 기업 활성화 정책의 이해관계자를 파악하기 위해 소속에 대한 설문에서는 일반적인 직업에 대한 질문이 아닌 사회적 기업과 관련한 이해관계자들이 선택할 수 있도록 척도를 구성하였다. 또한 인구사회학적 배경을 제외한 모든 설문의 척도는 리커트식 5점 척도를 사용하였고, 모두 등간척도로 구성하였다. 척도의 점수는 1점에 가까울수록 부정적인 의미를 나타내고, 5점에 가까울수록 긍정적인 의미로 판단한다.

<표 4-2> 거버넌스 구축을 통한 사회적 기업 활성화 요인에 관한 측정지표

변수	평가영역	측정지표	세부측정지표	번호
종속 변수	전반적인 사회적 기업 활성화		• 전반적으로 볼 때 우리나라의 사회적 기업은 활성화되어 있다.	23
	사회서비스 제공		• 우리나라의 사회적 기업은 사회서비스를 잘 제공하고 있다.	24
	고용창출		• 우리나라의 사회적 기업은 고용창출의 효과를 내고 있다.	25
독립 변수	정부 부문	법적 지원	• 정부의 사회적 기업 인증제도는 효과적으로 운영되고 있다. • 우리나라 사회적 기업 육성법의 내용은 적절하게 규정되어 있다.	10 11
		제도적 지원	• 우리나라 정부의 사회적 기업에 대한 재정지원은 적정하게 이루어 지고 있다.	12
		전자정부 서비스	• 우리나라에서는 사회적 기업을 지원하기 위한 정보시스템이나 전 자정부서비스가 잘 구축되어 있다.	13
	시민 사회 부문	신뢰(SE)	• 전반적으로 볼 때 사회적 기업은 믿을 만하다. • 사회적 기업은 우리 사회에 도움을 준다. • 사회적 기업의 거래과정은 공정하고 투명하다.	1 2 3
		착한 소비	• 공정무역은 제3세계의 발전에 기여한다. • 사회적 기업의 상품을 구매하는 것은 취약계층의 복지에 도움이 되기 때문이다. • 제3세계에서 만든 공정무역 상품을 구매하는 것은 친환경적 제품 이기 때문이다.	4 5 6
		소통	• 온라인커뮤니티는 사회적 기업에 관한 유용한 정보를 얻을 수 있다. • 사회적 기업은 소비자들의 의견을 적극적으로 청취하고 소통한다. • 사회적 기업들의 온라인커뮤니티는 사회적 기업 제품이나 서비스 의 구매에 도움을 준다.	7 8 9
독립 변수	기업 부문	기업윤리	• 우리나라 기업은 공정거래 질서와 관련 법규를 지키기 위해 노력 한다. • 우리나라 기업은 윤리적·도덕적 규범을 준수하기 위해 노력한다. • 우리나라 기업은 기부, 자선활동, 지역사회봉사 등 사회공헌 활동 을 위해 노력한다.	14 15 16
		협력·네 트워크	• 일반 기업과 사회적 기업은 상호 간에 정보 공유 등 협력관계를 유지하고 있다. • 사회적 기업들 간에는 정보 공유, 네트워크 형성 등 협력관계를 유지하고 있다. • 일반 기업은 사회적 기업에게 경영컨설팅, 교육 훈련, 기술지원 등 을 제공해 주고 있다.	17 18 19
		조직관리	• 사회적 기업 직원들은 관련 분양의 전문성을 충분히 가지고 있다. • 사회적 기업 직원들은 현재의 직장에 대해 긍지와 자부심을 가지 고 있다. • 사회적 기업 조직 내부의 경영시스템은 체계적으로 구축되어 있다.	20 21 22

2. 자료의 수집 및 분석방법

1) 자료의 수집

본서는 한국의 사회적 기업에 관련한 이해관계자들을 대상으로 설문조사를 실시하였다. 2010년 8월 현재 사회적 기업은 319개이고, 사회적 기업과 관련된 이해관계자는 사회적 기업가, 예비 사회적 기업가, 사회활동가, 사회적 기업 관련 공무원, 사회적 기업 지원기관 근무자, 사회적 기업 종사자, 일반 시민이다. 여기에서 일반 시민은 사회적 기업가 아카데미에서 수강을 하고 있는 특정한 시민들이다.

설문조사는 2010년 10월 초에 사회적 기업에 대해 잘 알고 있는 일반 시민들을 대상으로 예비조사를 실시하여 발견된 문제를 수정하고 설문을 보완하였다. 확정된 설문지를 통하여 본 설문조사는 2010년 10월 8일부터 2010년 11월 15일까지 실시하였다. 설문지는 오프라인 설문지 300부와 인터넷설문지 200부를 포함하여 총 500부를 배포하였다. 수거된 설문지는 오프라인 설문지 270부(90%)와 인터넷 설문지 50부(25%)를 포함하여 총 320부(64%)이고, 분석에 사용한 설문지는 부적합한 설문지 22부를 제외하고 298부이다.

설문조사는 주로 서울·강원권의 S여자대학교의 사회적 기업가 아카데미, S대학산학협력단의 사회적 기업가 아카데미, 경인권의 K대학교 사회적 기업가 아카데미, 그 밖에 대전·충청권은 M대학교 사회적 기업가 아카데미 C사회적 기업가 아카데미, 광주·전라권은 W대학교 사회적 기업가 아카데미, M대학교 사회적 기업가 아카데미, 제주권은 J대학교의 사회적 기업가 아카데미에서 실시되었다.

설문조사는 모두 연구자가 사전 연락을 취한 후 담당자의 동의를 구한 후에 이루어졌다. 또한 사회적 기업가에 대한 설문은 서울·강원권의 사회적 기업을 대상으로 직접 방문과 인터넷 설문조사가 병행되었다. 사회적 기업 관련 공무원을 대상으로 한 설문조사는 직접 방문을 통해 고용노동부와 서울시, 그리고 서울시 산하 자치구 사회적 기업 담당공무원을 대상으로 실시하였다. 사회적 기업 지원기관 근무자에 대한 설문조사도 서울·강원권을 대상으로 연구자가 직접 방문하여 설문조사를 실시하였다.

한편, 심층 인터뷰 조사에 응답한 대상자는 총 18명이고, 설문조사 방문과 함께 이루어졌다. 심층 인터뷰 조사는 사회적 기업가 5명, 사회적 기업 지원기관 근무자 6명, 사회적 기업 관련 공무원 7명을 대상으로 실시하였다. 심층 인터뷰 조사는 준비된 개방형 질문지를 통해 연구자가 연구목적을 상세히 설명하고, 대상자의 동의를 구한 후에 메모 및 녹음을 통하여 이루어졌다. MP3 녹음기를 통해 이루어진 인터뷰 조사 녹음은 연구자가 별도로 녹취하였다.

2) 자료의 분석방법

수집된 자료의 실증 분석은 SPSS Windows 17.0과 Amos Graphics 7.0을 통해 이루어졌고, 구체적인 분석방법은 다음과 같다.

첫째, 측정도구의 정확성이나 엄밀성을 검증하기 위하여, 신뢰도 분석을 실시하여 변수의 일관성을 알아보는 크론바흐 알파(Cronbach's Alpha) 계수 값을 이용하여 측정변수의 신뢰성을 검증하였다. 또한 타당도 검증을 위하여 탐색적 요인 분석(Factor Analysis)을 실시하였

고, KMO 측도 값과 Bartlett 구형성 검증을 통하여 평가항목의 타당
도를 검증하였고, 다시 변수의 단일차원성 검증을 위해 Amos 7.0을
이용하여 확인적 요인 분석을 실시하였다.

둘째, 자료의 특성을 파악하기 위해 빈도분석을 실시하여 각 변수
에 대한 응답분포를 파악하였다. 또한 종속변수인 사회적 기업 활성
화 요인과 개별 독립변수에 대한 응답경향과 차이를 살펴보기 위해
기술통계, 독립표본 T 검정, 일원배치분산분석(One‐Way ANOVA)
을 실시하였다.

셋째, 주요 변수들 간의 상관관계 분석(Correlation Analysis)을 통
하여 두 변수 사이의 관계가 어느 정도 밀접한가를 측정하였다. 또
한 상관관계 분석을 통해 종속변수와 독립변수의 상관성을 파악하
여 회귀분석에 대한 가능성을 파악하였다.

넷째, 종속변수에 대한 독립변수의 영향관계를 파악하기 위해 다
중회귀분석(Multiple Regression Analysis)을 실시하였다. 또한 다중회
귀분석 시에 모형의 적합도를 파악하기 위해 F검정을 실시하고, 독립
변수 간의 상관관계가 존재하는지 파악하기 위해 공차한계(Tolerance)
와 분산확대지수 VIF(Variance Inflation Factor)를 분석하며, 잔차의
독립성 검증을 위해 Durbin‐Watson 테스트를 실시하였다.

다섯째, 독립변수와 종속변수의 인과관계를 파악하기 위해 경로
분석(Path Analysis)을 실시하여 변수의 직간접 효과를 살펴보았다.

제3절 측정변수의 신뢰도와 타당도 검정

신뢰도는 일반적으로 동일 대상에 대한 유사한 측정방법들 사이에 일관성 있는 측정결과를 얻을 수 있는가를 판단하는 것이다(이학식·임지훈, 2010). 사회적 기업 활성화 정책요인 변수들의 신뢰도 분석(Reliability Analysis)은 사회과학 연구방법에 가장 보편적으로 사용하는 신뢰도 계수(Cronbach's Alpha)를 사용하였다. 신뢰도 계수는 특정 조사의 내적 일관성(Internal Consistency)을 보여 주는 값으로 측정항목 간의 상관관계 계수와 항목 수를 이용하여 계산한다. 신뢰도 계수는 상관관계 계수로 해석하고 '0'에서 '1'까지 변화하는데, '1'에 가까울수록 신뢰도가 있는 것으로 해석한다. <표 4-4>를 보면 본 연구에서 신뢰도 계수는 0.693에서 0.857까지로 사회과학에서 일반적으로 신뢰도가 있다고 인정하는 0.6 이상으로 나타나 문항의 내적 일관성을 유지하고 있는 것으로 나타났다.

측정의 타당도(Validity)는 연구자가 측정하고자 하는 것을 측정하였는가를 판단하는 개념이다. 일반적으로 측정도구의 타당성을 검증하기 위해서는 요인 분석(Factor Analysis)을 이용한다. 요인 분석은 상관관계가 깊은 여러 변수들 간의 관계를 분석하여 변수들의 바탕을 이루는 공통 요인들을 발견하는 데 사용하는 통계기법이다. 요인 분석의 목적은 다수의 변수들을 정보 손실을 최소화하면서 소수의 요인들로 축약하는 것이다(송지준, 2010). 본서에서 변수들 간 탐색적 요인 분석결과는 이론적 논의에서 설정하였던 변수들과 유사하게 그룹화되었다. 탐색적 요인 분석결과 KMO 측도 값은 변수들 간

의 상관관계가 다른 변수에 의해 잘 설명되는 정도를 나타내는데,
KMO 값은 0.835로 좋은 편으로 나타났다. 또한 Bartlett 구형성 검
증은 요인 분석 모형의 적합성을 나타내는 것으로, 분석결과 2635.466
로 유의확률 p＝0.000으로 나타나 통계적으로 0.1% 내에서 유의한
것으로 나타났다. 탐색적 요인 분석결과 모두 7개의 요인으로 묶였
다. 요인 1은 법적 지원, 요인 2는 신뢰, 요인 3은 착한 소비, 요인
4는 소통, 요인 5는 기업윤리, 요인 6은 협력 · 네트워크, 요인 7은
조직관리이다.

한편, 본서에서는 선행이론을 검증하고 측정변수의 요인을 다시
확인하기 위해 확인적 요인 분석을 실시하였다. 일반적으로 확인적
요인 분석방법이 탐색적 요인 분석방법보다 단일차원성 검정에 보
다 바람직하기 때문에 각 측정변수들을 대상으로 확인적 요인 분석
을 실시하였다.

<표 4-3>의 확인적 요인 분석의 모형 적합도는 CMIN이 257.256
이고 P＝0.000으로 나타나 부적합한 것으로 나타났다. 그러나 CMIN
과 유의확률이 절대적인 기준은 아니며, 다른 RMR, GFI, NFI, IFI,
TLI, CFI, RMSEA 값에서 모형적합도가 기준치에 모두 적합하여 모
형의 적합도가 있다고 판단된다.

〈표 4-3〉 모형 적합도

CMIN	DF	P	CMIN/DF	RMR	GFI	AGFI	NFI	IFI	TLI	CFI	RMSEA
257.256	131	.000	1.964	0.032	0.917	0.879	0.900	0.948	0.932	0.948	0.057

<표 4-4>의 확인적 요인 분석결과에서도 탐색적 요인 분석과 마찬가지로 동일하게 적재되었다. 착한 소비의 소비 6문항과 협력·네트워크의 협력 18문항의 SMC 값이 0.4보다 낮게 나타나 문항 소거를 해야 하지만, 측정변수의 과도한 소거는 자칫 잠재변수의 중요한 측면을 측정하는 것을 방해할 수 있기 때문에 각각의 요인들을 포함하여 분석에 사용하였다.

〈표 4-4〉 주요 변수들의 신뢰도와 타당도 분석결과

변수명	문항	요인 적재치	표준화된 요인적재치	표준오차	C. R.	SMC	신뢰도 (Cronbach α)
법적 지원	법적 10	1.179	0.902	0.104	11.339***	0.814	.857
	법적 11	1.179	0.833			0.695	
신뢰	신뢰 1	0.917	0.761	0.076	12.142***	0.580	.785
	신뢰 2	1.019	0.733	0.087	11.723***	0.537	
	신뢰 3	1.000	0.744			0.553	
착한 소비	소비 4	1.001	0.657	0.121	8.292***	0.431	.693
	소비 5	1.055	0.725	0.120	8.762***	0.526	
	소비 6	1.000	0.596			0.355	
소통	소통 7	0.949	0.737	0.094	10.104***	0.463	.768
	소통 8	0.989	0.746	0.092	10.784***	0.557	
	소통 9	1.000	0.737			0.543	
기업윤리	기업 14	1.293	0.847	0.103	12.542***	0.717	.849
	기업 15	1.499	0.951	0.117	12.799***	0.905	
	기업 16	1.000	0.656			0.430	
협력·네트워크	협력 17	1.142	0.814	0.100	11.388***	0.663	.748
	협력 18	0.798	0.575	0.090	8.887***	0.330	
	협력 19	1.000	0.753			0.567	
조직관리	조직 20	0.986	0.737	0.085	11.609***	0.543	.807
	조직 21	1.044	0.771	0.087	11.965***	0.594	
	조직 22	1.000	0.784			0.615	

제5장
거버넌스 구축을 통한 사회적 기업 활성화 요인의 실증 분석

제1절 응답자의 인구사회학적 특성

사회적 기업 활성화를 위한 설문에서 응답자의 인구사회학적 특성은 사회적 기업 활성화 요인에 대한 이해관계자들의 특성을 파악할 수 있고, 다른 변수들의 관계를 파악하는 데 도움을 줄 수 있다. 본서에서 응답자의 인구사회학적 특성은 성별, 연령, 학력, 소속으로 구성하였다. 설문조사에 응답한 사람은 총 298명이다.

먼저 성별을 살펴보면, 남성은 164명(55.0%)이고, 여성은 134명(45.0%)으로 여성에 비해 남성이 더 많았다. 연령은 10대는 0명(0.0%), 20대는 42명(14.1%), 30대는 97명(32.6%), 40대는 101명(33.9%), 50대는 44명(14.8%), 60세 이상은 14명(4.7%)을 기록해 40대가 가장 많았다. 다음 학력은 중졸이 1명(0.3%), 고졸이 37명(12.4%), 전문대졸이 35명(11.7%), 대졸이 166명(55.7%), 대학원졸 이상이 59명(19.8%)으로 대졸이 가장 많은 수를 차지하고 있다. 다음 소속은 사회적 기업가가 31명(10.4%), 예비 사회적 기업가가 65명(21.8%), 사회활동가가 10명(3.4%), 사회적 기업 관련 공무원이 34명(11.4%), 사회적 기업 지원기관 근무자가 27명(9.1%), 일반 시민이 57명(19.1%), 사회적 기업 종사자가 55명(18.5%), 기타가 19명(6.4%)으로 예비 사회적 기업가가 가장 많은 수를 나타내고 있다.

〈표 5-1〉 응답자의 개인적 특성

구분		빈도(명)	비율(%)
성별	남성	164	55.0
	여성	134	45.0
연령	19세 이상	0	0.0
	20~29세	42	14.1
	30~39세	97	32.6
	40~49세	101	33.9
	50~59세	44	14.8
	60세 이상	14	4.7
학력	중졸	1	0.3
	고졸	37	12.4
	전문대졸	35	11.7
	대졸	166	55.7
	대학원졸 이상	59	19.8
소속	사회적 기업가	31	10.4
	예비 사회적 기업가	65	21.8
	사회 활동가	10	3.4
	사회적 기업 관련 공무원	34	11.4
	사회적 기업 지원기관 근무자	27	9.1
	일반 시민	57	19.1
	사회적 기업 종사자	55	18.5
	기타	19	6.4
합계		298	100

제2절 사회적 기업 현황에 대한 인식

1. 전반적인 사회적 기업 활성화

전반적인 사회적 기업 활성화는 한국사회에서 사회적 기업이 얼마나 활성화되어 있는가에 대한 질문이다. 이에 대한 응답은 평균 2.58로 낮은 수준을 나타내고 있다. 보다 구체적인 결과를 살펴보면, <표 5-2>에서 '전혀 그렇지 않다'가 12명(4%), '그렇지 않은 편이다'가 136명(45.6%), '보통이다'가 101명(40.6%), '그런 편이다'가 29명(9.7%), '매우 그렇다' 0명(0%)으로 나타났다.

응답자들은 전반적인 사회적 기업 활성화에 대해 부정적인 인식을 하고 있는 것을 알 수 있다. 이러한 이유는 아직 한국사회에 사회적 기업이 소개된 지 얼마 되지 않았고, 사회적 기업 육성법이 제정된 지 3년여밖에 되지 않았기 때문에 전반적인 사회적 기업의 활성화에 대해 부정적인 응답이 많은 것으로 볼 수 있다.

또한 한국의 경우 외국에 비해 사회적 기업의 수가 적기 때문에 평소에 사회적 기업을 접할 수 있는 기회도 많지 않아 이러한 낮은 인식의 결과가 나타난 것이라 볼 수 있다. 한국의 경우 2010년 8월 기준으로 319개가 존재하기 때문에 아직까지 한국사회에서 사회적 기업이 활성화되었다고 하기에는 무리가 있는 것으로 보인다.

한편, 정부의 사회적 기업 육성 정책이 강화되면서 아름다운 가게, 다솜이재단, 노리단, 동천, 오가니제이션요리, 위캔 등 일부 성공적이라 할 수 있는 사회적 기업을 중심으로 미디어나 각종 매체를 통해서 명성이 알려져 있는 상태이고, 대부분의 사회적 기업은 그렇지 못한 경우가 많다. 따라서 전반적인 사회적 기업 활성화에 대해 이러한 낮은 인식 결과가 나타난 것으로 판단된다.

〈표 5-2〉 전반적인 사회적 기업 활성화에 대한 인식

구분		빈도(명)	비율(%)	평균	표준편차
전반적인 사회적 기업 활성화	전혀 그렇지 않다	12	4.0	2.56	0.723
	그렇지 않은 편이다	136	45.6		
	보통이다	101	40.6		
	그런 편이다	29	9.7		
	매우 그렇다	0	0.0		
합계		298	100.0		

다음은 전반적인 사회적 기업 활성화에 대한 성별 인식 차이를 알아보기 위해 독립표본 T 검정을 실시하였다. <표 5-3>을 보면 전반적인 사회적 기업 활성화에 대한 남성과 여성의 인식 차이는 존재하지 않았다. 남성은 평균 2.57로 낮은 인식을 보여 주고 있고, 여성도 평균 2.54로 낮은 수준을 보여 주고 있다.

〈표 5-3〉 전반적인 사회적 기업 활성화에 대한 성별 인식 차이

구분	성별	사례 수	평균	표준편차	t값	유의확률
전반적인 사회적 기업 활성화	남성	164	2.57	0.692	0.337	0.737
	여성	134	2.54	2.54		

<표 5-4>는 전반적인 사회적 기업 활성화에 대한 연령별 인식 차이를 알아보기 위해 일원배치 분산분석을 실시한 결과이다. 분석 결과 연령에 따라 인식의 차이가 존재하지 않는 것으로 나타났다.

전반적으로 낮은 수치를 보여 주고 있지만, 60세 이상의 응답자가 가장 높은 수준의 평균값 2.64를 보여 주고 있고, 50~59세의 응답자가 가장 낮은 평균값 2.50을 보여 주고 있다.

〈표 5-4〉 전반적인 사회적 기업 활성화에 대한 연령별 인식 차이

구분	연령	사례 수	평균	표준편차	F값	유의확률
전반적인 사회적 기업 활성화	19세 이하	0	0	0	0.133	0.970
	20~29세	42	2.57	0.831		
	30~39세	97	2.56	0.677		
	40~49세	101	2.57	0.712		
	50~90세	44	2.50	0.792		
	60세 이상	14	2.64	0.633		
합계		298	2.56	0.723		

<표 5-5>는 전반적인 사회적 기업 활성화에 대한 학력별 인식 차이를 알아보기 위해 일원배치 분산분석을 실시한 결과이다. 분석 결과를 살펴보면 학력별로 통계적으로 유의미한 결과가 나타나지는 않았다.

평균값을 보면 고졸이 2.84로 가장 높은 수치를 보여 주고 있고, 중졸이 가장 낮은 2.00을 보여 주고 있다. 따라서 사회적 기업 활성화에 대한 인식은 학력에 따라서도 큰 차이를 나타내고 있지 않음을 알 수 있다.

<표 5-5> 전반적인 사회적 기업 활성화에 대한 학력별 인식 차이

구분	학력	사례 수	평균	표준편차	F값	유의확률
전반적인 사회적 기업 활성화	중졸	1	2.00	.	1.769	0.135
	고졸	37	2.84	0.688		
	전문대졸	35	2.57	0.850		
	대졸	166	2.52	0.702		
	대학원졸 이상	59	2.49	0.704		
합계		298	2.56	0.723		

<표 5-6>은 전반적인 사회적 기업 활성화에 대한 소속별 인식 차이를 알아보기 위해 일원배치 분산분석을 실시한 결과이다. 분석 결과를 살펴보면 F값이 2.150이고, 유의확률이 0.039로 유의수준 5% 내에서 통계적으로 유의미한 결과를 나타내고 있다. 사후검정에서 집단 간의 유의미한 차이는 나타나지 않았지만, 예비 사회적 기업가의 평균이 2.75이고, 사회적 기업가의 평균이 2.35로 집단 간에 평균값에서 가장 큰 차이를 나타내고 있다.

이러한 이유는 사회적 기업가의 경우 사회적 기업을 직접 운영하면서 현실적으로 아직까지 한국사회에서 사회적 기업이 활성화되어 있지 않은 것으로 인식하고 있지만, 예비 사회적 기업가의 경우 사회적 기업으로 인증받기 위해 성공적인 사회적 기업에 대한 방문과 교육 등을 통해 사회적 기업에 대한 접촉이 많기 때문에 다른 집단보다 더 높은 인식 수준을 나타내고 있다고 판단된다.

<표 5-6> 전반적인 사회적 기업 활성화에 대한 소속별 인식 차이

구분	소속	사례 수	평균	표준편차	F값	유의확률
전반적인 사회적 기업 활성화	사회적 기업가	31	2.35	0.709	2.150	0.039
	예비 사회적 기업가	65	2.75	0.730		
	사회 활동가	10	2.70	0.675		
	사회적 기업 관련 공무원	34	2.41	0.743		
	사회적 기업 지원기관 근무자	27	2.70	0.669		
	일반 시민	57	2.37	0.698		
	사회적 기업 종사자	55	2.64	0.729		
	기타	19	2.58	0.692		
합계		298	2.56	0.723		

다음의 글은 사회적 기업가와 심층 인터뷰한 내용이다. 사회적 기업가가 생각하는 사회적 기업과 정부나 일반 시민들이 생각하는 사회적 기업은 많은 인식의 차이가 있는 것으로 판단된다. 사회적 기업의 경우 추구하는 목표가 기업마다 다양하다는 것이다. 그리고 정부에서는 사회적 기업의 양적인 성장에 치중하고 단기적인 성과에 집중하고 있지만 사회적 기업가들은 장기적인 측면에서 사회적 기업을 운영하고 있음을 알 수 있다. 특히 중요한 것은 사회적 기업가들이 생각하는 사회적 기업의 우선적인 목표는 사회적 목적의 실현이고, 이를 위해서는 상당한 시간과 노력이 필요하다는 것이다.

"사회적 기업은 바라보는 시각마다 차이가 있는 것 같아요. 사회적 기업이란 게 정말 다양하거든요. 정부에서 유형화하거나 일반적으로 알고 있는 사회적 기업하고 사회적 기업가나 종사자들이 느끼는 사회적 기업은 많은 차이가 있어요. 사회적 기업은 영리 목적이 아니거든요. 사회적 기업은 목적은 사회적 목적의 실현입니다. 사회적 목적의 실현이라는 게 상당히 장기적인 관점에서 바라봐야 하고 그렇거든요. 사회가 서서히 변화하고 그러는 건데……. 정부 당국자나 공무원들이 바라보는 시각과는 많은 차이가 있어요. 어떻게 보면 사회적 기업을 하는 사람들은 조금 이상하다 싶을 정도로 그렇거든요. 저를 봐서도 그렇습니다. 저 같은 경우도 남들이 뭐라고 하는 경우가 많았어요. 그런데 시간이 지나고 여러 활동들을 하면서 여기까지 오게 되었는데……. 가장 중요한 것은 사회적 기업의 활성화를 위해서는 신뢰를 기반으로 해서 사회적 기업의 자율성과 주체성을 존중하고 인정해 주었으면 하는 바람입니다. 정부에서는 양적 성장에만 치중하고 있는데 그러면 사회적 기업이 우리 사회에 뿌리내리기가 어려워요. 단기적인 성과에 얽매여서는 사회적 기업이 활성화되는 것은 어렵습니다. 질적인 활성화를 위해서는 장기적인 측면에서 봐야 하고, 사회적 기업이 지속적으로 활동할 수 있는 환경 조성이 필요해요.”
－M 사회적 기업가 인터뷰 2010년 10월 9일－

“정부의 역할이 중요하다고 생각합니다. 사회적 기업에 대해 일반 시민들이 모른 경우가 많기 때문에 사회적 기업에 대한 홍보가 더욱 필요하다고 생각합니다. 그래야만 사회적 기업에 대한 관심도 늘어나고 사회적 기업이 우리 사회에서 제 역할을 다 할 수 있을 것이라 생각합니다. 그리고 시민사회나 정부, 그리고 기업의 지속적인 협력관계가 유지되어야만 사회적 기업이 발전하고 우리 사회에 정착할 수 있다고 생각합니다. 저희 같은 경우 교육 불평등 해소가 목표이기 때문에 사회적 목적에 대한 뚜렷한 목표가 있습니다.”
－K 사회적 기업가 인터뷰 2010년 10월 17일－

이를 통해 사회적 기업의 활성화를 위해서는 양적인 성장도 중요하지만 장기적인 관점에서 사회적 기업이 질적인 성장을 할 수 있도록 운영되어야 함을 알 수 있다. 또한 사회적 기업이 활성화되기 위해서는 사회적 기업을 둘러싸고 있는 정부나 기업, 시민사회와의 협력관계가 중요함을 나타내고 있다.

2. 사회서비스 제공

<표 5-7>은 우리나라의 사회적 기업이 사회서비스 제공을 잘
하고 있는가에 대한 응답을 나타낸 것이다. 사회서비스 제공에 대한
평균값은 3.17로 긍정적으로 인식하고 있는 것을 알 수 있다. 구체
적으로는 '전혀 그렇지 않다'가 4명(1.3%), '그렇지 않은 편이다'가
49명(16.4%), '보통이다'가 146명(49.0%), '그런 편이다'가 90명
(30.2%), '매우 그렇다'가 9명(3.9%)으로 나타났다.

이러한 인식 결과가 나타난 이유는 비록 한국사회에서 사회적 기
업의 수가 아직까지 적기는 하지만 사회적 기업이 추구하는 본원적
활동이라 할 수 있는 사회서비스 제공은 잘 이루어지고 있다는 것으
로 판단할 수 있다. 즉, 현재 사회적 기업이 추구하는 다양한 사회적
목표에 부합하여 기업활동을 충실히 수행하고 있다고 볼 수 있다.
한국에서 사회적 기업의 도입 목적이 사회서비스 확충과 일자리 창
출이라고 봤을 때 사회서비스 제공이 잘 이루어지고 있다는 인식은
사회적 기업의 도입 목표가 충분히 달성되고 있다는 긍정적인 결과
를 나타내는 것이라 볼 수 있다.

〈표 5-7〉 사회서비스 제공에 대한 인식

구분		빈도(명)	비율(%)	평균	표준편차
사회서비스 제공	전혀 그렇지 않다	4	1.3	3.17	0.798
	그렇지 않은 편이다	49	16.4		
	보통이다	146	49.0		
	그런 편이다	90	30.2		
	매우 그렇다	9	3.0		
합계		298	100		

<표 5-8>은 사회서비스 제공에 대한 성별 인식 차이를 나타낸 결과이다. 독립표본 T 검정 결과 t값은 2.540이고 유의확률은 0.012로 나타나 통계적으로 유의미한 차이를 나타내고 있다. 평균을 보면 남성은 3.27이고, 여성은 3.04로 남성이 여성에 비해 평균값이 높았다.

〈표 5-8〉 사회서비스 제공에 대한 성별 인식 차이

구분	성별	사례 수	평균	표준편차	t값	유의확률
사회서비스 제공	남성	164	3.27	0.729	2.540	0.012
	여성	134	3.04	0.830		

<표 5-9>는 사회서비스 제공에 대한 연령별 인식 차이가 있는지에 대한 결과를 나타내고 있다. 분석결과 통계적으로 유의미한 결과는 나타나지 않았다. 전체적으로 모든 집단에서 3.0 이상의 다소 긍정적인 인식 결과를 나타내고 있다. 구체적으로 60세 이상이 평균 3.36으로 집단 간에 가장 높은 수치를 보여 주고 있고, 50~59세가 3.07로 가장 낮은 평균값을 나타내고 있다.

이러한 결과는 사회서비스 제공에 대해 모든 연령에서 긍정적인 인식을 하고 있다는 것으로 각각의 사회적 기업이 해당 사회적 기업이 추구하는 사회적 목적을 실현을 위해 충실히 운영되고 있다는 것을 증명하는 결과라고 볼 수 있다.

〈표 5-9〉 사회서비스 제공에 대한 연령별 인식 차이

구분	연령	사례 수	평균	표준편차	F값	유의확률
사회 서비스 제공	19세 이하	0	0	0	0.468	0.759
	20~29세	42	3.12	0.772		
	30~39세	97	3.19	0.682		
	40~49세	101	3.20	0.872		
	50~59세	44	3.07	0.789		
	60세 이상	14	3.36	0.842		
합계		298	3.17	0.783		

<표 5-10>은 사회서비스 제공에 대한 학력별 인식 차이를 나타낸 결과이다. 분석결과 통계적으로 유의미한 차이는 발견되지 않았다. 중졸이 1명이어서 사후 검정을 실시할 수는 없었지만, 평균값을 보면 고졸이 3.30으로 가장 높은 수치를 보여 주고 있고, 중졸이 3.00으로 가장 낮은 수치를 보여 주고 있다. 결과적으로 사회서비스 제공에 대한 학력별 인식 차이는 존재하지 않는 것으로 볼 수 있다.

〈표 5-10〉 사회서비스 제공에 대한 학력별 인식 차이

구분	학력	사례 수	평균	표준편차	F값	유의확률
사회 서비스 제공	중졸	1	3.00	–	0.765	0.555
	고졸	37	3.30	0.702		
	전문대졸	35	3.17	0.891		
	대졸	166	3.11	0.763		
	대학원졸 이상	59	3.27	0.827		
합계		298	3.17	0.783		

<표 5-11>은 사회서비스 제공에 대한 소속별 인식 차이를 나타낸 결과이다. 분석결과 통계적으로 유의미한 차이는 존재하지 않

았다. 평균값을 보면 사회활동가가 3.50으로 가장 높은 수치를 보여 주고 있고, 일반 시민이 2.89로 가장 낮은 수치를 보여 주고 있다. 결과적으로 사회비스 제공에 대한 소속별 인식 차이는 없는 것으로 판단할 수 있다.

〈표 5-11〉 사회서비스 제공에 대한 소속별 인식 차이

구분	소속	사례 수	평균	표준편차	F값	유의확률
사회서비스 제공	사회적 기업가	31	3.42	0.720	1.970	0.59
	예비 사회적 기업가	65	3.15	0.775		
	사회 활동가	10	3.50	0.707		
	사회적 기업 관련 공무원	34	3.15	0.774		
	사회적 기업 지원기관 근무자	27	3.30	0.669		
	일반 시민	57	2.89	0.859		
	사회적 기업 종사자	55	3.25	0.799		
	기타	19	3.11	0.737		
	합계	298	3.17	0.783		

다음의 글은 사회서비스 제공에 대한 사회적 기업가의 인터뷰 내용을 정리한 것이다. 일반적으로 사회적 기업은 다양한 사회적 목적 실현을 위해 기업활동을 한다. 사회적 기업가의 인터뷰 내용과 같이 사회적 기업은 틈새시장이나 블루오션에서 기업활동을 하는 것이 아니다.

사회적 기업은 정부서비스의 영역이 미치지 못하는 곳이나 일반 기업들이 영리성이 없다고 판단하는 부분에서 기업활동을 한다. 이러한 측면에서 사회적 기업은 공공성을 가지고 있다고 볼 수 있다. 즉, 사회적 기업은 영리 추구가 기업활동의 우선적인 목적이 아님을 나타내는 것이라 할 수 있으며, 사회적 목적 추구를 통한 사회적 가

치 실현에 보다 집중하는 것이라 볼 수 있다.

> "사회적 기업을 틈새시장이나 블루오션이라고 말하는 사람이 있는데 저는 그렇게 생각하지 않아요. 그동안 일반 기업이 영리성이 없다고 포기하거나 무시되었던 부분들에서 사회적 기업이 활동하고 있거든요. 그것은 단순히 사회적 기업이 일반 기업이 활동하지 않았던 부분에서 사업을 하는 것이 아닙니다. 사회가 필요로 하는 부분을 찾고 그 부분을 치유하고 사회적 목적 실현을 위해서 그 부분에서 사회적 기업이 활동하는 겁니다. 그런 측면에서는 사회적 기업이 사회서비스 제공을 잘하고 있다고 봐요. 고용창출 같은 경우는 그런 활동을 하면서 같이 창출되는 것이지요. 고용창출이 목표가 아니라고 봅니다."
>
> — M 사회적 기업가 인터뷰 2010년 10월 9일 —

반면, 일부 사회적 기업의 경우 사회서비스 제공에 있어서 막연하게 기업을 운영하는 경우가 있다. 다음의 사회적 기업 관련 공무원의 인터뷰에서 볼 수 있듯이 사회서비스 제공에 대한 체계적인 시스템이 구축되어 있지 않은 경우가 종종 있다.

> "제가 보기에는 사회서비스 제공이 잘 이루어지지 않고 있다는 생각이 듭니다. 저희 자치구의 사회서비스 제공형 사회적 기업가들을 만나 보면 취약계층을 대상으로 무료공연이나 여러 공연활동들을 하겠다고 하는데 구체적인 계획 없이 하는 경우가 있습니다. 취약계층을 대상으로 공연을 하려면 자치구와 협력이 필요한데 그런 것이 없어요. 그냥 막연하게 취약계층을 대상으로 한다고 하는데……. 지역형 사회적 기업이 지역에서 사회서비스를 제공하기 위해서는 해당 주민센터나 자치구와의 상호 협력이 필요하다고 생각합니다. 그리고 일반 시민들의 참여도 중요하거든요. 그런 것들이 서로 협력하면서 해야 하는데 지금은 그런 협력 시스템이 잘 구축되어 있지 않습니다."
>
> — J 구청 사회적 기업 관련 공무원 인터뷰 2010년 10월 20일 —

지역에서 취약계층을 대상으로 공연활동 같은 사회서비스 제공을 하기 위해서는 수요자 파악을 위해 자치구와의 협력이 필요하지만 구체적인 계획 없이 사업을 실행하는 경우가 있다. 이러한 경우 수요 파악이 제대로 이루어지지 않을 때 해당 사회적 기업이 제공하는 사회서비스가 제대로 제공되지 않을 가능성이 크다.

따라서 지역사회에서 원활한 사회서비스 제공을 위해서는 자치단체나 지역주민과의 연대와 협력이 필요하다. 사회적 기업이 막연히 사업을 수행하기보다는 자치단체나 지역단체와의 협력이 필요하다. 더불어 취약계층뿐만 아니라 일반 시민들의 참여를 이끌어 내게 되면 보다 질적으로 향상된 서비스를 제공할 수 있게 되고 사회적 기업을 지역사회에 널리 홍보할 수 있는 기회가 되어 사회적 기업 활성화로 이어질 수 있다.

3. 고용창출

<표 5-12>는 사회적 기업이 고용창출 효과를 내고 있는가에 대한 응답결과를 나타낸 것이다. 사회적 기업의 고용창출 효과에 대해서 응답자들은 평균 3.42로 긍정적인 것으로 인식하고 있었다. 분석결과를 구체적으로 살펴보면 '전혀 그렇지 않다'가 4명(1.3%), '그렇지 않은 편이다'가 37명(12.4%), '보통이다'가 114명(38.3%), '그런 편이다'가 116명(38.9%), '매우 그렇다'가 27명(9.1%)으로 나타났다.

이러한 결과는 한국사회에서 사회적 기업이 추구하는 사회적 목

적 실현과 함께 고용창출의 효과를 내고 있다는 것을 나타낸 결과라고 볼 수 있다. 사회적 기업의 효과가 사회서비스 제공과 고용창출이라고 봤을 때 두 가지 모두에서 긍정적인 효과를 나타낸다고 볼 수 있다. 비록 아직까지 한국은 외국에 비해 적은 수의 사회적 기업이 활동을 하고 있지만, 향후 사회적 기업의 수가 계속적으로 증가한다면 고용창출의 효과도 더욱 높아질 것이라고 전망을 할 수 있다.

〈표 5-12〉 고용창출에 대한 인식

구분		빈도(명)	비율(%)	평균	표준편차
고용창출	전혀 그렇지 않다	4	1.3	3.42	0.870
	그렇지 않은 편이다	37	12.4		
	보통이다	114	38.3		
	그런 편이다	116	38.9		
	매우 그렇다	27	9.1		
합계		298	100		

<표 5-13>은 고용창출에 대한 성별 인식 차이를 나타낸 결과이다. 고용창출에 대한 성별 인식 차이를 알아보기 위해 독립표본 T검정을 실시한 결과 t 값은 3.347이고, 유의확률은 0.001로 나타나 통계적으로 남성과 여성 간에 인식 차이가 존재한다고 볼 수 있다.
남성은 평균값이 3.57이고, 여성은 평균값이 3.23으로 여성에 비해 남성이 사회적 기업의 고용창출 효과가 더 높다고 인식하고 있는 것을 알 수 있다.

<표 5-13> 고용창출에 대한 성별 인식 차이

구분	성별	사례 수	평균	표준편차	t값	유의확률
고용창출	남성	164	3.57	0.858	3.437	0.001
	여성	134	3.23	0.849		

<표 5-14>는 사회적 기업의 고용창출 효과에 대한 연령별 인식 차이 결과를 나타낸 것이다. 분석결과 통계적으로 유의미한 결과가 나타나지는 않았다. 그러나 구체적으로 평균값을 보면, 40~49세가 3.46으로 가장 높은 수치를 나타내고 있고, 50~59세가 3.36으로 가장 낮은 수치를 나타내고 있다. 이와 같은 결과는 40~49세가 사회적 기업을 운영하는 데 있어서 가장 활발하게 활동하고 있기 때문인 것으로 판단된다. 실제 인터뷰에서도 사회적 기업가는 40대 이상이 가장 많았고, 사회적 기업에도 가장 많은 관심을 나타내고 있었다.

<표 5-14> 고용창출에 대한 연령별 인식 차이

구분	연령	사례 수	평균	표준편차	F값	유의확률
고용창출	19세 이하	0	0	0	0.081	0.988
	20~29세	42	3.40	0.734		
	30~39세	97	3.41	0.760		
	40~49세	101	3.46	0.975		
	50~59세	44	3.39	0.920		
	60세 이상	14	3.36	1.082		
합계		298	3.42	0.870		

<표 5-15>는 사회적 기업의 고용창출 효과에 대한 학력별 인식 차이 결과를 나타낸 것이다. 분석결과 학력별 고용창출에 대한 인식은 통계적으로 유의미한 차이가 나타나지는 않았다. 또한 학력

별 인식 차이에서 중졸이 1명이기 때문에 사후검정은 실시할 수 없었다.

구체적으로는 평균값에서 전문대졸이 3.46으로 가장 높은 수치를 나타냈고, 중졸이 3.00으로 가장 낮은 수치를 나타냈다. 이러한 이유는 사회적 기업의 고용창출 효과에 대해서 모든 집단에서 긍정적으로 인식하기 때문인 것으로 판단된다.

〈표 5-15〉 고용창출에 대한 학력별 인식 차이

구분	학력	사례 수	평균	표준편차	F값	유의확률
고용창출	중졸	1	3.00	–	0.081	0.988
	고졸	37	3.43	0.728		
	전문대졸	35	3.46	1.067		
	대졸	166	3.41	0.817		
	대학원졸 이상	59	3.42	0.986		
합계		298	3.42	0.870		

다음 <표 5-16은> 사회적 기업의 고용창출 효과에 대한 소속별 인식 차이를 나타낸 결과이다. 소속별 인식 차이 결과 집단 간에 통계적으로 유의미한 결과가 나타나지는 않았다.

구체적으로 평균값을 보면 사회활동가가 3.70으로 가장 높은 수치를 나타내고 있고, 기타가 3.11로 가장 낮은 수치를 나타내고 있다. 전반적으로 모든 집단에서 3.00 이상의 수치를 나타내고 있어 전반적으로 사회적 기업의 고용창출 효과가 있다고 인식하는 것을 알 수 있다.

<표 5-16> 고용창출에 대한 소속별 인식 차이

구분	소속	사례 수	평균	표준편차	F값	유의확률
고용창출	사회적 기업가	31	3.52	1.092		
	예비 사회적 기업가	65	3.43	0.847		
	사회 활동가	10	3.70	0.823		
	사회적 기업 관련 공무원	34	3.53	0.992		
	사회적 기업 지원기관 근무자	27	3.59	0.747	1.122	0.349
	일반 시민	57	3.25	0.763		
	사회적 기업 종사자	55	3.44	0.811		
	기타	19	3.11	0.937		
합계		298	3.42	0.870		

다음의 내용들은 사회적 기업 지원기관 근무자와 사회적 기업가와 인터뷰를 한 내용이다. 인터뷰 대상자들은 모두 사회적 기업이 고용창출 효과를 내고 있다고 말하고 있다. 이러한 응답은 사회적 기업이 사회적 기업 육성법에서 정의하고 있는 사회서비스 제공이나 고용창출에 대한 역할을 잘 수행하고 있는 것이라 볼 수 있다.

"고용창출 효과는 분명히 있다고 봅니다. 하지만 사회적 기업이 대기업이 아니기 때문에 채용이 되었다 하더라도 안정된 급여를 받을 수 없다는 것이 단점이라고 생각합니다. 저소득층 또는 장애인들. 취약계층의 고용창출은 분명히 있지만 이러한 고용창출이 저임금으로 이루어지기 때문에 공공근로의 성격을 보일 수 있다는 것이 가장 우려하는 점입니다."
　　　－P 사회적 기업 지원기관 근무자 인터뷰 2010년 10월 27일－

"전반적으로 사회서비스 제공과 고용창출의 효과가 있습니다. 문제는 질적인 측면에서는 많은 사회적 기업들이 정부가 수행하지 못하는 서비스를 제공하기 있기 때문에 그 부분에 대한 가시적인 효과는 나타나지 않지만 앞으로 사회적 기업이 더욱 활성화되면 질적인 부분에서도 더 많은 성과가 나타날 것이라 생각합니다."
　　　－J 사회적 기업 지원기관 근무자 인터뷰 2010년 11월 2일－

그러나 아직은 한국사회에서 사회적 기업의 수가 많지 않은 상태이고, 사회적 기업이 사회 전반에 확산되지 않은 측면이 있어서 가시적인 효과는 충분히 나타나고 있지 않다고 볼 수 있다. 또한 고용창출에 있어서도 분명 효과는 있지만, 장기적인 측면에서 안정적으로 고용이 이루어질 수 있는가에 대한 의문을 제기하고 있다. 우선은 사회적 기업에 대해 정부에서 인건비를 지원하고 있어 고용창출의 효과가 있기는 하지만, 정부의 재정지원이 중단될 경우 지속적으로 고용이 이루어질 수 있는가에 대한 것은 해당 사회적 기업만이 당면한 문제가 아니라 모든 사회적 기업에 적용될 수 있는 문제이기도 하다.

> "사회서비스 제공이나 고용창출에 가시적인 효과는 있어요. 그런데 사회적 기업이 추구하는 것이 단순히 정부에서 말하는 고용창출이나 사회서비스 제공만은 아니거든요. 저희 같은 경우 지역수준에서 식량 보장이나 지역사회 구성원들의 적정한 영양이라든가 건강, 지역경제 활성화가 목표입니다. 그러니까 정부에서 추진하는 정책하고는 약간 차이가 있지요. 사회적 기업마다 추구하는 목표가 다릅니다. 그래서 한마니로 이거라고 말할 수는 없는 것 같아요."
> 　　　　　　　　　　　　　　　－G 사회적 기업가 인터뷰 2010년 10월 10일－

또한 사회적 기업가와의 인터뷰 내용을 보면 사회적 기업의 효과가 정부에서 말하는 사회서비스 제공이나 고용창출만을 의미하지는 않는다. 어떤 사회적 기업의 경우는 지역에 기반을 두고 지역사회 발전이라는 차원에서 지역의 다양한 문제를 해결하려는 노력을 기울이고 있다는 점에서 다른 사회적 기업과 차별화된다.

따라서 한국사회에서 사회적 기업의 활성화를 위해서는 단순한 사회서비스 제공과 고용창출이라는 두 가지 기본적인 목표에서 벗어나야 한다. 우선 선결되어야 할 것은 현재 사회적 기업의 양적 성장 위주의 정책에서 벗어나 사회적 기업의 질적인 성장 측면이 고려되어야 한다는 것이다. 사회적 기업의 질적인 성장을 위해서는 사회적 기업 스스로가 자립할 수 있는 조직적 역량을 개발해야 한다. 이러한 조직적 역량을 향상시키기 위해서는 사회적 기업 자체가 뚜렷한 사회적 목표가 있어야 한다. 뚜렷한 사회적 목표를 가진 사회적 기업은 그들이 추구하는 사회적 목표를 통해 원활한 사회서비스 제공을 할 수 있고, 아울러 고용창출의 효과도 낼 수 있게 되는 것이다.

다음으로 정부나 기업은 사회적 기업이 자립할 수 있는 각종 지원을 마련해야 한다. 사회적 기업에 대한 지원은 직접적인 지원보다는 간접적인 지원 방식을 채택해야 한다. 직접적인 지원 방식은 자칫 사회적 기업을 정부나 기업의 지원에만 의존하는 자선단체로 전락시킬 위험성이 크다. 따라서 정부나 기업은 기존의 획일적인 지원 방식에서 사회적 기업에 알맞은 맞춤형 간접 지원 방식으로 전환하는 것이 바람직하다. 또한 시민사회에서 사회적 기업에 대한 지속적인 관심이 유발될 수 있도록 다양한 채널을 통한 홍보활동이 이루어질 때 사회적 기업의 활성화를 기대할 수 있다.

제3절 사회적 기업 활성화 요인에 대한 인식

1. 정부 부문

1) 법적 지원

<표 5 - 17>은 정부 부문에서 법적 지원에 대한 인식을 나타낸 것이다. 분석결과 법적 지원에 대한 인식은 평균값이 2.93으로 나타나 다소 부정적인 결과가 나타났다. 즉, 응답자들은 사회적 기업에 대한 정부의 법적 지원이 적정하지 못한 것으로 인식하고 있었다.

먼저 정부의 사회적 기업 인증제도는 효과적으로 운영되고 있는가에 대한 질문에서는 평균값이 3.00으로 보통이라는 응답이 많았다. 이를 구체적으로 살펴보면, '전혀 그렇지 않다'가 15명(5.0%), '그렇지 않은 편이다'가 60명(20.1%), '보통이다'가 138명(46.3%), '그런 편이다'가 80명(26.8%), '매우 그렇다'가 5명(1.7%)으로 니티났다.

두 번째는 우리나라 사회적 기업 육성법의 내용이 적절하게 규정되어 있는가에 대한 질문이다. 응답자들의 평균값은 2.88로 나타나 다소 부정적으로 인식하는 것으로 나타났다. 이를 구체적으로 살펴보면, '전혀 그렇지 않다'가 10명(3.4%), '그렇지 않은 편이다'가 78명(26.2%), '보통이다'가 153명(51.3%), '그런 편이다'가 52명(17.4%), '매우 그렇다'가 5명(1.7%)으로 나타났다.

<표 5 - 18>은 법적 지원에 대한 연령별 인식 차이를 알아본 결과이다. 분석결과 연령별로 인식 차이가 존재하는 것으로 나타났다.

구체적으로 이를 살펴보면, 법적 지원에 대한 연령별 인식 차이는 F 값이 2.936이고 유의확률은 0.021로 인식의 차이가 존재했다. 사후 검정에서 뚜렷한 결과는 나타나지 않은 것은 19세 이하가 포함된 것이라 판단되며, 평균값에서 60세 이상과 20~29세에서 차이가 있는 것으로 나타났다.

〈표 5-17〉 법적 지원에 대한 인식

법적 지원		빈도(명)	비율(%)	평균	표준편차	전체 평균
인증제도의 효과적 운영	전혀 그렇지 않다	15	5.0			
	그렇지 않은 편이다	60	20.1			
	보통이다	138	46.3	3.00	0.861	
	그런 편이다	80	26.8			
	매우 그렇다	5	1.7			
	합계	298	100.0			2.93
사회적 기업 육성법의 규정	전혀 그렇지 않다	10	3.4			
	그렇지 않은 편이다	78	26.2			
	보통이다	153	51.3	2.88	0.791	
	그런 편이다	52	17.4			
	매우 그렇다	5	1.7			
	합계	298	100.0			

〈표 5-18〉 법적 지원에 대한 연령별 인식 차이

구분	연령	사례 수	평균	표준편차	F값	유의확률
법적 지원	19세 이하	0	0	0		
	20~29세	42	2.69	0.748		
	30~39세	97	2.87	0.764		
	40~49세	101	3.05	0.744	2.936	0.021
	50~59세	44	2.93	0.789		
	60세 이상	14	3.35	0.841		
합계		298	2.93	0.772		

다음의 글들은 정부의 법적 지원에 관한 인터뷰 내용이다. 인터뷰 대상자들이 말하고 있는 현실적인 부분에서의 법적 지원은 사회적 기업을 운영하는 데 있어서 유용하지만은 않다고 응답하고 있다.

먼저 사회적 기업의 인증과 관련하여 사회적 기업가들은 고용노동부의 인증절차와 심사가 상당히 까다롭다고 인식하고 있었다. 한국에서 사회적 기업을 운영하기 위해서는 정부의 7가지 인증을 마쳐야 하고, 인증을 받은 사회적 기업만이 사회적 기업이란 명칭을 사용할 수 있게 되어 있다. 또한 인증을 받게 되면 정부의 각종 지원을 받을 수 있게 된다. 그러나 사회적 기업가들의 현실적인 이야기에서는 인증을 받기 위해서는 많은 시간과 노력뿐만 아니라 정부에서 요구하는 각종 서류와 형식 때문에 오히려 기업활동을 하는 데 있어서 어려움에 직면하게 된다고 호소하고 있다.

"우선 사회적 기업 육성법이 다른 나라의 기준을 가지고 우리나라에 가져와서 만든 거라서 우리 현실에 맞지 않는 게 많아요. 인증제도 같은 경우도 지금은 인증받은 사회적 기업만 사회적 기업이란 말을 쓸 수 있게 되어 있는데 이게 어떻게 보면 사회적 기업을 발전시키는 저해요소가 될 수 있어요. 인증받지 못한 사회적 기업 같은 경우도 많거든요. 그리고 사회적 기업들도 인증 자체에 목적을 두고 사회적 기업을 운영하지 않는 사람들도 많아요. 사회적 기업 인증을 받기가 너무 어려워요. 인증 제도를 완화할 필요가 있다고 봅니다. 어떻게 보면 법이란 것이 오히려 사회적 기업을 발전하는 데 도움을 주기보다는 진입을 못 하게 하는 경우가 발생하기도 하지요."
- M 사회적 기업가 인터뷰 2010년 10월 9일 -

"사회적 기업을 창업하시려는 분들과 상담을 하거나 대화를 하다 보면 현재의 사회적 기업 인증이라든가 육성법 자체에 문제가 있다고 지적하시는 분들이 많아요. 너무 절차가 복잡하거나 인증이 까다로워서 사회적 기업을 창업하는 데 어려움을 호소하는 분들도 있어요. 그리고 생각보다 정부에서 또한 서울시의 경우 고용노동부와는 별도로 서울형 사회적 기업을 운영하고 있다. 비록 고용노동부보다 완화된 3가지 조건을 충족 기준으로 적용하기는 하지만 이 또한 절차와 형식이 까다롭다는 것이 사회적 기업가들의 견해이다. 서울형 사회적 기업과 고용노동부의 사회적 기업 인증 제도는 서로 상이한 측면이 있어서 양쪽의 인증 기준에서 공통부분을 적용하여 사회적 기업가나 사회적 기업을 창업하려는 사람들에게 혼동과 부담을 줄여주어야 한다.

한편 사회적 기업 관련 공무원의 인터뷰에서 사회적 기업 육성법과 시행령이 자주 변경되고 있다는 것을 알 수 있었다. 사회적 기업가와의 인터뷰에서도 언급하였지만 사회적 기업 육성법이 외국의 기준을 그대로 들여온 측면이 많아서 한국의 사회적 기업에 그대로 적용하기에는 무리한 측면이 많았다. 그래서 사회적 기업 육성법의 잦은 변경이 지속되고 있고, 사회적 기업의 이해관계자들 모두에게 혼란을 가중시키고 있는 실정이다.

"사회적 기업 육성법이 현재 계속 바뀌고 있는 실정입니다. 법 제정이 2007년에 이루어져 현재 사회적 기업 육성법과 시행령이 자주 변경되고 있습니다. 지방자치단체의 경우도 사회적 기업 육성법에 따라 조례를 제정하고 있지만, 법령이 자주 변경되어 혼란을 주는 측면이 있습니다."
- 서울시 D 구청 사회적 기업 관련 공무원 인터뷰 2010년 10월 20일 -

"먼저 법적 지원 중에서 사회적 기업 육성법에는 지방세 감면에 대한 내용이 있습니다. 지방세를 감면하기 위해서는 지방세에도 사회적 기업에 대한 지방세 감면 내용이 있어야 하지만 현재는 만들어지지 않은 상태입니다. 그래서 사회적 기업 육성법과 지방세법이 연계되어 있지 않아 현재로서는 관련법의 정비가 시급한 실정입니다."
- 서울시 J 구청 사회적 기업 관련 공무원 인터뷰 2010년 10월 20일 -

또한 한국은 현재 지방자치단체는 물론 기초자치단체에도 사회적 기업 육성법을 적용하고 있다. 그래서 많은 기초자치단체들이 사회적 기업 육성에 관한 조례를 신설하고 있다. 이러한 현상은 지역에서 사회적 기업 육성을 위한 적극적인 조치로 받아들여질 수도 있지만 과도한 사회적 기업 육성이 자칫 잘못하면 사회적 기업 남발이라는 결과를 가져올 수도 있다. 기초자치단체의 경우 인터뷰 응답자의 답변대로 사회적 기업을 육성하기 위해서는 예산 확보가 필요한데 예산의 부족으로 계획만 수립하고 집행하지 못하는 결과를 가져올 수도 있다. 많은 기초자치단체가 예산상의 문제를 안고 있는 현실에서 무리한 사회적 기업 육성은 자치단체에게도 부담이 될 수 있다.

> "법적 지원의 경우 사회적 기업 육성법과 관련하여 자치구는 사회적 기업 육성에 관한 조례를 제정합니다. 그런데 자치구 같은 경우 조례로서 사회적 기업을 인증할 수 있다는 조항이 있는데 자치구 같은 경우 사회적 기업을 인증하기가 어려운 경우가 있어요. 현재는 사회적 기업 인증을 고용노동부에서 하고 있는데 또 서울형 예비 사회적 기업이라고 해서 다른 사회적 기업 인증 기준이 3가지가 있거든요. 이게 서로 기준이 맞지 않을 뿐만 아니라 자치구까지 사회적 기업 인증을 하고 육성을 하라고 하면 무리한 부분이 있어요. 자치구 같은 경우는 사회적 기업 육성을 위해 가능한 한 예산의 범위 내에서 각종 지원이나 홍보 같은 역할을 하는 것이 더 적절하다고 봅니다."
> － 서울시 JR 구청 사회적 기업 관련 공무원 인터뷰 2010년 10월 23일 －

따라서 법적 지원에 관한 인터뷰 결과를 종합해 보면, 현재의 사회적 기업 인증제도의 경우 인증기준이나 요건, 절차 등이 완화될 필요성이 제기되었다. 엄격한 심사를 통해 사회적 기업을 육성하는 것도 좋지만, 오히려 엄격한 심사와 까다로운 절차가 사회적 기업 육성에 걸림돌이 될 수 있다. 향후에는 사회적 기업 인증 조건과 절차를 완화하여 사회적 기업을 창업하려는 사람들에게 부담을 줄여 주어야 한다. 더불어 사회적 기업 육성법의 경우 기초자치단체에까지 사회적 기업 육성에 관한 조례를 제정하여 사회적 기업을 적극 육성하는 것은 무리가 따를 수 있다. 지역형 사회적 기업을 육성하는 것은 광역자치단체가 중심을 이루는 것이 바람직하다. 또한 조례 제정에 앞서 다른 법령, 예를 들어 지방자치법이나 지방세법과 같이 사회적 기업 육성법과 충돌되거나 모순이 생기는 법령들에 대한 정비가 이루어져야 한다.

2) 제도적 지원

<표 5 - 19>는 정부 부문에서 우리나라 정부의 사회적 기업에 대한 재정지원은 적정하게 이루어지고 있는가에 대한 질문이다. 분석결과를 보면 평균값은 2.72로 나타나 응답자들은 재정지원에 대해 부정적으로 인식하고 있었다. 구체적으로는 '전혀 그렇지 않다'가 13명(4.4%), '그렇지 않은 편이다'가 101명(33.9%), '보통이다'가 143명(48.0%), '그런 편이다'가 39명(13.1%), '매우 그렇다'가 2명 (0.7%)으로 나타났다. 즉, 현재 사회적 기업에 대한 정부의 재정지원이 적정하게 이루어지고 있지 않다는 결과로서 정부 재정지원에 대한 방식이나 요건 등이 개선되어야 함을 의미한다.

〈표 5 - 19〉 제도적 지원에 대한 인식

제도적 지원		빈도(명)	비율(%)	평균	표준편차
재정지원의 적정성	전혀 그렇지 않다	13	4.4	2.72	0.771
	그렇지 않은 편이다	101	33.9		
	보통이나	143	48.0		
	그런 편이다	39	13.1		
	매우 그렇다	2	0.7		
합계		298	100.0		

다음의 글은 정부의 재정지원에 관한 사회적 기업가, 사회적 기업 관련 공무원을 대상으로 인터뷰한 내용이다. 현재 한국의 사회적 기업은 정부의 인증을 받게 되면 각종 지원과 함께 인건비 등의 재정지원을 받고 있다. 재정지원이 다양한 측면에서 이루어지기보다는 현재는 인건비를 중심으로 취약계층을 고용하게 되면 지원을 받는 구조로 되어 있다. 이러한 상황에서 정부의 인건비 중심 재정지원에

몇 가지 문제점을 지적하고 있었다.

사회적 기업가들의 인터뷰에서 가장 문제점으로 지적되는 것이 인건비 중심의 재정지원이었다. 사회적 기업을 창업하기 위해서는 시설비라든가 건물임대비 등과 같은 초기자본이 필요하다. 그러나 현재는 인건비 중심의 재정지원이라 초기자본이 필요한 사회적 기업에게는 정부의 재정지원이 적정하다고 볼 수 없다. 사회적 기업을 창업하려는 사람들에게는 초기자본에 대한 부담이 클 수밖에 없는 실정이다. 그리고 지원되는 인건비도 최저임금 수준이라 사회적 기업의 운영에 실질적인 도움이 되지는 않고, 인건비 지원 또한 한시적이라는 문제점이 지적되고 있다.

"재정지원 같은 경우도 그래요. 처음 사회적 기업을 시작할 때는 자본력이 부족한 것이 사실입니다. 초기비용이 많이 들거든요. 예를 들어 사업을 시작하려는데 초기 자본금 같은 거요. 그리고 사무실 임대비라든가 시설비 구입 같은 것들이 많이 들어요. 그런데 재정지원 같은 경우 인건비 중심이라 다른 비용들이 많이 들어가는데 그것들은 무시되거든요. 사실 인건비야 최저임금 수준이고……. 도움이 되기는 하지만 사회적 기업을 운영하는 데 큰 도움은 되지 않아요. 인력도 소규모로 운영되는 곳이 많아서 인력에 대한 비용 같은 것들이 기업마다 다르거든요. 그런 것들이 개선되어야 할 것 같아요."

-M 사회적 기업가 인터뷰 2010년 10월 9일 -

"사회적 기업을 운영하거나 처음 설립하게 될 때 초기비용이 많이 들거든요. 인력이나 부지 마련, 그리고 여러 가지 필요한 것들이 많아요. 이렇게 초기비용들이 많이 들어가는데 정부에서는 이런 초기비용들에 대해서 간과하고 있는 것 같아요. 인건비 지원으로는 사회적 기업을 운영하는 데 어려움이 있고 너무 인건비 지원 쪽으로만 집중되어 있어서 좀 재정지원이 편향적이라고 볼 수 있어요. 또 정책이 실업정책 쪽으로 가서는 안 돼요. 실업 해결이 아니라 사회적 기업은 사회적 목적 추구가 우선이거든요. 정부의 정책을 보면 제한적인 면이 많은 것 같아요."
-G 사회적 기업가 인터뷰 2010년 10월 10일-

다음은 사회적 기업을 지원하기 위한 전문 금융지원 기관의 부재이다. 현재 한국사회에서는 사회적 기업을 지원하기 위한 전문 금융기관이 존재하지 않는다. 외국의 경우 사회적 기업을 지원하는 전문 금융기관이 있지만, 아직 한국에서는 이러한 전문 금융기관이 존재하지 않아 사회적 기업이 재정적 어려움에 처해 있어 이를 해결하기가 쉽지 않은 실정이다. 사회적 기업도 수익을 창출해야 하기 때문에 재정적인 어려움을 겪는 경우가 많다. 또한 사회적 목적 실현이라는 우선적인 목표를 실현하기 때문에 수익창출에는 어려움을 겪는 경우가 많을 수밖에 없다.

"외국의 경우는 사회적 기업 벤처 투자 캐피털이 있는데요. 정말 적시에 필요한 자금을 제공해 주는 캐피털이 필요합니다. 사회적 목적을 추구하는 기업들이 대부분 수익성 때문에 어려워하는 부분들이 있는 경우가 많아요. 이런 사회적 기업을 후원해 주고 지속적으로 투자를 해 주는 사회적 목적 벤처 캐피털이 필요하다고 봅니다. 그래야만 사회적 기업이 그들만의 사회적 목표를 가지고 기업활동을 할 수 있다고 생각합니다."
-K 사회적 기업가 인터뷰 2010년 10월 20일-

다음 재정지원의 사후관리가 문제점으로 지적되고 있다. 정부에서 사회적 기업을 집중적으로 육성하고 대대적인 재정지원을 하면서 부작용도 우려되고 있다. 예를 들면 사회적 기업으로 부적합한 측면이 있음에도 불구하고 형식적인 조건만을 갖추어 정부의 재정지원을 받기 위해 사회적 기업을 창업하는 경우도 있기 때문이다. 이러한 경우 부적합한 사회적 기업으로 인하여 정부의 예산 낭비를 초래할 수도 있다.

"지금은 재정지원이 인건비 등의 사회적 기업 지원정책에 초점이 맞추어져 있습니다. 그러나 장기적인 측면에서는 재정지원이 중단되면 어려움에 처할 수 있다고 봅니다. 그래서 사회적 기업 스스로가 자립할 수 있도록 해야 합니다. 현재의 사회적 기업 정책으로는 대다수의 사회적 기업들이 재정지원에 의존하는 경우가 많기 때문에 이를 시급히 개선하는 것이 필요합니다."
- 서울시 D 구청 사회적 기업 관련 공무원 인터뷰 2010년 10월 20일 -

"현재 중앙정부 차원에서나 서울시에서 사회적 기업 활성화를 위해서 재정지원에 대한 홍보를 많이 하고 있습니다. 언론에서도 요즘 들어 자주 사회적 기업에 대해서 나오기도 합니다. 그런데 사회적 기업에 대한 재정지원이 많아지다 보니 부작용도 있는 것 같아요. 얼마 전에 예비 사회적 기업 심사를 하는 곳에 다녀온 적이 있는데 누가 봐도 형식적인 조건만 갖춘 기업이 있었어요. 그냥 장애인 몇 명만 고용하고 어떤 사회적 목적이나 계획 없이 기업 운영을 하고 있는 모습을 봤습니다. 이런 경우는 사회적 기업이라고 하기에는 무리가 있어요. 단지 사회적 기업으로 인증을 받으면 여러 가지 혜택을 받게 되니까 그런 혜택들을 받기 위해 사회적 기업으로 인증받으려는 기업들도 있다고 생각합니다. 그래서 고용노동부나 시에서 사회적 기업지원을 위한 홍보도 중요하지만 인증받은 사회적 기업의 재정지원에 대한 사후관리가 필요할 것 같습니다."
- 서울시 JR 구청 사회적 기업 관련 공무원 인터뷰 2010년 10월 23일 -

따라서 정부의 재정지원 같은 경우 인건비 중심의 재정지원에서 벗어나 사회적 기업 창업 초기부터 재정지원을 받을 수 있도록 재정지원에 대한 정비가 필요하다. 즉, 인건비 중심이 아니라 창업자금이나 시설비 구입비용, 임대료 지원 등 다양한 측면에서 재정지원이 이루어질 수 있도록 해야 한다.

또한 정부의 재정지원뿐만 아니라 사회적 기업을 위한 전문 금융기관을 설립하여 사회적 기업이 적시에 필요한 자금을 확보할 수 있도록 해야 한다. 현재는 많은 사회적 기업들이 정부의 재정지원에만 의존하고 있는 실정이라 재정지원이 중단되면 재정난을 겪는 경우가 발생하고 있다. 따라서 사회적 기업만을 중점적으로 지원할 수 있는 다양한 전문 금융기관의 설립이 필요하다.

마지막으로 정부의 재정지원에 대한 사후관리가 필요하다. 사회적 기업 육성 정책에 따라 많은 정부예산이 소요되고 있다. 사회적 기업이 과거 공공근로나 희망근로와 같은 일시적인 예산 집행의 실업정책으로 전락하지 않기 위해서는 재정지원에 대한 사후관리가 필요하다. 즉, 정부의 재정지원이 시작되면 재정지원에 대한 투명성이 확보될 수 있도록 예산 집행에 대한 관리가 이루어져야 한다. 이때 정부의 과도한 관리 감독이 아니라 사회적 기업의 운영에 부담이 가지 않도록 하는 선에서 정기적인 현장 방문이나 재정지원 내역서 공개가 이루어져 예산 집행의 투명성을 제고해야 한다.

3) 전자정부서비스

<표 5 - 20>은 정부 부문에서 사회적 기업을 지원하기 위한 정보시스템이나 전자정부서비스가 잘 구축되어 있는가에 대한 질문에 대한 결과이다. 분석결과를 살펴보면, 평균값이 2.65로 다소 부정적인 인식을 하고 있었다. 구체적으로는 '전혀 그렇지 않다'가 19명(6.4%), '그렇지 않은 편이다'가 108명(36.2%), '보통이다'가 130명(43.6%), '그런 편이다'가 40명(13.4%), '매우 그렇다'가 1명(0.3%)으로 각각 나타났다.

〈표 5-20〉 전자정부서비스에 대한 인식

전자정부서비스		빈도(명)	비율(%)	평균	표준편차
전자정부 서비스 구축	전혀 그렇지 않다	19	6.4	2.65	0.803
	그렇지 않은 편이다	108	36.2		
	보통이다	130	43.6		
	그런 편이다	40	13.4		
	매우 그렇다	1	0.3		
합계		298	100.0		

다음의 글은 전자정부서비스에 대한 인터뷰 결과이다. 인터뷰 결과를 대체적으로 살펴보면, 아직까지 사회적 기업을 지원하기 위한 정보시스템이나 전자정부서비스가 잘 갖추어지지 않은 것을 알 수 있다. 인식조사에서도 유사한 결과가 나왔지만 사회적 기업을 위한 정부의 전자정부서비스는 아직 미흡한 수준이라고 볼 수 있다.

"전자정부서비스는 현재 도입 중인 것으로 알고 있습니다. 서울시의 경우 사회적 기업과 직접 소통할 수 있는 전자정부시스템을 시범적으로 사용하고 있습니다. 아마 앞으로는 사회적 기업과 정부 혹은 자치단체가 바로 온라인으로 업무 처리가 가능하게 될 것입니다."
－서울시 D 구청 사회적 기업 관련 공무원 인터뷰 2010년 10월 17일－

"전자정부서비스 같은 경우는 아직 구축되어 있지 않습니다. 우선 전자정부서비스라고 하면 자치구에서 사용하는 '새올' 시스템이 있는데 향후에 지역형 사회적 기업이 정착된다면 '새올' 시스템과 연계가 되어야 한다고 생각합니다. 그러면 사회적 기업과 더 많은 소통이 이루어질 수 있다고 생각합니다. 현재로서는 개인메일이나 전화통화를 주로 이용하고 있습니다."
－J 구청 사회적 기업 관련 공무원 인터뷰 2010년 10월 20일－

현재 사회적 기업을 위한 전자정부서비스라고 할 수 있는 것은 유일하게 고용노동부의 사회적 기업 홈페이지와 지원기관의 홈페이지

가 전부이다. 홈페이지에는 사회적 기업에 대한 홍보와 인증절차 내
지는 간단한 소개가 주류를 이루고 있다. 홈페이지의 성격상 일방적
인 홍보 위주여서 사회적 기업을 지원하기 위한 정보서비스라고 하
기에는 부족한 측면이 많다.

"전자정부서비스 같은 경우 사회적 기업과 직접 연계되거나 본청과 연계된
서비스는 아직 구축되어 있지 않습니다. 다만 고용노동부와는 전자결재시스
템을 통해 사회적 기업 관련 업무 처리를 하고 있습니다. 그리고 현재 국가
보조금지원시스템이라고 것이 있는데 그것을 통해서 시에서 사회적 기업에
대한 보조금을 자치구에 지원해 주고 자치구는 그 시스템을 통해서 사회적
기업에 대한 예산을 집행하고 있습니다. 우선 예산 부분만 전자정부시스템
이 운영되고 있습니다. 향후 전자정부서비스가 전면 도입된다면 보다 투명
하고 신속하게 업무 처리가 이루어질 수 있을 것이라 생각합니다."
 － 서울시 JR 구청 사회적 기업 관련 공무원 인터뷰 2010년 10월 23일 －

"아직까지 전자정부서비스가 확실하게 제공되고 있지는 않습니다. 고용노
동부이 경우 홈페이지를 구축하고 홈페이지에서 대부분 정보를 제공하고
있고, 서울시 경우도 아직 사회적 기업 홈페이지를 구축 중에 있습니다. 향
후에는 고용노동부와 서울시의 홈페이지와 상호 연동될 수 있도록 하는 방
안이 필요하다고 생각합니다. 그리고 이직까지는 홍보 위주나 정보 제공
수준의 홈페이지가 운영되고 있다고 볼 수 있습니다."
 － 서울시 Y 사회적 기업 관련 공무원 인터뷰 2010년 10월 27일 －

사회적 기업가와 사회적 기업 지원기관 근무자, 사회적 기업 관련
공무원들과의 인터뷰에서는 상호 간에 업무 처리가 많았다. 정부 인
증을 위한 준비에서부터 인증 후에 상호 간에 업무 처리까지 지속적
으로 사회적 기업과 정부, 그리고 지원기관과는 지속적으로 업무 처
리와 관련하여 접촉 빈도가 높았다.

그러나 인터뷰 결과 대부분은 직접 방문, 전화 연락, 팩스, 개인

전자메일 등으로 업무 처리를 하고 있는 실정이었다. 이러한 상황에서 사회적 기업은 물론, 정부의 담당자, 그리고 지원기관의 근무자들은 업무 처리에 시간과 비용 등 다양한 측면에서 어려움을 겪을 수밖에 없다.

따라서 사회적 기업을 지원하기 위한 정보시스템이나 전자정부서비스가 구축되어야 할 필요성이 제기된다. 한국은 발달된 전자정부시스템을 구축하고 있다. UN 세계 전자정부 평가에서도 1위를 하는 등 세계적인 수준의 전자정부시스템을 구축해 다른 나라에까지 수출을 하고 있다. 또한 초고속 인터넷 보급률이나 인터넷 사용 측면에서도 다른 나라에 비해 우수하다. 그러나 사회적 기업을 지원하기 위해서는 전자정부시스템이 제대로 가동되지 못하고 있다. 이러한 측면에서 사회적 기업을 지원하기 위한 정보시스템이나 전자정부시스템이 구축된다면 사회적 기업이나 정부, 그리고 지원기관 등의 업무 효율성이나 능률성 향상에 크게 도움이 될 수 있을 것이다.

2. 시민사회 부문

1) 신뢰

<표 5 - 21>은 시민사회 부문에서 사회적 기업에 대한 신뢰를 묻는 질문이다. 신뢰에 대한 전체적인 평균값은 3.79로 응답자들은 대부분 긍정적으로 인식하고 있었다.

먼저, 전반적으로 사회적 기업은 믿을 만하다는 질문에서 평균값은 3.71로 긍정적인 결과를 나타내고 있다. 이를 구체적으로 살펴보

면, '전혀 그렇지 않다'가 0명(0%), '그렇지 않은 편이다'가 15명(5.0%), '보통이다'가 81명(27.2%), '그런 편이다'가 178명(59.7%), '매우 그렇다'가 24명(8.1%)으로 나타났다.

두 번째 질문은 사회적 기업이 우리 사회에 도움을 주는가에 대한 질문이다. 구체적인 분석결과를 보면, '전혀 그렇지 않다'가 1명(0.3%), '그렇지 않은 편이다'가 12명(4.0%), '보통이다'가 48명(16.1%), '그런 편이다'가 156명(52.3%), '매우 그렇다'가 81명(27.2%)으로 나타났다.

세 번째 질문은 사회적 기업의 거래과정은 공정하고 투명한가에 대한 질문이다. 평균값을 보면 3.65로 응답자들은 긍정적인 것으로 인식하고 있었다. 이를 구체적으로 살펴보면, '전혀 그렇지 않다'가 0명(0%), '그렇지 않은 편이다'가 22명(7.4%), '보통이다'가 92명(30.9%), '그런 편이다'가 151명(51.3%), '매우 그렇다'가 31명(10.4%)으로 나타났다.

〈표 5-21〉 신뢰에 대한 인식

신뢰(SE)		빈도(명)	비율(%)	평균	표준편차	전체 평균
사회적 기업의 믿음	전혀 그렇지 않다	0	0	3.71	0.686	3.79
	그렇지 않은 편이다	15	5.0			
	보통이다	81	27.2			
	그런 편이다	178	59.7			
	매우 그렇다	24	8.1			
	합계	298	100.0			
사회적 기업의 도움	전혀 그렇지 않다	1	0.3	4.02	0.791	
	그렇지 않은 편이다	12	4.0			
	보통이다	48	16.1			
	그런 편이다	156	52.3			
	매우 그렇다	81	27.2			
	합계	298	100.0			

사회적 기업의 투명성	전혀 그렇지 않다	0	0			
	그렇지 않은 편이다	22	7.4	3.65	0.765	3.79
	보통이다	92	30.9			
	그런 편이다	153	51.3			
	매우 그렇다	31	10.4			
	합계	298	100.0			

<표 5-22>는 사회적 기업의 신뢰에 대한 소속별 인식 차이를 나타낸 결과이다. 신뢰에 대한 소속별 인식 차이에서 분석결과 F값은 2.250 유의확률이 0.030으로 소속별 인식 차이가 있었다. 일원배치 분산분석결과 사후검정 Dunnett T3에서 사회적 기업가와 일반 시민 사이에 평균차(I－J)가 0.449인 것으로 나타났다.

이러한 결과는 사회적 기업가의 경우 직접 사회적 기업을 운영하면서 사회적 기업에 대해 우호적인 인식을 하고 있기 때문인 것으로 판단되며, 일반 시민의 경우 사회적 기업에 대해 어느 정도 인식은 하고 있지만, 사회적 기업을 직접 운영하거나 참여하지 않기 때문에 다른 집단에 비해 낮은 인식 수준을 나타내고 있는 것이라 판단된다.

〈표 5-22〉 신뢰에 대한 소속별 인식 차이

구분	소속	사례 수	평균	표준편차	F값	유의확률
신뢰	사회적 기업가	31	4.07	0.606	2.250	0.030
	예비 사회적 기업가	65	3.78	0.665		
	사회활동가	10	3.73	0.516		
	사회적 기업 관련 공무원	27	3.90	0.521		
	사회적 기업 지원기관 근무자	27	3.90	0.521		
	일반 시민	57	3.62	0.610		
	사회적 기업 종사자	55	3.89	0.583		
	기타	19	3.70	0.683		
	합계	298	3.79	0.626		

다음의 글은 사회적 기업의 신뢰에 대해 사회적 기업가와 사회적 기업 관련 공무원과의 인터뷰에 대한 글이다. 분석결과를 보았을 때 사회적 기업에 대해 대부분 우호적인 인식을 하는 것을 알 수 있었다.

그러나 사회적 기업의 소비자라고 할 수 있는 시민들의 인식에 대해서는 부정적인 결과를 나타내고 있었다. 시민들의 경우 대부분 사회적 기업을 정부의 홍보나 방송에서 나오는 프로그램에서 접하는 경우가 대부분이다. 그리고 사회적 기업을 정부에서 정책적으로 홍보할 때 취약계층의 일자리 창출에 보다 많은 관심을 쏟으면서 사회적 기업이 본래의 취지인 사회목적 실현보다는 희망근로나 공공근로와 같은 한시적인 일자리 정책의 일환으로 인식하는 경우가 많다는 문제점을 지적하고 있다.

"일반 시민들이 일반 사회적 기업(이하 SE)에 대한 것으로 본다면, 인지도 자체가 낮습니다. SE 홍보로 사회단체와 상담을 하여도 SE에 대한 개념이 희박합니다. 하물며, 일반 시민들은 SE에 대한 의미를 정확히 모르고 공영 방송에서 나오는 광고만을 보고 있는 겁니다. 막연하게 좋다고만 생각하는 거 같은데, 막대한 보조금 사업인 것을 알면 SE를 과연 좋게 볼지 의문입니다."
－서울시 자치구 ㄴ 사회적 기업 관련 공무원 인터뷰 2010년 10월 17일－

따라서 시민들은 대부분 사회적 기업에 대해 우호적인 인식을 하고는 있지만 사회적 기업이 무엇을 하는 기업인지에 대해서는 잘 모르는 경우가 많다는 것이다. 이러한 문제점을 해결하기 위해서는 시민들의 인식 제고가 개선되어야 하는데 정부의 일자리 창출 중심의 홍보에서 벗어나 사회적 기업의 사회목적 실현에 대한 홍보가 보다 중점적으로 이루어져야 할 필요성이 있다.

2) 착한 소비

<표 5－23>은 시민사회 부문의 착한 소비에 대한 인식을 나타낸 결과이다. 착한 소비는 제3세계에서 생산제품을 구매하는 것과 사회적 기업이 생산한 제품이나 서비스를 구매하는 것을 포함하는 개념이다. 기술통계 결과 전체 평균은 3.76으로 응답자들은 대부분 착한 소비에 대해서 긍정적인 것으로 인식하고 있었다. 이를 구체적으로 살펴보면 다음과 같다.

먼저, 공정무역은 제3세계의 발전에 기여한다는 질문에서는 평균값이 3.92로 매우 긍정적인 것으로 나타났다. 구체적으로는 '전혀 그렇지 않다'가 0명(0%), '그렇지 않은 편이다'가 15명(5.0%), '보통

이다'가 62명(20.8%), '그런 편이다'가 154명(51.7%), '그런 편이다'가 154명(51.7%), '매우 그렇다'가 67명(22.5%)으로 나타났다.

두 번째, 사회적 기업의 상품을 구매하는 것은 취약계층의 복지에 도움이 되기 때문이라는 질문에서 평균값은 3.96으로 응답자들은 매우 긍정적으로 인식하고 있었다. 이를 구체적으로 살펴보면, '전혀 그렇지 않다'가 0명(0%), '그렇지 않은 편이다'가 14명(4.7%), '보통이다'가 50명(16.8%), '그런 편이다'가 169명(56.7%), '매우 그렇다'가 65명(51.8%)으로 나타났다.

세 번째 질문은 제3세계에서 만든 공정무역 상품을 구매하는 것은 친환경적 제품이기 때문이라는 질문이다. 분석결과 평균값은 3.42로 나타나 응답자들은 긍정적인 것으로 인식하고 있었다. 구체적으로는 '전혀 그렇지 않다'가 5명(1.7%), '그렇지 않은 편이다'가 39명(13.1%), '보통이다'가 103명(34.6%), '그런 편이다'가 128명(43.0%), '매우 그렇다'가 23명(7.7%)으로 나타났다.

이러한 결과로 볼 때 대부분의 응답자들이 착한 소비에 대해 긍정적인 것으로 인식하고 있었다. 현재 착한 소비는 시민들 사이에 널리 퍼져 있지는 않지만 대중매체나 인터넷을 통해 점점 인식이 확산되어 가고 있는 실정이다. 아직 착한 소비가 한국사회에 정착되기까지는 많은 시간이 소요될 것으로 보인다. 선진국에서는 착한 소비에 대한 운동이 시민단체나 NGO들을 통해서 많이 일어나고 있지만 한국의 경우는 아직까지 초보적인 단계라 할 수 있다.

<표 5-23> 착한 소비에 대한 인식

착한 소비		빈도(명)	비율(%)	평균	표준편차	전체 평균
제3세계 기여	전혀 그렇지 않다	0	0			
	그렇지 않은 편이다	15	5.0			
	보통이다	62	20.8	3.92	0.793	
	그런 편이다	154	51.7			
	매우 그렇다	67	22.5			
	합계	298	100.0			
취약계층 도움	전혀 그렇지 않다	0	0			
	그렇지 않은 편이다	14	4.7			
	보통이다	50	16.8	3.96	0.758	3.76
	그런 편이다	169	56.7			
	매우 그렇다	65	21.8			
	합계	298	100.0			
친환경적 제품	전혀 그렇지 않다	5	1.7			
	그렇지 않은 편이다	39	13.1			
	보통이다	103	34.6	3.42	0.873	
	그런 편이다	128	43.0			
	매우 그렇다	23	7.7			
	합계	298	100.0			

다음 글의 내용은 착한 소비에 대한 사회적 기업가, 사회적 기업 관련 공무원, 사회적 기업 지원기관 근무자와의 인터뷰 내용에 대한 글이다. 인터뷰 응답자들 역시 착한 소비에 대해서 모두 긍정적인 것으로 인식하고 있었다. 또한 착한 소비가 시민사회에서 보다 활발히 일어나야 한다고 답변했다.

"저는 가장 중요한 것이 착한 소비가 시민들 사이에서 일어나야 한다고 봅니다. 사회적 기업에 대한 일방적인 재정지원이나 각종 지원보다는 끊임없는 일자리 제공과 지속적으로 일할 수 있는 환경을 제공하는 것이라고 생각하고 사회적 기업들이 경쟁력을 갖추는 것이 중요하다고 봅니다. 정부 차원에서도 착한 소비를 정착되기 위해서는 정부의 홍보도 중요하지만 사회적 기업들의 자구적인 노력이 더욱 중요하다고 봅니다."
－고용노동부 사회적 기업과 S 사무관 인터뷰 2010년 10월 17일－

"착한 소비 같은 경우 긍정적인이라는 생각이 들어요. 원래는 마케팅이나 운영수단으로 사용되기도 하는데, 공정무역 상품의 경우 상품의 퀄리티가 낮은 경우가 있어요. 상품의 질은 고려하지 않은 채 공정무역 이미지만 부각시켜 소비를 유도하는 것은 바람직하지 않은 것 같아요. 사회적 기업이 착한 기업으로서 착한 소비를 유도하기 위해서는 장기적으로 상품의 질과 서비스의 질을 동시에 고려하는 것이 필요한 것 같고 그래야만 일반 기업과 경쟁할 수 있도록 노력해야 한다고 봐요."
－R 사회적 기업 지원기관 근무자 인터뷰 2010년 10월 16일－

그러나 착한 소비에 대해 긍정적인 것으로 인식하기도 하지만, 한편에서는 우려의 목소리를 내기도 한다. 즉 착한 소비가 사회적 기업의 성장과 발전에 있어서 어느 정도의 도움이 될 수는 있어도 직접적으로 사회적 기업에 도움이 되지는 않는다는 것이다.

"착한 소비 운동이 일어나면서 사람들이 관심을 가지게 되는 것은 좋은 현상인 것 같아요. 그렇지만 착한 소비로 사회적 기업이 성장하고 발전할 수 있는 것은 아니거든요. 시민들의 참여가 많아져야 하는데……. 착한 소비는 일부분인 것 같아요. 사회적 기업이나 협동조합이 사회 경제적 조직이거든요. 영리 추구가 우선이 아니라는 거죠. 영리 추구는 2차적인 문제입니다. 사회적 기업은 생산자와 소비자의 신뢰와 관계적 거래를 중요한 가치로 생각해야 해요. 허나 착한 소비는 일방적인 호혜적 소비의 일종으로 캠페인으로 그칠 수 있어요. 그런 의미에서 착한 소비는 지속 가능성을 담보하지 않는다고 생각해요."
－G 사회적 기업가 인터뷰 2010년 10월 10일－

즉, 사회적 기업은 사회적 목적 실현이 우선이고 수익창출이 부차적인 것인 만큼 착한 소비가 직접적으로 사회적 기업에 도움을 주지는 않는다는 것이다. 우호적인 입장에서 한두 번 구매는 할 수 있지만, 장기적으로는 사회적 기업이 제공하는 서비스와 제품의 질을 높이는 것이 사회적 기업의 성장과 발전에서 중요하다고 지적하고 있다.

3) 소통

<표 5 - 24>는 시민사회 부문에서 소통의 인식에 대한 기술통계 결과이다. 소통에 대한 전체적인 평균값은 3.40으로, 응답자들은 소통에 대해 긍정적인 것으로 인식하고 있는 것을 알 수 있다. 인구사회학적 배경에서 인식 차이가 존재하는지에 대한 분석에서는 집단별로 유의미한 차이는 발견되지 않았다. 소통에 대한 인식을 각각 변수별로 구체적으로 살펴보면 다음과 같다.

먼저 온라인커뮤니티는 사회적 기업에 관한 유용한 정보를 얻을 수 있는가라는 질문에서 평균값은 3.53으로 응답자들은 온라인커뮤니티의 정보 제공에 긍정적인 것으로 응답하였다. 이를 구체적으로 살펴보면, '전혀 그렇지 않다'가 4명(1.3%), '그렇지 않은 편이다'가 31명(10.4%), '보통이다'가 96명(32.2%), '그런 편이다'가 136명(45.6%), '매우 그렇다'가 31명(10.4%)으로 나타났다.

두 번째 사회적 기업은 소비자들의 의견을 적극적으로 청취하고 소통하는가 하는 질문에서 평균값은 3.18로 응답자들은 사회적 기업과 소비자의 소통에 대해 긍정적인 것으로 인식하고 있었다. 구체적으로는 '전혀 그렇지 않다'가 5명(1.7%), '그렇지 않은 편이다'가 51명(17.1%), '보통이다'가 138명(46.3%), '그런 편이다'가 92명(30.9%), '매우 그렇다'가 12명(4.9%)으로 나타났다.

세 번째는 사회적 기업들의 온라인커뮤니티는 사회적 기업의 제품이나 서비스의 구맹에 도움을 주는가라는 질문이다. 분석결과 응답자들은 3.50으로 긍정적인 것으로 인식하고 있었다. 구체적으로는 '전혀 그렇지 않다'가 3명(1.3%), '그렇지 않은 편이다'가 32명(10.7%), '보통이다'가 102명(34.2%), '그런 편이다'가 134명(45.0%), '매우 그렇다'가 27명(9.1%)으로 나타났다.

따라서 대체적으로 응답자들은 사회적 기업의 소통에 대해 긍정적인 것으로 인식하고 있는 것을 알 수 있다. 또한 응답자들은 온라인커뮤니티와 인터넷과 같은 CMC매체들이 사회적 기업의 운영에 중요한 역할을 담당한다고 응답한 것을 알 수 있다.

〈표 5-24〉 소통에 대한 인식

소통		빈도(명)	비율(%)	평균	표준편차	전체 평균
온라인커뮤니티의 정보 제공	전혀 그렇지 않다	4	1.3	3.53	0.865	
	그렇지 않은 편이다	31	10.4			
	보통이다	96	32.2			
	그런 편이다	136	45.6			
	매우 그렇다	31	10.4			
	합계	298	100.0			
사회적 기업과 소비자 소통	전혀 그렇지 않다	5	1.7	3.18	0.822	3.40
	그렇지 않은 편이다	51	17.1			
	보통이다	138	46.3			
	그런 편이다	92	30.9			
	매우 그렇다	12	4.0			
	합계	298	100.0			
제품과 서비스 구매	전혀 그렇지 않다	3	1.0	3.50	0.842	
	그렇지 않은 편이다	32	10.7			
	보통이다	102	34.2			
	그런 편이다	134	45.0			
	매우 그렇다	27	9.1			
	합계	298	100.0			

　다음의 글은 소통에 대해 사회적 기업 관련 공무원, 사회적 기업 지원기관 근무자, 사회적 기업가와 인터뷰를 실시한 내용이다. 인터뷰 결과의 내용에 대해 살펴보면 모두 온라인커뮤니티나 소비자와 소통이 중요함을 말하고 있다. 그러나 몇 가지 측면에서 향후 개선되어야 할 사항이 있다.

　현재 사회적 기업의 홈페이지는 대부분 구축되어 있다. 그러나 홈페이지의 역할이 소통을 위한 공간이기보다는 일방적으로 사회적 기업 제품의 홍보나 해당 사회적 기업을 홍보하는 수준에 그치고 있다. 또한 고용노동부의 사회적 기업홈페이지 내에도 사회적 기업 제품이나 서비스에 대한 소개가 있지만 일방적인 홍보의 역할만 하고 있는 실정이다. 따라서 향후에는 고용노동부의 사회적 기업 홈페이지나 개별 사회적 기업의 홈페이지에서 온라인커뮤니티가 사회적 기업 운영자들과 소비자, 그리고 정책담당자 간의 소통 공간으로 변화해야 한다. 이를 위해서는 사회적 기업가나 관리자가 홈페이지나 인터넷 커뮤니티의 기능을 바꾸고 커뮤니티 공간을 마련해야 한다.

"정부에서는 사회적 기업을 위한 홈페이지를 별도로 개설하고 있고, 홈페이지를 통해서 홍보활동과 정보 제공을 하고 있습니다. 그리고 사회적 기업 제품이나 서비스에 대한 소개를 한 부분이 있는데 아직까지는 바로 사회적 기업 홈페이지와 연계되어 상품이나 서비스를 구매할 수 있게 되어 있지는 않습니다. 앞으로 보완을 하려고 하고 있고, 홈페이지라는 것이 특성상 일방적인 측면이 있어서 앞으로는 소통을 위해 홈페이지 개편을 통해 소통의 장을 마련할 수 있도록 개선 중에 있습니다."
　－고용노동부 사회적 기업과 S 사무관 인터뷰 2010년 10월 17일－

"저 같은 겨우 사회적 기업 업무를 담당하면서 사회적 기업과 업무 처리를 하고 정보 공유도 하는 등 소통을 해야 하는 경우가 많습니다. 그런데 매번

직접 만나거나 함께 모임을 갖기가 시간적으로 어려운 경우가 많습니다. 사
회적 기업들도 그렇고 저 같은 경우도 업무가 많아 시간을 맞추기가 서로
어렵거든요. 그래서 소통을 위한 공간 같은 게 있었으면 좋겠습니다. 예를
들면, 인터넷 카페나 따로 블로그 같은 것이 있어서 사회적 기업들과 업무
처리나 대화를 하는 그런 장이 있었으면 합니다. 그런 온라인 카페가 있으
면 아무래도 서로 업무 처리나 상담도 이루어지고 소통이 원활하게 될 것
같습니다. 그리고 얼마 전에 서울시 자치구 사회적 기업 담당자들의 온라인
카페가 만들어졌습니다. 아직 만들어진 지 얼마 되지 않았지만 사회적 기업
담당자들의 고민이나 의견을 나눌 수 있는 공간이 마련되어 앞으로 잘 운영
된다면 사회적 기업 활성화에도 도움이 되지 않을까 생각합니다."
— 서울시 JR 구청 사회적 기업 관련 공무원 인터뷰 2010년 10월 23일 —

현재 고용노동부의 사회적 기업 홈페이지나 개별 사회적 기업의
홈페이지는 사회적 기업의 제품이나 서비스에 대한 단순한 소개나
홍보에서 벗어나지 못하고 있다. 그러나 일반 기업들은 전자상거래
시스템을 도입해 인터넷에서 활발히 상거래 활동을 하고 있다. 전자
상거래 시장은 앞으로도 기업들에는 매우 매력적인 시장이 될 수 있
고, 꾸준히 시장규모도 확대되고 있다. 최근 들어서는 스마트폰이
보급되면서 전자상거래 시장이 더욱 확대될 전망이다. 이러한 측면
에서 사회적 기업은 향후 전자상거래 시장에 진입해 기업활동을 해
야 한다. 전자상거래 시장에 진입하기 위해서는 일반 기업과 마찬가
지로 가격 경쟁력을 갖추고 상품의 질과 서비스의 수준을 높여야 할
것이다. 예를 들면 품질적인 측면에서 우수하고 사회적 기업 제품이
나 서비스에 대해 친환경적 제품이라는 것을 강조하거나 사회적 기
업 제품이나 서비스가 갖는 사회적 가치를 강조하는 등의 다양한 마
케팅 수단을 개발해야 할 것이다.

"온라인커뮤니티가 활성화되어야 한다고 생각합니다. 사회적 기업이 전자상거래 시장에도 진출해야 한다고 생각합니다. 아직은 사회적 기업이 전자상거래에서 품질이나 경쟁력에서 뒤처진다고 생각되지만, 전자상거래를 통해 사회적 기업의 제품이나 서비스가 널리 알려져야 한다고 생각합니다."
-H 사회적 기업 지원기관 근무자 인터뷰 2010년 10월 26일 -

"사회적 기업의 제품이나 서비스 구매에 인터넷이 큰 역할을 하리라고 생각합니다. 하지만 기존의 사회적 기업의 제품은 가격 경쟁 측면에서 조금 비싸지 않나 싶습니다. 요즘은 오프라인상의 구매보다 온라인상의 구매가 높아지고 있고, 스마트폰을 통해 컴퓨터처럼 온라인 구매가 가능하므로 온라인커뮤니티는 사회적 기업 제품의 구매나 서비스에 큰 영향을 줄 것이라 생각합니다."
-M 대학교 사회적 지원기관 근무자 인터뷰 2010년 11월 2일 -

사회적 기업과 소비자의 소통에 있어서는 응답결과에서도 알 수 있듯이 보통이라는 응답이 많았다. 사회적 기업의 주요 소비자는 시민들이라고 할 수 있다. 그리고 사회적 기업이 활성화되기 위해서는 시민들의 의견을 적극적으로 청취하고 이를 기업활동에 반영해야 한다. 그러나 현재는 인터뷰 결과에서도 알 수 있듯이 온라인에서나 오프라인에서 소통에 대해 일정한 한계를 지니고 있다.

"사회적 기업의 유형에 따라 온라인커뮤니티를 이용하거나 인터넷을 통해 사업을 하는 기업이나 협동조합이 있어요. 저희 같은 협동조합의 경우는 그렇지 않지만 다른 사회적 기업은 충분한 전망이 있을 것 같아요. 그리고 원주 같은 경우 로컬 푸드 운동을 벌이고 있어요. 지역에서 생산한 채소나 먹을거리들을 지역사람들이 소비하자는 거죠. 이때 로컬 푸드 운동이 성공하려면 시민들과 담론이 중요해요. 소비자로서의 시민들을 이해시키고 공감하게 하는 그런 게 로컬 푸드에서는 중요하거든요. 그래서 저희도 시민들과 소통하려고 노력 중이고, 시스템 구축을 강구 중이에요."
-K 사회적 기업가 인터뷰 2010년 10월 10일 -

"소통을 하려고 노력하고 있지만, 실질적으로 소통이 그렇게 잘 이루어지고 있지는 않습니다. 공신 같은 경우 온라인 기반이라 온라인 통한 소통을 위해 노력하는 측면이 있지만 일부의 경우를 제외하고는 인터넷상에서의 한계를 느끼는 경우가 종종 있습니다. 그래서 오프라인과 온라인을 통해 소통하려고 노력하고 있습니다."
－K 사회적 기업가 인터뷰 2010년 10월 17일 －

따라서 향후에는 사회적 기업 활성화를 위해서 사회적 기업가들은 소비자들의 의견 청취를 위해 다양한 채널을 개발해야 한다. 예를 들면, 인터넷상에서는 온라인커뮤니티를 활성화시켜 소비자들의 의견을 적극적으로 청취할 수 있도록 해야 한다. 이를 위해서는 온라인상에서 이벤트나 쿠폰제공과 같은 것을 통해 트래픽을 증가시켜야 한다. 오프라인상에서도 소비자들과의 접촉빈도를 높임으로써 소비자들의 의견을 수렴하여 제품의 개선과 서비스의 질 향상에 노력해야 할 것이다.

3. 기업 부문

1) 기업윤리

<표 5－25>는 기업 부문의 기업윤리에 대한 인식을 나타낸 결과이다. 응답에 대한 평균값을 보면, 2.67로 다소 낮은 수치로 나타나 응답자들은 기업윤리에 대해 다소 부정적인 입장을 나타내고 있다.

먼저, 우리나라 기업은 공정거래 질서와 관련법규를 지키기 위해 노력하는가에 대한 질문에서는 평균값이 2.70으로 나타나 응답자들

은 다소 부정적인 인식을 하고 있었다. 구체적으로 살펴보면, '전혀 그렇지 않다'가 14명(4.7%), '그렇지 않은 편이다'가 112명(37.6%), '보통이다'가 123명(41.3%), '그런 편이다'가 47명(15.8%), '매우 그렇다'가 2명(2.7%)으로 나타났다.

　두 번째, 우리나라 기업은 윤리적·도덕적 규범을 준수하기 위해 노력하는가에 대한 질문에서는 평균값이 2.61로 다소 낮게 나타나 부정적으로 인식하고 있었다. 구체적으로 살펴보면, '전혀 그렇지 않다'가 24명(8.1%), '그렇지 않은 편이다'가 112명(37.6%), '보통이다'가 121명(40.6%), '그런 편이다'가 39명(13.1%), '매우 그렇다'가 2명(0.7%)으로 나타났다.

　세 번째, 우리나라 기업은 기부, 자선활동, 지역사회봉사 등 사회공헌 활동을 위해 노력하는가에 대한 질문이다. 분석결과 평균값은 2.72로 다소 낮게 나타나 응답자들은 우리나라 기업들의 사회공헌 활동에 대해 부정적인 인식을 나타내고 있었다. 구체적으로 살펴보면, '전혀 그렇지 않다'가 18명(16.0%), '그렇지 않은 편이다'가 96명(32.2%), '보통이다'가 136명(45.6%), '그런 편이다'가 47명(15.8%), '매우 그렇다'가 1명(0.3%)으로 나타났다.

<표 5-25> 기업윤리에 대한 인식

기업윤리		빈도(명)	비율(%)	평균	표준편차	전체 평균
공정질서와 법규 준수	전혀 그렇지 않다	14	4.7	2.70	0.813	2.67
	그렇지 않은 편이다	112	37.6			
	보통이다	123	41.3			
	그런 편이다	47	15.8			
	매우 그렇다	2	0.7			
	합계	298	100.0			
윤리, 도덕규범 준수	전혀 그렇지 않다	24	8.1	2.61	0.839	
	그렇지 않은 편이다	112	37.6			
	보통이다	121	40.6			
	그런 편이다	39	13.1			
	매우 그렇다	2	0.7			
	합계	298	100.0			
사회공헌 활동	전혀 그렇지 않다	18	16.0	2.72	0.812	
	그렇지 않은 편이다	96	32.2			
	보통이다	136	45.6			
	그런 편이다	47	15.8			
	매우 그렇다	1	0.3			
	합계	298	100.0			

<표 5-26>은 기업 부문의 기업윤리에서 소속별 인식 차이가 존재하는지에 대한 일원배치 분산분석의 결과이다. 분석결과 기업윤리에 대한 소속별 인식 차이는 F값이 3.099이고, 유의확률이 0.004로 소속별 인식의 차이가 존재하는 것으로 나타났다. 구체적으로 평균값에서 예비 사회적 기업가가 2.96으로 가장 높은 수치를 나타냈고, 사회적 기업가가 2.44로 가장 낮은 수치를 나타냈다. 사후검정 Dunnett T3 결과에서는 사회적 기업가와 예비 사회적 기업가 사이에 평균차(I-J)가 0.52로 나타났다. 이러한 결과가 나타난 것은 사회적 기업가의 경우 실제 사회적 기업 활동을 하면서 일반 기업과는

<표 5-26> 기업윤리에 대한 소속별 인식 차이

구분	소속	사례 수	평균	표준편차	F값	유의확률
기업윤리	사회적 기업가	31	2.44	0.663	3.099	0.004
	예비 사회적 기업가	65	2.96	0.604		
	사회 활동가	10	2.30	0.617		
	사회적 기업 관련 공무원	34	2.62	0.732		
	사회적 기업 지원기관 근무자	27	2.64	0.612		
	일반 시민	57	2.56	0.771		
	사회적 기업 종사자	55	2.77	0.798		
	기타	19	2.47	0.660		
합계		298	2.67	0.719		

다른 경영 마인드를 가지고 기업활동을 하면서 현실과는 다른 일반 기업들의 관행이나 행태를 경험했기 때문이라고 판단된다. 예비 사회적 기업가의 경우 다른 집단에 비해 평균값이 높은 이유는 사회적 기업 창업을 위해 준비를 하면서 아직은 일반 기업들에 대해 우호적인 감정을 가지고 있기 때문인 것으로 판단된다.

다음의 글들은 기업윤리에 대한 사회적 기업가, 사회적 기업 지원기관 근무자, 사회적 기업 관련 공무원과의 인터뷰 내용이다. 대부분의 응답자들은 기업윤리가 사회적 기업의 관심 제고나 사회적 기업 활동을 위해서 긍정적인 영향을 미칠 수 있다고 응답했다. 기업윤리, 즉 기업의 사회적 책임은 현재 기업활동을 위해서는 필수적인 요소로 자리 잡고 있다. 또한 많은 일반 기업들이 과거에 비해 기업의 사회적 책임을 다하기 위해 노력하고 있는 것도 사실이다. 그러나 설문 응답결과에서 기업윤리에 대한 인식이 2.67이라는 낮은 평균값이 나타난 것은 우리나라 기업의 기업윤리에 문제가 있음을 나타내는 결과라 할 수 있다.

"큰 틀에서는 사회적 기업의 관심 제고나 육성을 위해서는 기업의 사회적
책임이 바람직한 현상이라고 봅니다. 그리고 다양한 이해관계자들의 관심
을 고조시키는 데 바람직하다고 봅니다."
　　　　　 -J 사회적 기업 지원기관 근무자 인터뷰 2010년 10월 22일-

"기본적으로 기업윤리는 의미가 있다고 봐요. 우리 사회에서 기업들이 사
회적 책임을 다하려고 노력하는 거니까요. 예전과는 달리 기업들도 사회공
헌에 관심을 가지고 있으니까 좋은 현상이라고 봐야겠죠. 시민들에 대한
기업의 사회적 공헌은 시민들이 윤리적이고 사회적 책임을 지는 것에 대해
관심을 가지게 되니까 좋은 현상이라고 봐야 합니다."
　　　　　 -C 사회적 기업가 인터뷰 2010년 10월 17일-

최근 많은 기업들은 기업의 이미지 제고와 성장동력으로서 기업
의 사회적 책임활동에 열중하고 있다. 또한 기업의 사회적 책임활동
은 글로벌 트렌드가 되어 외국의 많은 기업들은 전략적 경영활동으
로서 기업의 사회적 책임을 이용하기도 한다. 외국의 경우 나이키나
스타벅스, 맥도날드와 같은 글로벌 기업들은 기업의 사회적 책임활
동에 많은 노력을 쏟고 있다. 이러한 글로벌 기업들의 활동은 다른
기업들로 하여금 기업의 사회적 책임활동에 동참하도록 하는 역할
을 하기도 한다.

그러나 우리나라의 경우 기업의 사회적 책임활동의 역사는 그리
깊지 못하다. 최근에 들어서야 윤리경영이라는 목표 아래 몇몇 대기
업을 중심으로 사회공헌 활동을 하는 모습을 볼 수 있다. 한국의 경
우 최근 SK나 교보, 삼성, LG, 현대 등과 같은 대기업들이 사회공헌
활동을 하고 있지만, 아직까지 이러한 기업들의 사회공헌 활동에 대
해서 긍정적인 인식이 사회 전체적으로 확대되지는 못하고 있다.

"아직까지는 대기업이나 일반 기업들의 사회공헌 노력은 부족하다고 생각합니다. 언론에서 잠깐씩 나오는 사회공헌 활동은 있지만, 일회성 사회공헌 활동이 많다고 생각합니다. 기업이 사회적 책임을 다하기 위해서는 진심어린 사회적 사명을 가지고 사회공헌 활동을 지속적으로 꾸준히 해 나가야한다고 생각합니다. 현재 우리나라의 기업은 그런 노력이 부족하다고 생각합니다."

-Y 사회적 기업 지원기관 근무자 인터뷰 2010년 10월 21일-

결국 한국사회에서 기업들의 기업윤리는 일부 소수의 대기업을 중심으로 이루어지다 보니 기업윤리에 대한 인식도가 저조한 결과를 가져올 수밖에 없었다. 또한 과거 대기업들의 관행적인 부정부패에 대한 인식이 아직까지 남아 있어 진정한 사회공헌 활동으로 인식되지 못하는 측면도 있다. 인터뷰 내용에서도 알 수 있듯이 지속적인 사회공헌 활동이 아닌 일회성 사회공헌 활동이나 특정한 시기에만 이루어지는 이벤트적 사회공헌 활동으로 비추어지는 측면도 있다.

"아직까지 우리나라 일반 기업의 경우 기부 문화가 부족하다고 생각합니다. 일부 대기업에서 사회공헌 활동을 하고 있지만, 다른 선진 국가와 비교해서 많이 부족하다고 생각합니다. 단순한 일회성 사회공헌이 아닌 진정으로 기업이 사회문제에 대한 인식을 가지고 지속적인 기부나 사회공헌 활동이 필요하다고 봅니다. 그리고 일부 기업뿐만 아니라 다른 기업에까지 널리 확대되어야 한다고 생각하고, 그런 사회적 책임을 지는 기업문화가 정착되어야 한다고 생각합니다."

-G 사회적 기업 관련 공무원 인터뷰 2010년 10월 20일-

따라서 한국사회에서 기업들의 기업윤리를 제고하기 위해서는 기업 스스로가 기업시민으로서 사회적 책임활동에 적극적으로 나서야하고, 일회성이 아닌 지속적인 사회공헌 활동으로 이어져야 한다. 또한 대기업 중심의 사회공헌 활동에서 벗어나 다른 일반 기업들에까지 기업윤리가 확대될 수 있도록 하는 기업문화가 정착되어야 한다.

이를 위해 정부는 기업윤리를 준수하는 기업에 대해 세제혜택과 같은 인센티브를 제공해야 하며, 시민사회에서도 시민규제로서 기업윤리에 대한 시민들의 적극적인 관심과 감시가 이루어져야 한다. 기업윤리가 사회 전반에 확대되었을 때 사회적 기업에 대한 관심도 제고될 수 있다.

2) 협력 · 네트워크

<표 5 - 27>은 기업 부문의 협력 · 네트워크에 대한 인식을 나타낸 결과이다. 분석결과 평균값은 2.65로 나타나 응답자들은 협력 · 네트워크에 대해 다소 부정적인 인식을 하고 있었다.

먼저, 일반 기업과 사회적 기업은 상호 간에 정보 공유 등 협력관계를 유지하고 있는가에 대한 질문이다. 분석결과 평균값은 2.51로 낮은 수준을 보이고 있다. 구체적으로는 '전혀 그렇지 않다'가 23명(7.7%), '그렇지 않은 편이다'가 137명(46.0%), '보통이다'가 102명(34.2%), '그런 편이다'가 35명(11.7%), '매우 그렇다'가 1명(0.3%)으로 나타났다.

두 번째, 사회적 기업들 간에는 정보 공유, 네트워크 형성 등 협력관계를 유지하고 있는가에 대한 질문이다. 분석결과 평균값은 2.98로 다소 부정적으로 나타났다. 구체적으로는 '전혀 그렇지 않다'가 4명(1.3%), '그렇지 않은 편이다'가 84명(28.2%), '보통이다'가 129명(43.4%), '그런 편이다'가 77명(25.8%), '매우 그렇다'가 4명(1.3%)

으로 나타났다.

　세 번째, 일반 기업은 사회적 기업에게 경영컨설팅, 교육 훈련, 기술지원 등을 제공해 주고 있는가에 대한 질문이다. 분석결과 평균값은 2.47로 다소 부정적인 응답을 나타내고 있다. 구체적으로는 '전혀 그렇지 않다'가 24명(8.1%), '그렇지 않은 편이다'가 136명(45.6%), '보통이다'가 111명(37.2%), '그런 편이다'가 27명(9.1%), '매우 그렇다'가 0명(0,0%)으로 나타났다.

〈표 5-27〉 협력·네트워크에 대한 인식

협력·네트워크		빈도(명)	비율(%)	평균	표준편차	전체 평균
일반 기업과 사회적 기업 협력	전혀 그렇지 않다	23	7.7	2.51	0.813	2.65
	그렇지 않은 편이다	137	46.0			
	보통이다	102	34.2			
	그런 편이다	35	11.7			
	매우 그렇다	1	0.3			
	합계	298	100.0			
사회적 기업 간 협력	전혀 그렇지 않다	4	1.3	2.98	0.806	
	그렇지 않은 편이다	84	28.2			
	보통이다	129	43.3			
	그런 편이다	77	25.8			
	매우 그렇다	4	1.3			
	합계	298	100.0			
일반 기업의 지원	전혀 그렇지 않다	24	8.1	2.47	0.770	
	그렇지 않은 편이다	136	45.6			
	보통이다	111	37.2			
	그런 편이다	27	9.1			
	매우 그렇다	0	0.0			
	합계	290	100.0			

<표 5 - 28>은 협력 · 네트워크에 대한 소속별 인식 차이가 존재하는지에 대해 일원배치 분산분석을 실시한 결과이다. 분석결과 F값이 2.136이고 유의확률이 0.040으로 나타나 소속별 인식의 차이가 있는 것으로 나타났다. 사후검정 결과에서는 유의미한 결과가 나타나지 않았지만, 사회적 기업가와 예비 사회적 기업가 사이에 평균차가 0.43으로 나타났다. 즉, 사회적 기업가보다 예비 사회적 기업가의 경우 다른 집단에 비해 협력 · 네트워크를 중요하게 인식하고 있는 것을 알 수 있다.

〈표 5-28〉 협력 · 네트워크에 대한 소속별 인식 차이

구분	소속	사례 수	평균	표준편차	F값	유의확률
협력 · 네트워크	사회적 기업가	31	2.38	0.656	2.136	0.040
	예비 사회적 기업가	65	2.82	0.618		
	사회 활동가	10	2.40	0.409		
	사회적 기업 관련 공무원	34	2.76	0.577		
	사회적 기업 지원기관 근무자	27	2.49	0.557		
	일반 시민	57	2.67	0.747		
	사회적 기업 종사자	55	2.67	0.690		
	기타	19	2.52	0.475		
	합계	298	2.65	0.649		

다음의 글은 협력 · 네트워크에 대한 사회적 기업가, 고용 노동부의 사회적 기업 관련 공무원, 사회적 기업 지원기관 근무자의 인터뷰 내용이다. 인터뷰 결과 대부분의 응답자들은 협력 · 네트워크가 중요하다고 인식하고 있었다. 그러나 일반 기업과 사회적 기업의 협력 · 네트워크, 사회적 기업 간의 협력 · 네트워크가 중요함에도 불구하고 현실적으로는 협력 · 네트워크가 구축되지 않은 것을 알 수

있다.

현재 일부 포스코, SK, 삼성, 현대, 다음(Daum) 등 대기업을 중심으로 사회적 기업을 지원하는 경우가 있다. 그러나 이러한 경우는 소수에 해당되어 일반 기업과 사회적 기업 간에는 협력관계가 구축되지 못하고 있는 실정이다. 기업 자체의 경영활동에서 일반 기업과 사회적 기업은 경쟁적인 관계에 놓여 있다.

그러나 사회적 기업의 경우 일반 기업에 비해 경영능력에 있어 부족한 것이 현실이다. 따라서 일반 기업은 사회적 기업을 경쟁적인 상대로만 볼 것이 아니라 상호 협력관계를 구축해야 한다. 일반 기업과 사회적 기업이 협력관계를 구축한다면 일반 기업은 사회적 책임활동을 다하게 되는 것이며, 사회적 기업은 일반 기업의 협력을 통해 사회적 목적 실현은 물론 수익창출에도 도움이 될 수 있다.

"일부 대기업들이 사회적 기업을 설립하는 경우도 있고 지원하는 경우도 있어요. 알고 계시다시피 대기업들이 그런 활동을 하는데 기업 이미지 제고나 사회공헌 활동을 한다는 점에서는 좋은 일이라고 봐요. 그런데 이미 이야기했듯이 사회적 기업과 일반 기업과는 엄연히 차이가 존재하고 목적 자체가 다르니까 사회적 기업의 발전을 위해서는 사회적 기업 자체의 역량 강화가 필요하다고 봅니다."

－M 사회적 기업가 인터뷰 2010년 10월 9일－

"사회적 기업과 일반 기업의 협력과 네트워킹은 중요하고 바람직하다고 생각합니다. 그러나 사회적 기업의 자립이 더욱 중요하다고 생각합니다. 저 같은 경우는 사회적 기업의 사회적 목적도 중요하지만 사회적 기업이 일반 기업과 협력하고 네트워킹해서 자립할 수 있도록 하는 것이 필요하다고 생각합니다. 지속적인 네트워킹을 통해서 장기적으로는 일반 기업이 사회적 기업을 성장을 도와 자립할 수 있는 기반을 마련해 주고 사회적 기업은 이런 환경을 통해 사회적 기업이 자립하는 것이 필요하다고 생각합니다."

사회적 기업들 간의 협력관계는 2008년 7월 한국 사회적 기업 협의회가 발족되면서 협의체계가 구축되었다. 협의회는 공동대표 5명 이사 11명으로 구성되어 있다. 그러나 사회적 기업 협의회 홈페이지(www.ikose.or.kr)를 살펴보면 활발한 활동이 이루어지지 않고 있다. 홈페이지를 검색한 결과 회원업체에 대한 동향이나 정부의 사회적 기업에 대한 정책 내용이 대부분을 차지하고 있어 사회적 기업들 간의 협력체계가 구축되어 있다고는 보기 어렵다. 인터뷰 결과에서도 사회적 기업들 간의 협력체계의 중요성을 강조하고 있지만 현실적으로 협력관계는 이루어지지 않고 있음을 알 수 있다.

"저희 같은 경우 교육생분들끼리 네트워크를 구축하려고 노력 중이에요. 그래서 아카데미 교육생들끼리 그런 네트워크를 구축하는 데 도움을 드리려고 하고 있어요. 아무래도 교육이 끝나게 되면 교육생들 간의 네트워크가 잘 이루어져야 한다고 서로들 말씀하시는데 네트워크가 구축될 수 있도록 아카데미 측에서 도와느리려고 하고 있어요."

"저는 사회적 기업 자체도 변해야 한다고 봐요. 사회적 기업들끼리 연대가 필요해요. 지금은 각자 사업을 하고 협동조합을 운영하고 있지만. 앞으로는 사회적 기업들이 연대가 더욱 중요하다고 봐요. 지역사회 발전이나 지역경제 활성화 측면에서……. 그리고 지역문제 해결이라는 것에서 중요하지요. 그리고 지역주민이나 다른 사회단체들과도 연대하려고 노력 중이에요. 아직은 다른 단체들과 연대가 어렵지만 앞으로는 연대를 통해서 사회적 기업이 발전할 수 있을 거라고 생각해요."

현재까지는 사회적 기업에 대한 일반 기업의 경영지원이 일부에만 해당하는 것을 알 수 있다. 삼성이나 포스코, SK, 교보, 외환은행, 토지공사 등과 같이 대기업과 공기업을 중심으로 사회적 기업을 설립한 경우가 있고, 사회적 기업 지원재단을 설립한 기업도 있다. 그러나 인터뷰 결과를 보면 대기업의 직접적인 사회적 기업 설립보다는 사회적 기업을 후원하는 쪽이 바람직하다는 의견을 제시하고 있다. 즉, 사회적 기업이 장기적으로 성장하고 자립하기 위해서는 직접적인 지원보다는 간접적인 후원 방식이 바람직하다고 볼 수 있다.

"대기업이나 일반 기업이 사회적 기업과 연계하는 것은 중요하다고 봅니다. 대기업의 경우 자원이나 기업경영에 전문성을 가지고 있기 때문에 기업이 비영리 기관과의 파트너십이 중요하다고 생각합니다. 대기업의 전문성과 자원 그리고 여러 제반 사항들이 사회적 기업과 연계된다면 더욱 좋은 효과를 나타낼 수 있을 것이라 생각하고 장기적인 방향에서 상호 간에 파트너십을 형성하는 것이 필요하다고 생각합니다. 기업의 입장에서도 정부가 못하는 정부의 역할에 대해서 자유롭고 전략적인 사회적 기업 지원 정책을 펼 수 있을 것이라 생각합니다. 그래서 기업들의 유연하고 창의적인 사회적 기업 지원이 필요하다고 봅니다."
 -고용노동부 S 사회적 기업 관련 공무원 인터뷰 2010년 10월 17일-

"저는 대기업들이 사회적 기업을 설립하는 것에 대해 바람직한 것 같지는 않아요. 일반 기업들이 사회적 기업까지 설립하고 운영하는 것은 제가 봤을 때 문제가 된다고 봐요. 일반 기업은 사회적 기업을 후원해 주는 것이 필요해요. 사회적 기업이 성장하고 발전하려면 일반 기업의 도움이 필요합니다. 아직까지는 사회적 기업이 어려움에 직면하고 있거든요. 다만 대기업이 사회적 기업을 직접 설립하는 것은 장기적으로 사회적 기업이 발전하는 데 문제가 된다고 생각해요."
                    -G 사회적 기업가 인터뷰 2010년 10월 10일-

따라서 사회적 기업의 성장과 발전, 그리고 자립을 위해서는 일반 기업들과의 협력관계가 구축되어야 한다. 또한 지역에서 사회적 기

업이 정착되기 위해서는 사회적 기업들 간의 협력관계가 유지되어
야만 지역형 사회적 기업으로 자리매김할 수 있다. 그리고 사회적
기업에 대한 경영지원의 경우 대기업을 중심으로 이루어지는 구조
에서 벗어나야 한다. 물론 대기업에서 사회적 기업을 설립하고 재단
을 통해서 사회적 기업을 직접적으로 지원하는 경우도 좋은 현상이
다. 그러나 장기적인 측면에서 사회적 기업의 성장과 자립을 위해서
는 대기업과 중소기업 등에서 직접적인 지원방식보다는 간접적으로
경영컨설팅이나, 교육 훈련, 기술지원 등의 경영지원 활동이 이루어
져야 한다.

3) 조직관리

<표 5 - 29>는 기업 부문에서 사회적 기업의 조직관리에 대한
인식을 나타낸 결과이다. 전체 평균값을 보면 2.95로 응답자들은 다
소 부정적인 인식을 나타내고 있다.

첫 번째는 사회적 기업 직원들은 관련 분야의 전문성을 충분히 갖
추고 있는가에 대한 질문이다. 분석결과 평균값은 2.95로 나타나 응
답자들은 사회적 기업 직원들의 전문성에 대해 다소 부정적인 응답
을 나타내고 있다. 구체적으로는 '전혀 그렇지 않다'가 7명(2.3%),
'그렇지 않은 편이다'가 100명(33.6%), '보통이다' 112명(37.6%), '그
런 편이다'가 73명(24.5%), '매우 그렇다'가 6명(2.0%)으로 나타났다.

두 번째는 사회적 기업 직원들은 현재의 직장에 대해 긍지와 자부
심을 가지고 있는가에 대한 질문이다. 분석결과 평균값은 3.24로 다
소 긍정적인 응답을 나타내고 있다. 구체적으로는 '전혀 그렇지 않

다’가 5명(1.7%), ‘그렇지 않은 편이다’가 53명(17.8%), ‘보통이다’가 122명(40.9%), ‘그런 편이다’가 100명(33.6%), ‘매우 그렇다’가 18명(6.0%)으로 나타났다.

세 번째는 사회적 기업 내부의 경영시스템은 체계적으로 구축되어 있는가에 대한 질문이다. 분석결과 평균값은 2.72로 나타나 응답자들은 다소 부정적으로 인식하고 있었다. 구체적으로는 ‘전혀 그렇지 않다’가 15명(5.0%), ‘그렇지 않은 편이다’가 104명(34.9%), ‘보통이다’가 131명(44.0%), ‘그런 편이다’가 44명(14.8%), ‘매우 그렇다’가 4명(1.3%)으로 나타났다.

따라서 사회적 기업의 조직관리에 대한 인식에서는 직원의 긍지와 자부심에 대한 인식을 제외하고는 모두 부정적인 응답을 나타내었다. 일부 사회적 기업을 제외하고 대부분의 사회적 기업은 그 특성상 대부분 소규모로 운영되고, 취약계층을 고용하다 보니 직원들의 전문성이 취약할 수밖에 없다. 그리고 심층 인터뷰 결과에서도 내부 경영시스템 구축과 관련해서 일부 규모가 크거나 유명한 사회적 기업은 경영시스템이 구축된 곳도 있었지만 대부분의 경우는 경영시스템 없이 운영되고 있다는 것을 알 수 있었다.

이러한 결과는 사회적 기업이 다양한 조직적 특성을 가지고 운영되고 있는 것을 보여 주는 것이라 할 수 있다. 즉, 사회적 기업은 일반 중소기업이나 벤처기업과 같은 조직과는 상당한 차이가 있다고 볼 수 있다. 외형적인 측면에서는 중소기업이나 벤처기업과 별다른 차이가 나타나지 않지만 구성원들의 특성이나 조직 내의 시스템들이 다른 중소기업이나 벤처기업과 차이가 나타난다. 이러한 이유에서 대부분의 사회적 기업들이 취약성을 태생적으로 갖게 된다. 그러나 지속적인 조직관리를 통해 전문성은 확보될 수 있고 내부 경영시스템 같은 경우는 일반 기업의 지원이나 연계를 통해 구축해 나갈 수 있고 향후 정상적으로 기업이 운영된다면 충분히 개선될 수 있는 부분이다.

<표 5-30>은 조직관리에 대한 학력별 인식 차이를 나타낸 결과이다. 분석결과는 F값이 3.240이고 유의확률은 0.013으로 집단 간에 통계적으로 인식 차이가 존재하는 것으로 나타났다. 분석에서 중졸의 사례가 1명이어서 사후검증은 실시되지 못했다. 그러나 평균 차이에서 고졸과 중졸의 인식 차이가 있는 것으로 나타나 통계적으로 유의미한 차이가 나타난 것이라 판단된다.

〈표 5-29〉 조직관리에 대한 인식

조직관리		빈도(명)	비율(%)	평균	표준편차	전체 평균
직원의 전문성	전혀 그렇지 않다	7	2.3			
	그렇지 않은 편이다	100	33.6			
	보통이다	112	37.6	2.90	0.865	
	그런 편이다	73	24.5			
	매우 그렇다	6	2.0			
	합계	298	100.0			
직원의 긍지와 자부심	전혀 그렇지 않다	5	1.7			
	그렇지 않은 편이다	53	17.8			
	보통이다	122	40.9	3.24	0.874	2.95
	그런 편이다	100	33.6			
	매우 그렇다	18	6.0			
	합계	298	100.0			
경영시스템 구축	전혀 그렇지 않다	15	5.0			
	그렇지 않은 편이다	104	34.9			
	보통이다	131	44.0	2.72	0.824	
	그런 편이다	44	14.8			
	매우 그렇다	4	1.3			
	합계	298	100.0			

〈표 5-30〉 조직관리에 대한 학력별 인식 차이

구분	학력	사례 수	평균	표준편차	F값	유의확률
조직관리	중졸	1	2.0	–	3.240	0.013
	고졸	37	3.207	0.730		
	전문대졸	35	3.200	0.780		
	대졸	166	2.89	0.707		
	대학원졸 이상	59	2.84	0.687		
합계		298	2.95	0.726		

　다음의 글은 사회적 기업의 조직관리에 대한 사회적 기업가와 사회적 기업 관련 공무원의 인터뷰 내용이다. 인터뷰 결과 사회적 기업의 조직관리에 대해서 대부분 직원들의 전문성이나 긍지와 자부심에 대해서는 긍정적인 답변을 하였다. 그러나 내부 경영시스템에 대해서는 부정적인 응답이 많았다.

　먼저 사회적 기업들은 취약계층을 고용하여 기업활동을 한다. 이러한 경우 어느 정도 전문성을 가지고 기업 운영을 하는 곳도 있지만, 대부분의 사회적 기업은 직원들이 전문성 없이 근무하는 경우가 많다. 직원들의 전문성에 대해서는 사회적 기업마다 요구하는 일의 수준이나 근무형태마다 다르기 때문에 전문성을 요구하는 사회적 기업 같은 경우는 취약계층을 고용하더라도 어느 정도 해당 기업에 맞는 인력을 선발하게 된다. 그러나 일반적인 사회적 기업 같은 경우는 고학력이나 전문성을 요구하는 것이 아니기 때문에 근무를 하게 되면서 전문성을 향상시키게 되는 경우가 일반적이라 할 수 있다. 이에 대한 인터뷰 결과는 다음과 같다.

"대부분의 사회적 기업들이 초기에는 전문성을 갖추고 있지는 않아요. 하지만 전문성 같은 경우는 시간이 지나면 높아지는 것 같아요. 대부분의 일들이 고학력을 요하거나 특별한 지식을 필요로 하는 것은 아니거든요. 그래서 대부분이 시간이 지나면 괜찮아집니다. 그리고 사회적 기업 종사자들은 자신이 사회적 기업의 구성원이라는 것에 대해 자부심을 가지고 있어요. 자신들이 사회적 변화를 위해 무엇인가를 하고 있다고 생각하니까 더 그런 것 같아요. 그런데 사회적 기업이란 게 조직문화가 일반 기업과는 다르거든요. 처음에 그것 때문에 적응을 못 하더군요. 서로 주체가 되어서 의사 결정도 하고 그래야 하는데……. 일반적인 관료제 문화를 생각하고 있으니까 그것이 좀 답답하죠. 사회적 기업 종사자들은 아직 창의력이나 주체성 같은 것이 부족해요. 아마 사회적 기업도 일반 기업처럼 생각을 해서 그런 것 같아요."

- C 사회적 기업가 인터뷰 2010년 10월 10일 -

"사회적 기업은 경영의지나 경영마인드를 가진 경영진이 운영을 해야 한다고 생각을 합니다. 사회적 기업은 취약계층의 고용을 통해서 제품과 서비스를 생산하게 되는데 일반 기업과는 경쟁 측면에서 어려운 부분이 있습니다. 그래서 어느 정도 전문성은 부족하다고 생각합니다. 사회적 기업마다 다르지만 어느 기업은 정부 재정지원에 많이 의존하는 기업이 있는가 하면 어떤 기업의 경우는 기업가정신을 가지고 기업활동을 열성적으로 하는 경우도 있습니다. 그러나 가장 사회적 기업이 어려움을 호소하는 것은 제품이나 서비스의 판로 개척에 대한 문제인 것 같습니다. 현재는 공공기관 우선 구매를 통해 사회적 기업의 제품이나 서비스를 이용하라는 권고가 있기는 하지만 판로 개척에 대한 고민이 필요합니다. 그리고 무엇보다 중요한 것은 정부지원이 중단된 이후의 사회적 기업이 잘 운영되는가에 대한 문제인데 우려할 만큼은 아니라고 생각합니다."

- Y 사회적 기업 관련 공무원 인터뷰 2010년 10월 23일 -

사회적 기업 직원들의 긍지와 자부심에 대해서는 대부분의 응답이 긍정적이었다. 해당 사회적 기업마다 다르지만, 인터뷰에 응답한 사회적 기업가들이 운영하는 사회적 기업의 종사자들은 자신이 사회적으로 의미 있는 일을 한다는 것에 대해 높은 긍지와 자부심을

갖고 있다고 응답했다. 예를 들어, 시지온 같은 사회적 기업의 경우
는 인터넷 댓글문화 개선이라는 사회적 목적 실현을 위해 공감하는
사람들이 사회적 기업을 설립한 것이라 모두 긍지와 자부심을 가지
고 종사하고 있었다. 또한 공신의 경우도 교육 불평등 해소라는 분
명한 사회적 목적을 가진 사람들로 구성된 사회적 기업으로 모든 직
원들이 긍지와 자부심을 가지고 근무하고 있었다.

> "시지온 같은 경우 인터넷 댓글 문화 개선이라든가 올바른 인터넷 문화 정
> 착을 위한 동일한 문제 인식과 비전을 가지고 모인 사람들이라 가족 같은
> 분위기에서 근무하고 있습니다. 그리고 직원들 대부분이 인터넷 관련 분야
> 에 관심을 가지고 있던 사람들이라 전문성은 충분히 갖추고 있습니다. 그
> 리고 구성원 모두가 디자인이나 브랜드, 개발이라든가 맡고 있는 분야는
> 다르지만 각자의 시각에서 인터넷 문화 개선이라는 동일한 목표를 가지고
> 있습니다. 그리고 구성원들이 10명 정도 되는데 함께 워크숍도 가고 휴가
> 도 가는 등 유대관계가 돈독합니다."
> -K 사회적 기업가 인터뷰 2010년 10월 20일-

> "공신 같은 경우는 대부분의 종사자들이 전문성을 가지고 있습니다. 공신
> 같은 경우는 대부분 교육 분야에 종사했던 분들이라서 전문성을 가지고 있
> 고, 개발팀 같은 경우도 전문성을 가지고 있는 분들을 별도로 선발했습니
> 다. 저희 같은 교육 쪽에 목적을 두고 있기 때문에 전문성과 긍지와 자부
> 심을 가지고 있습니다."
> -K 사회적 기업가 인터뷰 2010년 10월 17일-

  한편, 사회적 기업 내부의 경영시스템에 대해서는 인터뷰 대상자
모두 부정적인 응답이 많았다. 규모가 크고 소위 널리 이름이 알려
진 사회적 기업의 경우는 일반 기업처럼 내부 경영시스템을 구축하
여 기업활동을 하고 있었다. 그러나 일반적인 사회적 기업의 경우는
소규모로 운영되고 종사자의 수도 적기 때문에 내부 경영시스템을

구축하고 있지는 않았다. 그러나 인터뷰 응답자들은 사회적 기업을 성장시키고 발전시키려면 내부 경영시스템 구축이 필요하다는 응답이 많았다.

"경영시스템의 경우는 아직까지 정착되지는 않았지만 멘토링을 통해서 전문가들께서 경영방법이나 재무, 회계 등에 대해서 조언을 해 주고 계십니다. 그리고 직원들도 멘토링을 통해 기업 운영방법에 대해서 배우고 있는 중입니다."

－K 사회적 기업가 인터뷰 2010년 10월 20일－

따라서 사회적 기업의 활성화를 위해서는 전략적 조직관리 차원에서 해당 사회적 기업에 알맞은 전문성 있는 인력을 양성해야 한다. 이를 위해서는 해당 사회적 기업이 추구하는 목표에 따라 인력을 선발하는 방법도 있고, 일반 기업과의 연계를 통한 교육 훈련으로 직원들의 전문성을 향상시키는 방법이 있다.

또한 직원들이 긍지와 자부심을 가지고 종사할 수 있도록 하는 조직문화의 조성이 필요하다. 이를 위해서는 사회적 기업이 가지는 사회적 가치에 대해 조직구성원들 모두가 공유할 수 있도록 해야 하며, 사회적 기업의 수평적인 의사 결정시스템에 대해 익숙해지도록 구성원들 상호 간에 중요 정보와 지식 공유가 이루어져야 한다.

마지막으로 사회적 기업도 일반 기업과 마찬가지로 기업의 경쟁력 확보와 자립을 위해서는 내부 경영시스템을 구축하여 체계적인 경영이 이루어져야 한다. 사회적 기업이 지속 가능하기 위해서는 일반 기업과 유사한 경영시스템이 구축되어야 한다. 비록 사회적 기업이 일반 기업과는 다른 사회적 목적 추구를 위해 설립되었다고는 하

〈표 5-31〉 개인적 특성별 각 변수들에 대한 인식 차이 결과

구분	X1	X2	X3	X4	X5	X6	X7	X8	X9	X10	X11	X12
성별											○	◎
연령	○											
학력									○			
소속				○			◎	○		○		

법적 지원(X1), 제도적 지원(X2), 전자정부서비스(X3), 신뢰(X4), 착한 소비(X5), 소통(X6)
기업윤리(X7), 협력·네트워크(X8), 조직관리(X9), 전반적인 사회적 기업 활성화(X10),
사회서비스 제공(X11), 고용창출(X12)
○P〈0.05◎P〈0.001

지만, 사회적 기업은 지속 가능한 기업활동을 위해서 일반 기업의 경영 방식을 도입하여 시장에서 기업 경쟁력을 확보하는 것이 필요하다. 이러한 경영시스템은 장기적인 측면에서 사회적 목적 추구에도 도움이 될 수 있다.

제4절 사회적 기업 활성화 요인에 대한 분석

1. 주요 변수들 간의 상관관계 분석

상관관계 분석은 등간척도(또는 비율척도)로 측정된 두 개 이상 여러 개 변인 간의 관계를 분석하는 통계기법이다. 상관관계 분석은 변인 간 상호 관계의 상관계수 분석을 통해 이루어지며, 상관관계 계수는 변인의 관계가 얼마나 밀접한지를 보여 준다(강병서·김계수, 2010).

본서에서는 사회적 기업 활성화 정책 요인의 가설 검정 이전에 주요 변수들 간의 관련성의 정도와 방향을 파악하기 위해 단순 상관관계 분석을 실시하였다. 상관관계 분석은 보편적으로 많이 사용하는 Pearson 상관계수(r)를 이용하였다. Pearson 상관계수는 두 변수 간 선형 결합의 측도를 나타내고, 상관계수 값의 범위는 −1부터 1까지이다. 상관계수(r)는 1.0이나 −1.0이면 매우 강한 관련성을 가진다고 해석하고, 0.0에 가까울수록 관련이 없다고 해석한다. <표 5 − 32>에서 본서의 상관관계 분석결과를 보면 모두 (+) 방향의 정적 상관관계를 보여 주고 있다.

먼저 가장 높은 상관관계를 보여 주는 변수는 착한 소비(X5)와 신뢰(X4)로 상관계수 값이 0.625로 나타났다. 다음으로는 제도적 지원(X2)과 법적 지원(X1)이 0.619, 전자정부서비스(X3)와 제도적 지원(X2)이 0.597, 전자정부서비스(X3)와 법적 지원(X1)이 0.543, 고용창출(X12)과 사회서비스 제공(X11)이 0.542로 높게 나타났다. 반면 가장 낮은 상관관계를 나타낸 변수는 기업윤리(X7)와 착한 소비(X5)로 상관계수 값이 0.039로 나타났다. 다음으로는 고용창출(X12)과 전자정부서비스(X3)로 상관계수 값이 0.090으로 나타나 낮은 상관관계를 보여 주고 있다. 상관계수 r값이 0.7 이상이면 다중공선성이 존재하나 본서에서는 상관계수 r값이 0.039~0.625로 나타나 다중공선성이 존재하지 않으며, 다중회귀 분석을 실시해도 중대한 문제점은 발생하지 않을 것으로 판단된다.

<표 5-32> 주요 변수들 간의 상관관계

변수명	X1	X2	X3	X4	X5	X6	X7	X8	X9	X10	X11	X12
법적 지원(X1)	1											
제도적 지원(X2)	.619[**]											
전자정부서비스 (X3)	.543[**]	.597[**]	1									
신뢰(X4)	.375[**]	.227[**]	.188[**]	1								
착한 소비(X5)	.285[**]	.175[**]	.172[**]	.625[**]	1							
소통(X6)	.323[**]	.256[**]	.307[**]	.518[**]	.460[**]	1						
기업윤리(X7)	.331[**]	.305[**]	.416[**]	.125[*]	.039	.221[**]	1					
협력·네트워크 (X8)	.277[**]	.311[**]	.404[**]	.170[**]	.115[*]	.321[**]	.503[**]	1				
조직관리(X9)	.230[**]	.191[**]	.219[**]	.390[**]	.222[**]	.321[**]	.269[**]	.411[**]	1			
전반적인 사회적 기업 활성화 (X10)	.332[**]	.218[**]	.361[**]	.286[**]	.139[*]	.234[**]	.414[**]	.415[**]	.456[**]	1		
사회서비스 제공 (X11)	.309[**]	.236[**]	.127[*]	.405[**]	.263[**]	.306[**]	.166[**]	.256[**]	.439[**]	.407[**]	1	
고용창출(X12)	.313[**]	.162[**]	.090	.383[**]	.293[**]	.228[**]	.207[**]	.187[**]	.352[**]	.444[**]	.542[**]	1

*P<0.05, **P<0.001

2. 사회적 기업 활성화 요인에 대한 회귀분석

1) 전반적인 사회적 기업 활성화에 대한 다중회귀분석

<표 5-33>은 전반적인 사회적 기업의 활성화에 대한 독립변수들의 영향관계를 파악하기 위해 다중회귀분석을 실시한 결과이다. 전반적인 사회적 기업 활성화에 대한 영향을 미치는 독립변수는 변수의 상쇄효과를 방지하기 위해 요인점수(Factor Score)를 사용하였다.

구체적인 분석결과를 보면, 공차한계는 0.516~0.991로 나타났고, VIF는 1.009~1.936으로 나타나 다중공선성의 문제는 발생하지 않

았다. 또한 Durbin – Watson 값도 1.970으로 2에 가까워 자기 상관이 발생하지 않을 것으로 판단된다.

다중회귀분석결과에서 모형의 타당성을 살펴보면, $F = 18.293$이고, 유의확률 $p = 0.000$으로 유의수준 1% 내에서 통계적으로 유의미한 것으로 나타났다. 또한 회귀모형의 설명력은 수정된 $R^2 = 0.344$로 나타나 34.3%의 설명력을 나타내고 있다.

전반적인 사회적 기업의 활성화 요인의 다중회귀분석결과는 다음과 같다. 먼저 신뢰, 법적 지원, 기업윤리, 협력 · 네트워크, 조직관리는 유의수준 1% 내에서 통계적으로 유의미한 영향을 미치는 것으로 나타났다. 또한 전자정부서비스는 유의수준 5% 내에서 통계적으로 유의미한 영향을 미치는 것으로 분석결과 나타났다.

따라서 전반적인 사회적 기업 활성화를 위해서는 시민사회 부문에서 사회적 기업에 대한 신뢰를 증진시켜야 한다. 이를 위해서는 시민사회에서 시민들의 참여를 이끌 수 있는 다양한 홍보나 이벤트와 같은 행사나 참여프로그램이 필요하다.

> "사회적 기업 활성화를 위해서는 사회적 기업에 대한 시민들의 인식이 높아져야 하고 또 시민들이 적극적으로 사회적 기업 활동에 참여가 필요하다고 봅니다. 아직은 사회적 기업에 대한 인식이 부족하기 때문에 정부는 홍보와 지원활동이 필요하다고 봅니다. 그리고 사회적 기업 자체적으로도 상품의 품질 제고나 서비스의 질을 높여 국민들에게 신뢰를 확보하는 것이 필요하고, 성공한 사회적 기업에 대한 적극적인 홍보도 필요하다고 생각합니다. 그리고 전반적으로 시민사회와 정부, 기업의 협력적 노력이 필요하다고 생각합니다."
> – 고용노동부 사회적 기업과 S 사무관 인터뷰 2010년 10월 17일 –

> "결국 사회적 기업 활성화를 위해서 정부나 자치단체만의 노력만으로는 한

계가 있습니다. 그래서 일반 기업이나 시민들의 자발적 참여를 통한 지역형 사회적 기업이 만들어져야 하고, 또 그래야만 사회적 기업도 널리 알려지게 되고 자립할 수 있게 된다고 생각합니다."
－서울시 J 구청 사회적 기업 관련 공무원 인터뷰 2010년 10월 23일－

　다음 정부 부문에서는 사회적 기업에 대한 정부의 법적 지원과 전자정부서비스가 강화되어야 하며, 정부의 인건비 중심의 제도적 지원에 대한 의존에서 벗어나야 한다.

"사회적 기업의 활성화를 위해서는 지금 정부의 정책이 부적절하다고 생각해요. 인증을 통해서 양적인 성장을 위해 사회적 기업을 몇 개나 만들겠다고 하지만 양적인 성장이 질적인 성장과 연결되는 것은 아니거든요. 양적 성장에만 치중하지 말고 질적인 측면에서 성장할 수 있는 제도가 필요해요. 그리고 사회적 기업도 워낙 다양하다 보니까 일정한 기준으로 평가한다는 것도 어렵다고 봐요. 사회적 경제 조직이란 것이 현장에서 일하는 사람들과 정부의 시각이 다르거든요."
－G 사회적 기업가 인터뷰 2010년 10월 10일－

"결국 사회적 기업이 활성화되기 위해서는 복지 측면보다는 사회적 가치 실현이 더욱 중요하다고 생각합니다. 또한 사회적 기업의 인증에 있어서도 지금은 고용노동부에서 사회적 기업을 인증하고 있는데 취약계층을 고용해야 하는 조건이 있습니다. 그런 경우, 시지온 같은 경우도 취약계층을 고용해야 하는 데 기업 운영의 어려움을 겪을 수 있습니다. 그래서 사회적 기업에 대한 인증의 경우에 있어서도 사회적 기업의 발전을 저해하는 결과가 나타날 수 있습니다. 꼭 취약계층을 고용해야 한다기보다는 분명한 사회적 목적이 있다면 다른 형태로의 사회적 기업 인증도 필요하다고 생각합니다. 말하자면 사회적 기업의 종류나 유형이 다양한데 현재의 인증시스템에서는 이러한 다양성을 충분히 반영하지 못하는 부분이 있어 개선할 필요가 있다고 생각합니다."
－K 사회적 기업가 인터뷰 2010년 10월 20일－

"지금은 사회적 기업 활성화를 위해서 재정지원에만 집중된 측면이 많습니

다. 향후에 정부에서도 재정지원을 차츰 줄이겠다고 하는데 재정지원이 중
단되거나 줄게 되면 사회적 기업들에게도 타격이 클 것이라 생각합니다.
사회적 기업은 근본적으로 자립하는 것이 가장 중요하다고 생각합니다. 그
리고 일반 시민들도 사회적 기업에 대한 관심도 늘어나고 사회적 기업이
제공하는 서비스나 생산하는 제품을 많이 사용하고 구매해야 할 것 같습니
다. 그렇게 일반 시민들이 사회적 기업을 이해하고 제품을 구매하고 서비
스를 지속적으로 사용하게 되는 것이 곧 사회적 기업이 자립하고 활성화될
수 있는 길이라고 생각합니다."
"사회적 기업가들도 정부의 재정지원에 너무 의존하기보다는 사회적 기업가
정신을 갖추고 좋은 물건이나 제품의 생산. 그리고 양질의 사회서비스 제공
에 노력해야 한다고 생각합니다. 지금은 어떤 사회적 기업가 정신이나 사회
적 목적 실현을 위한 마인드가 없이 사회적 기업을 운영하는 분들도 많이
있습니다. 사회적 기업을 운영하는 분들이 사회적 기업가 정신을 갖출 수
있도록 하는 교육활동들도 지속적으로 이루어져야 한다고 생각합니다."
－서울시 JR 구청 사회적 기업 관련 공무원 인터뷰 2010년 10월 23일－

또한 기업 부문에서는 기업윤리가 제고되어야 하고, 일반 기업과
사회적 기업 간의 협력과 사회적 기업 간의 협력, 일반 기업의 사회
적 기업에 대한 경영지원 등이 강화되어야 한다.

"사회적 기업 활성화를 위해서는 사회적 기업 아카데미 교육생 같이 사회
적 기업에 관심을 가지고 오신 분들인데요. 이런 분들이 수료를 하고 나서
어떤 과정을 거쳐서 사회적 기업가로 성장한다든가 아니면 어떤 절차를 통
해서 창업을 하는 등 발전할 수 있는 프로그램이 필요한 것 같아요. 아직
은 수료만 하고 끝나는 경우가 많은데요. 정부 차원에서는 그냥 수료만 하
고 끝나는 것이 아니라 수료 후에 창업이나 관리자로의 진로라든가 성장할
수 있는 연계된 프로그램이 필요하다고 봐요."
－R 사회적 기업 지원기관 근무자 인터뷰 2010년 10월 16일－

마지막으로 기업 부문에서 전반적인 사회적 기업 활성화를 위해
서는 사회적 기업 내부의 조직관리로서 직원의 전문성의 강화, 종사

자들의 긍지와 자부심의 배양, 사회적 기업 내부의 경영시스템 등이 구축되어야 한다. 이에 대한 인터뷰 결과를 인용하면 다음과 같다.

"관련 분야의 전문성이나 직원들의 직장에 대한 긍지, 자부심은 강하다고 봅니다. 하지만 사회적 기업이 우리나라는 현재 사회복지에 많은 초점이 맞추어져 있고, 경영분야의 전문가가 아니기 때문에 경영시스템이라든지 회계, 관리시스템이 허술하다고 봅니다. 사회적 기업 활성화를 위해서는 사회적 기업을 운영하거나 예비 사회적 기업들은 꾸준히 경영시스템에 대한 고민을 해야 할 것이며 관련 교육을 받음으로써 조직 내의 경영구조를 개선시켜 나가야 할 것입니다."

- P 사회적 기업 지원기관 근무자 인터뷰 2010년 11월 2일 -

〈표 5-33〉 전반적인 사회적 기업의 활성화에 대한 다중회귀분석

모형	비표준화 계수		표준화계수	t	유의확률	공선성 통계량		상태지수
	B	표준오차	베타			공차한계	VIF	
(상수)	2.502	.186		13.419	.000			1.000
법적 지원	.140	.044	.194	3.218	.001	.607	1.648	1.717
제도적 지원	-.118	.061	-.125	-1.916	.056	.516	1.936	1.717
전자정부서비스	.143	.058	.159	2.441	.015	.524	1.909	1.717
신뢰	.096	.034	.133	2.813	.005	.991	1.009	1.715
착한 소비	.033	.034	.045	.952	.342	.983	1.017	1.717
소통	.041	.035	.057	1.170	.243	.939	1.065	1.717
기업윤리	.202	.037	.279	5.523	.000	.867	1.153	1.717
협력 · 네트워크	.167	.036	.231	4.631	.000	.891	1.122	9.786
조직관리	.260	.034	.360	7.583	.000	.980	1.020	11.799

$R^2 = 0.364$ 수정된 $R^2 = 0.344$ F = 18.293 유의확률 = 0.000
Durbin - Watson = 1.970

2) 사회서비스 제공에 대한 다중회귀분석

본서에서는 사회적 기업의 효과라 할 수 있는 사회서비스 제공에

대한 독립변수들의 영향관계를 파악하기 위해 다중회귀분석을 실시하였다. 분석에 사용한 독립변수의 값은 변수 값의 상쇄효과를 방지하기 위해 요인점수(factor score)를 사용하였다.

<표 5-34>를 보면, 공차한계는 0.516~0.991이고, VIF는 1.090~1.909로 나타나 다중공선성의 문제는 발생하지 않는다. 또한 Durbin-Watson의 값도 1.918로 자기 상관이 나타나지 않았다.

모형의 적합도를 살펴보면, F=14.053이고, 유의확률 p=0.000으로 나타나 유의수준 1% 내에서 통계적으로 유의미한 것으로 나타났다. 또한 모형의 설명력은 수정된 R^2값이 0.283으로 28.3%의 설명력을 나타내고 있다.

다중회귀분석결과를 살펴보면 신뢰, 조직관리, 법적 지원, 협력·네트워크, 소통은 유의수준 1% 내에서 사회서비스 제공에 통계적으로 유의미한 영향을 미치고 있고, 모두 (+)의 부호를 나타내고 있다. 또한 전자정부서비스는 유의수준 5% 내에서 통계적으로 유의미한 영향을 미치고 있으나 (-) 부호를 나타내고 있다.

따라서 사회적 기업의 사회서비스 제공에 대한 다중회귀분석결과를 종합해 보면 시민사회 부문에서는 사회적 기업에 대한 신뢰와 소통을 강화해야 하고, 정부 부문에서는 사회적 기업에 대한 법적 지원이 강화될 필요가 있다. 또한 기업 부문에서는 일반 기업과 사회적 기업 간의 협력과 사회적 기업 간의 협력·네트워크가 강화될 필요가 있다. 기업 부문에서는 사회적 기업의 조직관리가 강화되어야 한다.

반면, 전자정부서비스의 표준화 계수 β값이 -0.158로 나타났고, 유의확률은5% 내에서 통계적으로 유의한 것으로 나타났다. 그러나

〈표 5-34〉 사회서비스 제공에 대한 다중회귀분석

모형	비표준화 계수		표준화계수	t	유의 확률	공선성 통계량		상태 지수
	B	표준오차	베타			공차한계	VIF	
(상수)	3.305	.211		15.663	.000			1.000
법적 지원	.163	.049	.209	3.309	.001	.607	1.648	1.717
제도적 지원	.101	.069	.100	1.457	.146	.516	1.936	1.717
전자정부서비스	-.154	.066	-.158	-2.332	.020	.524	1.909	1.717
신뢰	.237	.039	.303	6.132	.000	.991	1.009	1.715
착한 소비	.054	.039	.069	1.386	.167	.983	1.017	1.717
소통	.118	.040	.151	2.969	.003	.939	1.065	1.717
기업윤리	.060	.041	.076	1.447	.149	.867	1.153	1.717
협력·네트워크	.124	.041	.158	3.044	.003	.891	1.122	9.786
조직관리	.273	.039	.348	7.017	.000	.980	1.020	11.799

$R^2 = 0.305$ 수정된 $R^2 = 0.283$ F $= 14.053$ 유의확률 $= 0.000$
Durbin-Watson $= 1.918$

이러한 결과는 사회서비스 제공에 대해서 전자정부서비스가 부의 영향을 미치는 것이라 할 수 있다. 즉 사회서비스 제공을 위해 정보 시스템이나 전자정부서비스가 영향을 주기는 하지만 정(+)의 영향 보다는 부(-)의 영향을 미침으로써 사회서비스 제공에 전자정부서비스가 긍정적인 영향을 미치지 못하는 것이라 판단할 수 있다.

3) 고용창출에 대한 다중회귀분석

본서에서는 사회적 기업의 고용창출 효과에 대한 영향관계를 파악하기 위해 다중회귀분석을 실시하였다. 고용창출에 영향을 미치는 독립변수는 요인 점수 값을 사용하였다.

<표 5-35>를 보면, 공차한계는 0.516~0.991로 나타났고, VIF는 1.009~1.936으로 나타나 다중공선성의 문제는 발생하지 않았다.

또한 Durbin - Watson 값도 1.972로 2에 가까워 자기 상관의 문제는 발생하지 않는 것으로 판단된다.

모형의 적합도에서는 F = 10.988이고, 유의확률은 0.000으로 나타나 유의수준 1% 내에서 통계적으로 유의미한 것으로 나타났다. 모형의 설명력은 수정된 R^2값이 0.232로 나타나 23.2%의 설명력을 나타내고 있다.

구체적으로 다중회귀분석결과를 살펴보면 신뢰, 법적 지원, 기업윤리, 조직관리는 유의수준 1% 내에서 통계적으로 유의미한 정(+)의 영향관계를 나타내고 있다. 또한 착한 소비, 전자정부서비스, 협력·네트워크는 유의수준 5% 내에서 통계적으로 유의미한 결과를 나타내고 있다.

따라서 사회적 기업이 고용창출 효과를 내기 위해서는 시민사회 부문에서 신뢰를 증진시키고, 착한 소비를 활성화해야 한다. 정부 부문에서는 사회적 기업에 대한 정부의 법적 지원인 인증제도의 적절한 운용과 사회적 기업 육성법의 체계적인 정비가 이루어져야 한다. 기업 부문에서는 기업윤리를 제고시키고, 일반 기업과 사회적 기업, 그리고 사회적 기업 간의 협력·네트워크가 구축되어야 하며, 사회적 기업 내부의 조직관리가 강화될 필요가 있다. 반면, 소통, 제도적 지원, 전자정부서비스는 고용창출에 영향을 미치지 않는 것으로 나타났다.

<표 5-35> 고용창출에 대한 다중회귀분석

모형	비표준화 계수		표준화계수	t	유의확률	공선성 통계량		상태지수
	B	표준오차	베타			공차한계	VIF	
(상수)	3.901	.242		16.093	.000			1.000
법적 지원	.233	.057	.268	4.100	.000	.607	1.648	1.717
제도적 지원	−.008	.080	−.007	−.105	.917	.516	1.936	1.717
전자정부서비스	−.173	.076	−.160	−2.277	.024	.524	1.909	1.717
신뢰	.293	.044	.337	6.592	.000	.991	1.009	1.715
착한 소비	.104	.045	.119	2.329	.021	.983	1.017	1.717
소통	.078	.046	.090	1.713	.088	.939	1.065	1.717
기업윤리	.140	.047	.161	2.944	.004	.867	1.153	1.717
협력·네트워크	.113	.047	.130	2.409	.017	.891	1.122	9.786
조직관리	.220	.045	.253	4.921	.000	.980	1.020	11.799

$R^2 = 0.256$ 수정된 $R^2 = 0.232$ F = 10.988 유의확률 = 0.000
Durbin−Watson = 1.972

4) 사회서비스 제공에 대한 단순회귀분석

<표 5-36>은 사회서비스 제공 효과에 대한 전반적인 사회적 기업 활성화의 영향관계를 파악하기 위해 단순회귀분석을 실시한 결과이다.

모형의 적합도를 살펴보면, F = 58.599이고, 유의확률 p = 0.000으로 나타났으며, 수정된 $R^2 = 0.162$로 모형의 설명력은 16.2%로 나타났다.

따라서 분석결과 전반적인 사회적 기업 활성화는 사회서비스 제공에 정(+)의 영향을 나타낸다고 할 수 있다. 즉, 전 사회적 기업이 활성화되면 사회서비스 제공이 높아진다는 것을 의미한다.

<표 5-36> 사회서비스 제공에 대한 단순회귀분석

| 모형 | 비표준화 계수 | | 표준화계수 | t | 유의 확률 | 공선성 통계량 | | 상태 지수 |
	B	표준오차	베타			공차 한계	VIF	
(상수)	2.044	.153		13.360	.000			1.000
전반적인 사회적 기업 활성화	.440	.058	.407	7.655	.000	1.000	1.000	7.229

$R^2 = 0.165$ 수정된 $R^2 = 0.162$ F = 58.599 유의확률 = 0.000

5) 고용창출에 대한 단순회귀분석

<표 5-37>은 사회적 기업의 고용창출 효과에 대한 전반적인 사회적 기업 활성화의 영향관계를 파악하기 위해 단순회귀분석을 실시한 결과를 나타낸 것이다.

모형의 적합도를 살펴보면, F = 72.686이고, 유의확률 p = 0.000으로 나타났으며, 수정된 $R^2 = 0.194$로 모형의 설명력은 19.4%로 나타났다.

따라서 분석결과 전반적인 사회적 기업 활성화는 고용창출에 정(+)의 영향을 나타낸다고 할 수 있다. 즉, 사회적 기업이 활성화되면 고용창출이 증가한다는 것을 의미한다.

<표 5-37> 고용창출에 대한 단순회귀분석

| 모형 | 비표준화 계수 | | 표준화계수 | t | 유의 확률 | 공선성 통계량 | | 상태 지수 |
	B	표준오차	베타			공차 한계	VIF	
(상수)	2.053	.167		12.326	.000			1.000
전반적인 사회적 기업 활성화	.534	.063	.444	8.526	.000	1.000	1.000	7.229

$R^2 = 0.197$ 수정된 $R^2 = 0.194$ F = 72.686 유의확률 = 0.000

3. 가설의 검증

지금까지 전반적인 사회적 기업 활성화의 다중회귀분석결과를 바탕으로 본서의 가설을 검증하면 다음과 같다.

본서에서는 전반적인 사회적 기업 활성화에 대해 영향을 미치는 독립변수로 모두 9개를 설정하였다. 종속변수로는 전반적인 사회적 기업 활성화를 선정하였고, 독립변수로는 정부 부문에서 법적 지원, 제도적 지원, 전자정부서비스, 시민사회 부문에서는 신뢰, 착한 소비, 소통, 기업 부문에서는 기업윤리, 협력·네트워크, 조직관리를 선정하였다.

본서에서는 연구의 분석틀에 따라 모두 9개의 가설을 설정하였고, 가설 검증을 위해 전반적인 사회적 기업 활성화에 대한 다중회귀분석을 실시하였다. <표 5 - 38>을 보면 가설 검정 결과 총 9개의 가설 중 6개의 가설이 채택되었고, 3개의 가설은 기각되었다. 채택된 가설은 H1, H3, H4, H7, H8, H9이고, 기각된 가설은 H2, H5, H6이다. 구체적인 가설검정에 대한 결과는 다음과 같다.

1) 가설 1의 검증

먼저, 정부 부문에서는 법적 지원이 β값이 0.194이고, 유의확률 0.001로 유의수준 1% 내에서 통계적으로 유의미한 결과를 나타내어 가설이 채택되었다. 이러한 결과는 유럽 국가의 경우 사회적 기업을 육성하기 위해 정부마다 사회적 기업 지원에 관한 법률을 제정하고 있다는 Johnson & Spear(2006)의 연구와 OECD 대표부(2006), Kendall(2005), 장원봉

(2006), 「사회적 기업 육성법」 등의 논의를 지지하는 것이라 볼 수 있다. 또한 한국도 사회적 기업 육성법을 제정하면서 사회적 기업에 대한 인증이나 사회적 기업 육성법의 지속적인 개정 등의 법적 지원을 강화하고 있기 때문에 전반적인 사회적 기업 활성화에 정(+)의 영향을 미치는 것으로 판단 할 수 있다.

2) 가설 2의 검증

정부 부문에서 제도적 지원은 β값이 −0.125이고, 유의확률이 0.056으로 통계적으로 유의미하지 않은 것으로 나타나 가설은 기각되었다. 현재 영국과 미국을 비롯한 선진국들은 사회적 기업에 대해 직접적인 재정지원보다는 전문적인 금융기관 등의 다양한 경로를 통해 사회적 기업에 재정지원을 하고 있다. 반면, 한국은 사회적 기업 육성을 위해 정부의 인건비 중심 재정지원에 편중되어 있다.

즉, 선행연구나 다른 여러 선진국의 사례에서는 사회적 기업에 대한 제도적 지원이 국가나 일반 금융기관 등 다양한 경로를 통해 이루어지면서 사회적 기업 활성화에 중요한 요소로 작용을 한다. 그러나 한국사회의 경우 사회적 기업을 위한 제도적 지원이 정부의 일방적인 인건비 중심의 구조로 되어 있다. 이러한 결과로 본서에서는 제도적 지원이 유의미한 결과를 나타내지 못한 것이라 판단된다. 따라서 사회적 기업 활성화를 위해서는 현재 정부의 일방적인 인건비 중심 재정지원에서 벗어나 창업비 지원, 홍보비 지원 등 다양한 경로에서 사회적 기업을 위한 제도적 지원이 요구된다.

3) 가설 3의 검증

정부 부문에서 전자정부서비스는 β값이 0.159이고, 유의확률 0.015
로 유의수준 5% 내에서 통계적으로 유의미한 결과를 나타내어 가설
이 채택되었다. 이러한 결과는 전자정부서비스가 정부는 물론 일반
기업, 그리고 소기업 네트워크에서 중요한 역할을 담당한다는 안재
민(2009), 정충식(2007), 김현성(2010), 김성태(2007), Scholl(2007),
Stowers(2004), Markellou et al.(2007)의 논의를 지지하는 것이라 볼
수 있다. 사회적 기업 이해관계자들과의 사전 인터뷰 결과에서 사회
적 기업을 위한 정보시스템이나 전자정부서비스는 잘 구축되어 있
지 않았다. 그러나 심층 인터뷰에서 사회적 기업을 위한 정보시스템
이나 전자정부서비스는 사회적 기업이나 정부, 그리고 지원기관 모
두에게 능률적이고 효율적인 업무 처리를 가능하게 하게 하여 사회
적 기업 활성화에 도움을 줄 수 있다는 응답이 많았다. 즉, 현재는
사회적 기업을 위한 정보시스템이나 전자정부서비스가 잘 구축되어
있지 않지만, 향후 전자정부서비스가 도입되면 보다 업무 처리나 소
통에 있어서도 긍정적인 결과를 가져올 수 있다는 응답이 많았다.
이러한 응답에 따라 정부 부문의 전자정부서비스는 사회적 기업 활
성화에 정(+)의 영향을 미치는 것이라 판단된다.

4) 가설 4의 검증

다음 시민사회 부문에서는 신뢰가 β값이 0.133이고, 유의확률이
0.005로 유의수준 1% 내에서 통계적으로 유의미한 결과를 나타내어
가설이 채택되었다. 이러한 결과는 기관에 대한 신뢰가 중요한 역할

을 한다는 Bourdie(1983)와 사회체계 내에서 신뢰관계의 중요성을 언급한 Coleman(1988), Putnam(2003), Paxton(1999)의 의견을 지지하고, 사회적 기업에 있어서 신뢰가 중요한 요소라는 Evers(2001)와 Tani(2009)의 의견을 뒷받침하는 결과라 할 수 있다.

즉, 사회적 기업에 대한 신뢰가 높을수록 사회적 기업에 활성화에 정(+)의 영향을 미치는 것을 알 수 있다.

5) 가설 5의 검증

시민사회 부문에서 착한 소비는 β값이 0.045이고 유의확률이 0.342로 통계적으로 유의한 결과가 나타나지 않아 가설이 기각되었다. LG경제연구원(2009), Nicolas & Opal(2004), Huybrechts & Defourny(2010), 차태훈·하지영(2010), 현소은(2009), 권은정(2010) 등의 선행연구에서는 시민사회 부문의 착한 소비가 사회적 기업의 활성화에 도움을 줄 수 있다고 하였다. 그러나 본서의 분석결과에서는 통계적으로 유의미한 결과가 나타나지 않았다.

이러한 결과가 나타난 것은 사회적 기업가와의 인터뷰 결과를 통해서 알 수 있었다. 사회적 기업가와의 인터뷰에 의하면 착한 소비는 사회적 기업에 도움을 주기는 하지만 감정적인 측면에 호소하는 경향이 있어서 장기적인 소비에는 영향을 주지 못한다는 응답이었다. 분석결과와 인터뷰 결과를 종합해 보면 착한 소비는 단기적인 소비활동에 도움을 주어 사회적 기업에 일시적인 매출 상승의 효과를 나타낼 수 있다. 그러나 장기적인 측면에서 일반 기업과 품질과 가격에서 경쟁해야 하기 때문에 지속적인 소비로 이어지기는 어렵다고 할 수 있다.

그러므로 사회적 기업 활성화를 위해 착한 소비는 일시적으로 소비자의 감정에 호소하여 소비의 효과를 얻는 것에서 벗어나야 한다. 장기적으로 사회적 기업 활성화를 위해서는 착한 소비가 사회적 기업의 품질과 서비스의 향상으로 연계되었을 때 보다 큰 효과를 나타낼 수 있을 것이다.

6) 가설 6의 검증

다중회귀분석결과 시민사회 부문의 소통은 β값이 0.057이고, 유의확률이 0.243으로 분석결과 통계적으로 유의미한 결과가 나타나지 않아 가설이 기각되었다. 이러한 결과는 소통이 사회적 기업 활성화에 긍정적인 영향을 미칠 수 있다는 Barber(1998), Putnam(2000), Arnold(2003), Blanchard(2004), Quan-Haase & Wellman(2004), Dutta-Bergman(2006), 박은미(2009) 등의 논의와는 다른 결과를 나타낸 것이다.

사회적 기업에 있어서 소통은 중요한 요소로 작용하지만, 현실적으로 소통이 사회적 기업 활성화에 직접적인 영향을 미치는 것은 아니라는 것을 증명하는 것이다. 즉, 설문조사에서는 사회적 기업의 온라인 홈페이지나 온라인에서의 소통, 그리고 사회적 기업의 소통에 대한 인식 결과는 긍정적으로 나타났고, 인터뷰 결과에서도 소통의 중요성에 대해서 응답을 하였지만, 직접적인 영향을 주지는 않는다고 볼 수 있다.

본서에서는 통계적으로 유의미한 결과가 나타나지 않았지만, 사회적 기업 활성화를 위해서는 온라인과 오프라인을 통한 사회적 기

업에 대한 정보 제공, 사회적 기업 간의 소통, 그리고 사회적 기업과
소비자 간의 소통의 노력이 지속적으로 이루어져야 한다.

7) 가설 7의 검증

다중회귀분석결과 기업 부문에서는 기업윤리가 β값이 0.279이고 유
의확률이 0.000으로 유의수준 1% 내에서 통계적으로 유의미한 결과를
나타내어 가설이 채택되었다. 이러한 결과는 기업윤리가 사회적 기업
활성화에 긍정적인 영향을 미칠 수 있다는 Carroll(1979), Brown &
Dacin(1997), Freeman(1991), Klein & Dawar(2004), Vogel(2005),
Visser et al.(2007), 송호신(2010), 박찬임(2008), Cornelius et al.(2008)
등의 논의를 지지하는 것이다.

현재 많은 기업들이 기업윤리에 힘을 쏟고 있다. 기업윤리는 기업
의 이익은 물론 더 나아가 기업시민으로서 사회적 책임을 다하려는
것이다. 현재는 일부 대기업을 중심으로 기업윤리 활동을 펼치고 있
지만, 이러한 기업윤리 활동이 사회 전반에 확산되어 다른 일반 기업
들에까지 기업윤리 활동이 확대 되는 것이 필요하다. 일반 기업의 기
업윤리는 사회적 기업의 사회적 목적 실현과 유사한 목표를 가진다.
일반 기업은 기업의 사회적 책임활동을 함으로써 단순한 이익 추구
만이 아닌 사회공헌 활동을 하게 되고, 사회적 기업은 사회적 목적
실현이라는 사회적 기업만의 기업 목표를 위해 기업활동을 한다.

따라서 일반 기업들의 기업윤리 활동은 사회적 기업이 추구하는
사회적 목적 실현과 부합하게 된다. 즉, 일반 기업들의 기업윤리 활
동은 다른 기업들에도 사회적 책임에 대한 자극이 되고, 결국 사회

적 기업 활성화에도 영향을 미치게 되는 것이다.

8) 가설 8의 검증

다중회귀분석결과 기업 부문에서 협력·네트워크는 β값이 0.231이고 유의확률이 0.000으로 유의수준 1% 내에서 통계적으로 유의미한 결과가 나타나 가설이 채택되었다. 이러한 결과는 일반 기업과 사회적 기업 간의 협력·네트워크가 사회적 기업에 중요하다는 Agronff(2006), Elkington & Hartigan(2008), Tencati & Zsolani(2009), 양만식(2010) 등의 논의를 지지하는 것이다. 또한 사회적 기업 간 협력이 사회적 기업 활성화에 중요한 요소라는 곽선화(2009), Doherty et al.(2009), Martin & Thompson(2010) 등의 연구를 지지하는 결과이다.

그러므로 전반적인 사회적 기업 활성화를 위해서는 일반 기업과 사회적 기업 간의 협력관계가 중요하다. 또한 사회적 기업 간에도 협력관계를 구축하고 네트워크를 형성하는 것이 필요하다. 마지막으로 일반 기업은 경영상의 전문성 및 기업활동에 대한 많은 노하우를 축적하고 있다. 따라서 사회적 기업 활성화를 위해서는 일반 기업들이 가진 경영상의 전문성과 노하우를 사회적 기업에 지원하는 것이 요구된다.

9) 가설 9의 검증

다중회귀분석결과 기업 부문에서 조직관리는 β값이 0.360이고, 유의확률이 0.000으로 유의수준 1% 내에서 통계적으로 유의미한 결과를 나타내어 가설이 채택되었다. 이러한 결과는 사회적 기업 직원들의 전문성과 자부심 긍지 등이 중요한 역할을 한다는 정선희(2006), 장원봉(2009), 김혜원(2010), Deherty et al.(2009), Martin & Thompson(2010) 의 논의를 지지하는 것이다. 또한 사회적 기업과 같은 소규모 기업에서는 전략적 조직관리로써 경영시스템 도입이 조직의 활성화에 중요한 역할을 한다는 Nickols(2000), Johnson & Scholes(2005) Grant(2004), Mcgregor & Clark(2003), Darby & Jenkins(2007), NCVO(2007) 등의 연구결과를 지지하는 것이다.

따라서 사회적 기업에서 직원들의 전문성의 유무나 자부심과 긍지는 사회적 기업 운영에 중요한 요소라 할 수 있다. 또한 전략적 조직관리로써 사회적 기업 내부의 경영시스템 구축은 사회적 기업 운영에 도움을 주어 체계적인 조직관리를 가능하게 하여 사회적 기업 활성화에 정(+)의 영향을 미친다고 할 수 있다.

〈표 5-38〉 연구의 가설 검증

가설 번호	가설 내용	채택 여부
H1	정부 부문의 법적 지원(인증, 육성법)은 사회적 기업의 활성화에 정(+)의 영향을 미칠 것이다.	채택
H2	정부 부문의 제도적 지원(재정지원)은 사회적 기업의 활성화에 정(+)의 영향을 미칠 것이다.	기각
H3	정부 부문의 전자정부서비스는 사회적 기업의 활성화에 정(+)의 영향을 미칠 것이다.	채택
H4	시민사회에서 사회적 기업에 대한 신뢰는 사회적 기업의 활성화에 정(+)의 영향을 미칠 것이다.	채택
H5	시민사회에서 시민들의 착한 소비는 사회적 기업의 활성화에 정(+)의 영향을 미칠 것이다.	기각
H6	시민사회에서 원활한 소통은 사회적 기업의 활성화에 정(+)의 영향을 미칠 것이다.	기각
H7	기업윤리(기업의 사회적 책임)는 사회적 기업의 활성화에 정(+)의 영향을 미칠 것이다.	채택

H8	사회적 기업과 일반 기업 간의 협력·네트워크는 사회적 기업의 활성화에 정(+)의 영향을 미칠 것이다.	채택
H9	사회적 기업 내부의 조직관리는 사회적 기업의 활성화에 정(+)의 영향을 미칠 것이다.	채택

4. 사회적 기업의 효과 분석을 위한 경로 분석

1) 경로 모형의 구성

경로 분석(path analysis)은 측정변수로 구성된 여러 변수들 간의 인과관계를 분석하기 위한 통계적 방법으로서 회귀분석과 달리 종속변수들 간의 인과관계를 분석할 수 있는 장점을 지니고 있다(성태제, 2007: 311). 경로 분석은 종속변수에 영향을 주는 독립변수를 밝혀내고 현상을 설명하는 최적의 모형을 찾아낼 수 있고, 독립변수들의 종속변수에 대한 직접효과뿐 아니라 간접효과와 제3변수 효과도 분석할 수 있다.

따라서 본서에서는 사회적 기업의 효과라고 할 수 있는 사회서비스 제공과 고용창출에 대한 개별 변수들의 인과관계를 밝혀내기 위해 경로 모형을 구성하였다. 경로 모형은 전반적인 사회적 기업 활성화를 매개변수로 하고 사회서비스 제공과 고용창출을 종속변수로 설정하였다.

즉, 개별 독립변수들이 매개변수인 전반적인 사회적 기업 활성화에 어떠한 영향을 미치고, 매개변수인 전반적인 사회적 기업 활성화가 종속변수인 사회서비스 제공과 고용창출에 어떠한 영향을 미치는지를 밝혀내기 위해 경로 모형을 설정하였다.

독립변수는 확인적 요인 분석에서 도출한 법적 지원, 신뢰, 착한 소비, 기업윤리, 협력·네트워크, 조직관리 등 7개 변수와 제도적 지원, 전자정부서비스 등 2개 변수를 추가하여 총 9개의 독립변수를 투입하였다. 이러한 독립변수와 종속변수의 경로 모형은 <그림 5-1>과 같다.

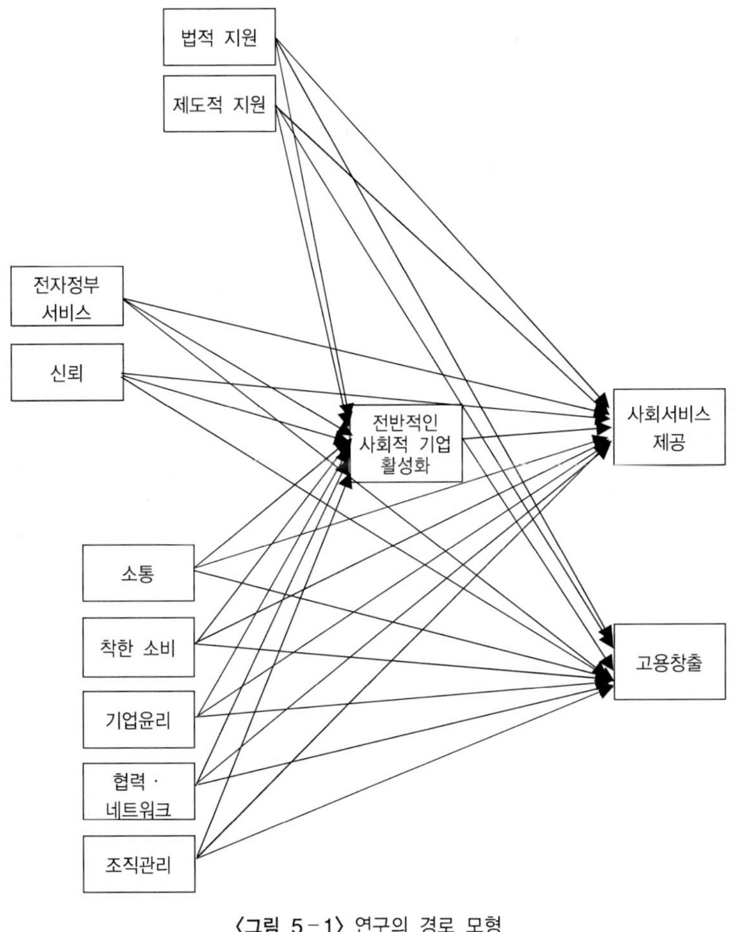

〈그림 5-1〉 연구의 경로 모형

2) 경로 모형의 적합도 및 설명력

본서의 경로 모형 적합도는 절대 적합도 지수와 상대 적합도 지수를 사용하였다.

먼저 상대 적합도 지수인 NFI(Normed Fit Index)는 0.90 이상이면 적합하다고 할 수 있다. 본 연구에서 NFI는 0.971로 높게 나타나 적합한 것으로 나타났다. 또한 CFI(Comparative Fit Index)는 0.90 이상이면 적합하다고 판단한다. 분석결과 CFI는 0.971로 높게 나타나 적합하다고 할 수 있다.

다음으로 절대적합도 지수인 CMIN은 37.613이고, DF는 1, p = 0.000으로 나타나 기준치에 적합하지 않았다. 그러나 GFI(Goodness of Fit Index)는 0.90 이상이면 적합하다고 할 수 있는데, 분석결과 GFI는 0.981로 매우 높게 나타나 적합하다고 할 수 있다. 또한 RMSEA(Root Mean Square Error of Approximation)은 기준치가 0.05보다 작아야 하나, 분석결과 RMSEA 값은 0.351로 나타나 기준치에 미치지 못했다.

따라서 경로 모형의 적합도는 부분적으로 기준치에 미치지 못했지만, 전체적으로 경로 모형을 설명하는 데 큰 무리가 없을 것으로 판단된다.

한편, 경로 모형의 설명력은 분석결과 사회적 기업 활성화(X10)가 36%, 사회서비스 제공(X11)이 33.6%, 고용창출(X12)이 32.7%로 나타나 사회적 기업 활성화가 설명력이 가장 높은 것으로 나타났다.

3) 변수들 간 영향력 검토

본서에서는 변수들 간의 인과관계와 직간접 효과를 밝혀내기 위해 사회적 기업의 효과라고 할 수 있는 사회서비스 제공과 고용창출에 영향을 미치는 요인들을 대상으로 경로 모형을 설정하였다.

본서의 가설은 전반적인 사회적 기업 활성화에 영향을 미치는 요인들의 영향 관계를 밝혀내는 것이다. 더불어 사회적 기업의 효과라할 수 있는 사회서비스 제공과 고용창출에 대해서 직접효과와 간접적인 효과가 있는지 알아보기 위해 경로 모형을 구성하였다.

<표 5 - 39>는 이러한 경로 모형을 통해 경로 분석을 실시한 결과를 나타낸 것이다. 그리고 <표 5 - 40>과 <표 5 - 41>은 사회서비스 제공과 고용창출의 직접효과와 간접효과의 결과를 나타낸 것이다.

〈표 5 - 39〉 변수 간 영향력 분석

구분	Estimate	S.E.	C.R.	P
전반적인 사회적 기업 활성화 ← 법적 지원	0.127	0.061	2.084	0.037*
전반적인 사회적 기업 활성화 ← 제도적 지원	− 0.121	0.061	− 1.992	0.046*
전반적인 사회적 기업 활성화 ← 전자정부서비스	0.15	0.058	2.606	0.009**
전반적인 사회적 기업 활성화 ← 신뢰	0.156	0.078	2.003	0.045*
전반적인 사회적 기업 활성화 ← 착한 소비	− 0.059	0.069	− 0.848	0.396
전반적인 사회적 기업 활성화 ← 소통	− 0.052	0.061	− 0.857	0.391
전반적인 사회적 기업 활성화 ← 기업윤리	0.191	0.057	3.361	***
전반적인 사회적 기업 활성화 ← 협력 · 네트워크	0.155	0.066	2.344	0.019**
전반적인 사회적 기업 활성화 ← 조직관리	0.278	0.055	5.103	***
사회서비스 제공 ← 전반적인 사회적 기업 활성화	0.268	0.064	4.192	***
고용창출 ← 전반적인 사회적 기업 활성화	0.411	0.072	5.751	***
사회서비스 제공 ← 법적 지원	0.125	0.068	1.846	0.065

사회서비스 제공 ← 제도적 지원	0.134	0.067	1.99	0.047*
사회서비스 제공 ← 전자정부서비스	−0.204	0.064	−3.171	0.002**
사회서비스 제공 ← 신뢰	0.196	0.086	2.273	0.023*
사회서비스 제공 ← 착한 소비	0.028	0.077	0.365	0.715
사회서비스 제공 ← 소통	0.081	0.067	1.204	0.229
사회서비스 제공 ← 기업윤리	−0.053	0.064	−0.827	0.408
사회서비스 제공 ← 협력·네트워크	0.051	0.073	0.693	0.488
사회서비스 제공 ← 조직관리	0.242	0.063	3.864	***
고용창출 ← 법적 지원	0.213	0.076	2.826	0.005**
고용창출 ← 제도적 지원	0.036	0.075	0.474	0.635
고용창출 ← 전자정부서비스	−0.253	0.072	−3.519	***
고용창출 ← 신뢰	0.185	0.096	1.919	0.055
고용창출 ← 착한 소비	0.17	0.086	1.978	0.048*
고용창출 ← 소통	−0.02	0.075	−0.268	0.788
고용창출 ← 기업윤리	0.067	0.071	0.938	0.348
고용창출 ← 협력·네트워크	−0.044	0.082	−0.533	0.594
고용창출 ← 조직관리	0.145	0.07	2.074	0.038*

*p<0.05 **p<0.001 ***p<0.000

〈표 5-40〉 사회서비스 제공에 대한 변수들의 직간접 효과

독립변수	종속변수	총효과	직접효과	간접효과
법적 지원		0.157	0.123	0.034
제도적 지원		0.100	0.123	−0.032
전자정부서비스		−0.618	−0.209	0.041
신뢰		0.190	0.157	0.033
착한 소비		0.010	0.023	−0.013
소통	사회서비스 제공	0.059	0.072	−0.012
기업윤리		−0.001	−0.049	0.047
협력·네트워크		0.077	0.042	0.034
조직관리		0.294	0.225	0.069
전반적인 사회적 기업 활성화		0.248	0.248	0.000

<표 5-41> 고용창출에 대한 변수들의 직간접 효과

독립변수	종속변수	총효과	직접효과	간접효과
법적 지원		0.236	0.190	0.046
제도적 지원		-0.012	0.032	-0.044
전자정부서비스		-0.176	-0.233	0.057
신뢰		0.179	0.133	0.046
착한 소비	고용창출	0.107	0.124	-0.018
소통		-0.033	-0.016	-0.017
기업윤리		0.120	0.055	0.065
협력·네트워크		0.015	-0.033	0.048
조직관리		0.217	0.121	0.096
전반적인 사회적 기업 활성화		0.342	0.342	0.000

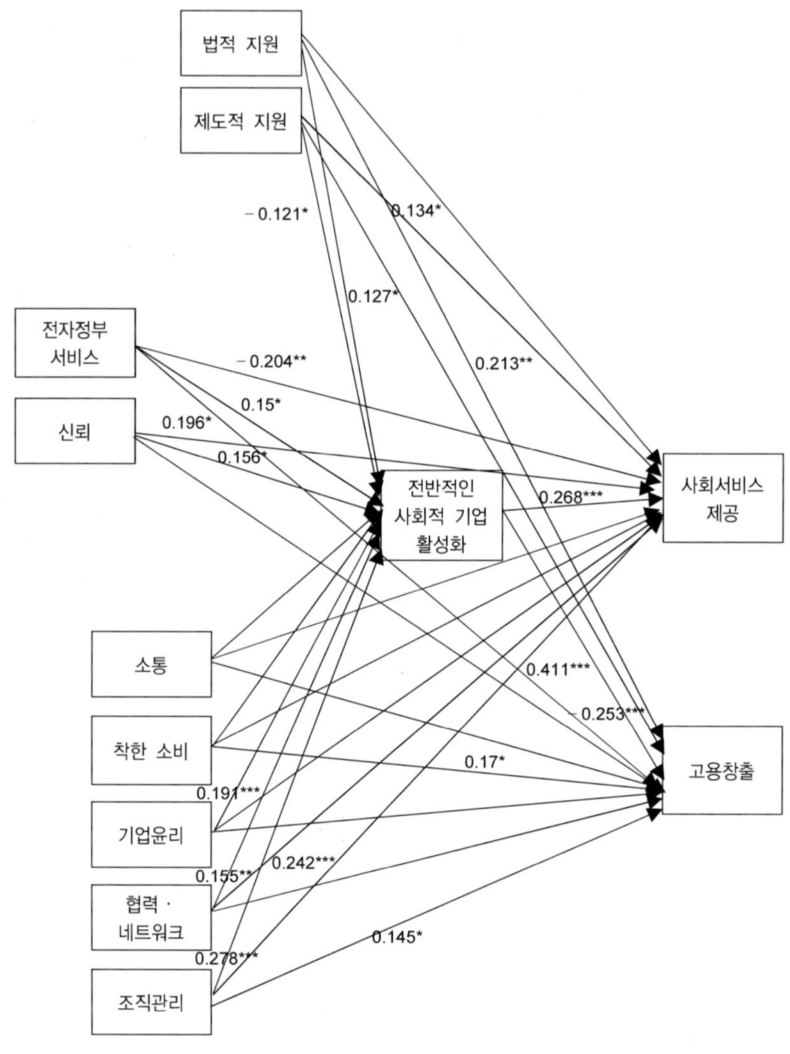

〈그림 5-2〉 경로 모형 계수 값

(1) 정부 부문과 사회서비스 제공

정부 부문에서 법적 지원, 제도적 지원, 전자정부서비스가 전반적인 사회적 기업 활성화와 사회서비스 제공에 미치는 영향을 살펴보면 다음과 같다. 사회서비스 제공에 대한 법적 지원의 직접효과는 유의미한 영향관계가 나타나지 않았지만, 간접효과에서는 법적 지원이 전반적인 사회적 기업 활성화에 경로계수 값이 0.127이었고 유의확률이 0.037로 유의수준 5% 내에서 통계적으로 유의미한 결과를 나타냈다.

또한 제도적 지원의 경우 사회서비스 제공에 직접효과가 나타났다. 경로계수 값이 0.134이고 유의확률이 0.047로 유의수준 5% 내에서 유의한 것으로 나타났다. 반면 제도적 지원의 간접효과는 전반적인 사회적 기업 활성화에 부(-)의 영향을 나타내었다. 이러한 이유는 단순한 재정지원이 전반적인 사회적 기업 활성화에는 영향을 미치지 못하고, 사회서비스 제공에는 영향을 미치는 것으로, 사회적 기업의 사회서비스 제공 효과에 재정지원이 영향을 준다고 할 수 있다.

다음 전자정부서비스는 사회적 기업의 사회서비스 제공에 부의 영향을 나타내었다. 반면 간접효과에서는 전자정부서비스가 사회적 기업 활성화에 유의미한 영향을 나타내었는데, 경로계수 값이 0.15이고 유의확률이 0.009로 유의수준 1% 내에서 통계적으로 유의미한 결과를 나타내었다. 즉, 전자정부서비스는 사회서비스 제공에는 영향을 미치지 못하지만 전반적인 사회적 기업의 활성화에는 영향을 미치는 것으로 판단할 수 있다.

따라서 사회적 기업 활성화를 위해서는 정부의 사회적 기업에 대한 법적 지원으로서 인증제도의 완화 및 사회적 기업 육성법의 개정 등이 지속적으로 이루어져야 하고, 사회적 기업의 사회서비스 제공 효과를 위해서는 정부의 인건비 중심의 재정지원에서 벗어나 다양한 방식의 제도적 지원이 뒷받침되어야 한다. 또한 전반적인 사회적 기업 활성화를 위해서는 사회적 기업을 지원하기 위한 전자정부서비스의 구축이 요구된다.

(2) 시민사회 부문과 사회서비스 제공

시민사회 부문에서 신뢰와 착한 소비, 소통, 전반적인 사회적 기업 활성화, 사회서비스 제공의 관계를 밝혀내기 위해 경로 분석을 실시한 결과를 살펴보면 다음과 같다. 신뢰의 총 효과는 0.190이고, 직접효과는 0.157, 간접효과는 0.033으로 나타났다. 유의수준을 살펴보면 직접효과에서 유의확률 0.023, 간접효과에서 유의확률이 0.045로 모두 통계적으로 유의미한 결과를 나타냈었다. 반면, 시민사회 부문에서 착한 소비와 소통은 직접효과와 간접효과 모두 유의미한 영향 관계가 나타나지 않았다.

따라서 분석결과 시민사회 부문에서는 사회적 기업에 대한 신뢰만이 유일하게 통계적으로 유의미한 영향을 나타내었다. 그러나 착한 소비와 소통이 전혀 영향을 미치지 않는 것은 아니다. 현재 사회적 기업에 대한 착한 소비 운동이 점차 확산되고 있으며, 소통을 위한 노력도 진행되고 있다. 심층 인터뷰에서도 사회적 기업에 대한 활성화의 요소로 착한 소비와 소통을 중요하게 언급하고 의미 있는 요인이라고 응답했다. 향후에는 사회적 기업의 사회서비스 제공 효과를 위해서 신뢰를 강화하기 위한 홍보뿐만 아니라 착한 소비문화와 소통을 위한 노력이 시민사회에서 계속되어야 한다.

(3) 기업 부문과 사회서비스 제공

기업 부문의 기업윤리, 협력 · 네트워크, 조직관리, 전반적인 사회적 기업 활성화가 사회서비스 제공에 어떠한 영향관계를 가지는지에 대한 경로 분석 결과는 다음과 같다.

먼저 기업윤리는 직접효과에서 경로계수 값이 −0.053으로 부의 영향을 미치는 것으로 나타났고, 유의확률에서도 유의미한 결과가 나타나지 않았다. 반면 간접효과인 사회적 기업 활성화에는 경로계수 값이 0.191이고, 유의확률이 0.000으로 유의수준 1% 내에서 통계적으로 유의미한 결과가 나타났다.

협력·네트워크는 직접효과에서 유의미한 결과가 나타나지 않았다. 반면 간접효과에서 경로계수 값이 0.155이고, 유의확률이 0.019로 나타나 유의수준 5% 내에서 통계적으로 유의미한 결과를 나타내었다.

조직관리는 간접효과와 직접효과 모두에서 유의미한 결과가 나타났다. 조직관리의 총 효과는 0.294이고, 직접효과는 0.255, 간접효과는 0.069이다. 직접효과에서 경로계수 값은 0.242이고 유의확률은 0.000으로 나타나 통계적으로 유의미한 것으로 나타났다. 또한 간접효과에서는 경로계수 값이 0.278이고, 유의확률이 0.000으로 나타나 통계적으로 유의미한 것으로 나타났다.

그러므로 전반적인 사회적 기업 활성화를 위해서는 기업윤리가 강화되어야 하고, 일반 기업과 사회적 기업 간의 협력·네트워크가 구축되어야 한다. 또한 조직관리는 직접효과와 간접효과 모두에서 중요한 영향을 미치는 요인으로 밝혀져 향후에도 전반적인 사회적 기업 활성화와 사회서비스 제공 효과를 위해서 사회적 기업의 전략적인 조직관리가 이루어져야 한다.

(4) 정부 부문과 고용창출

정부 부문의 법적 지원, 제도적 지원, 전자정부서비스, 전반적인 사회적 기업 활성화의 영향관계를 분석한 결과는 다음과 같다.

먼저 법적 지원은 직접효과인 고용창출과 간접효과인 사회적 기업 활성화에 모두 유의미한 결과를 나타내었다. 고용창출에 대한 직접효과로서 경로계수 값은 0.213이고 유의확률은 0.005로 나타나 통계적으로 유의미한 결과를 나타내었다. 간접효과에서도 법적 지원은 사회적 기업 활성화에 유의미한 결과를 나타내었다.

제도적 지원의 경우 고용창출과 사회적 기업 활성화 모두에서 유의미한 결과가 나타나지 않았다. 다만 제도적 지원의 경우 사회적 기업 활성화에 부(-)의 영향을 미치는 것으로 나타났다.

전자정부서비스는 고용창출에 부(-)의 영향을 나타내었고, 사회적 기업 활성화에는 유의미한 영향을 미치는 것으로 나타났다. 즉, 전자정부서비스는 전반적인 사회적 기업의 활성화에는 영향을 미치지만, 고용창출에는 영향을 미치지 않는다는 것을 알 수 있다.

그러므로 사회적 기업의 고용창출을 위해서는 정부의 인증제도의 변경이나 사회적 기업 육성법의 개정 같은 법적 지원을 강화해야 한다. 비록 제도적 지원의 경우 유의미한 영향을 나타내지 않았지만 현재 사회적 기업 대부분이 재정지원에 의존하는 만큼 일정 정도의 재정지원은 지속되어야 한다. 또한 전자정부서비스는 고용창출에 직접적인 영향을 미치지 못했지만, 전반적인 사회적 기업의 활성화를 위해서는 사회적 기업을 지원하기 위한 정보시스템이나 전자정부서비스 구축이 신속히 이루어져야 한다.

(5) 시민사회 부문과 고용창출

시민사회 부문의 신뢰, 착한 소비, 소통, 전반적인 사회적 기업 활성화가 고용창출에 어떠한 영향을 미치는지 밝혀내기 위해 경로 분석을 실시하였다. 분석결과를 살펴보면, 신뢰는 고용창출에 직접적인 효과가 나타나지 않았고, 간접효과인 사회적 기업 활성화에만 영향을 미치는 것으로 나타났다. 신뢰는 전반적인 사회적 기업 활성화에서 경로계수 값이 0.156이고, 유의확률이 0.045로 유의수준 5% 내에서 통계적으로 유의미하였다.

착한 소비는 직접효과에서 유의미한 영향 관계가 나타났고, 간접효과에서는 유의미한 결과가 나타나지 않았다. 직접효과의 경로계수 값은 0.17이고 유의확률이 0.048로 나타나 유의수준 5% 내에서 통계적으로 유의미한 결과가 나타났다.

소통은 직간접 효과 모두에서 부(−)의 영향이 나타났다. 즉, 소통은 통계적으로 고용창출이나 전반적인 사회적 기업 활성화에 모두 영향을 미치지 않는 것을 알 수 있다. 이와 같은 결과는 다중회귀분석과 동일한 결과로서 소통이 전반적인 사회적 기업의 활성화나 고용창출에는 별다른 영향을 미치지 못한다는 것으로 심층 인터뷰 결과에서 응답자들의 응답결과와도 다른 결과가 나타나 향후 보다 심층적인 연구가 필요하다.

따라서 전반적인 사회적 기업 활성화를 위해서는 사회적 기업에 대한 신뢰가 강화되어야 하고, 사회적 기업의 고용창출을 위해서는 시민사회 부문에서 착한 소비가 활발히 진행되어야 한다. 반면 소통은 직접효과와 간접효과 모두에서 통계적으로 아무런 영향을 나타내지는 않았다. 그러나 인터뷰 응답자들의 답변과 같이 지속적인 소

통의 노력이 있게 되면 사회적 기업의 활성화나 고용창출에 도움을
줄 수 있을 것이다.

(6) 기업 부문과 고용창출

기업 부문의 기업윤리, 협력·네트워크, 조직관리, 전반적인 사회
적 기업 활성화의 영향관계를 파악하기 위해 경로 분석을 실시한 결
과는 다음과 같다.

기업윤리는 고용창출에 통계적으로 유의미한 결과가 나타나지 않
았지만, 전반적인 사회적 기업 활성화에는 유의미한 결과가 나타났
다. 즉, 기업윤리가 고용창출에 직접적인 효과는 아니라고 할 수 있
고, 전반적인 사회적 기업 활성화에만 영향을 미친다고 할 수 있다.

또한 고용창출에 있어서 협력·네트워크는 부(−)의 직접효과를
나타내고 있었다. 반면 전반적인 사회적 기업 활성화에는 정(+)의
영향관계를 나타내 통계적으로 유의미한 결과를 보여 주고 있다.

한편, 조직관리는 고용창출과 전반적인 사회적 기업 활성화 모두
에 유의미한 영향을 나타내고 있다. 조직관리의 총 효과는 0.217이
고, 직접효과는 0.121, 간접효과는 0.096으로 직접효과가 높은 수치
로 나타났다. 고용창출에서 조직관리의 경로계수 값은 0.145이고 유
의확률은 0.038로 유의수준 5% 내에서 통계적으로 유의미한 결과를
나타내고 있다.

그러므로 사회적 기업이 고용창출의 효과를 내기 위해서는 사회
적 기업 내부의 조직관리가 강화되어야 하고, 전반적인 사회적 기업
활성화에 영향을 미치는 기업윤리, 협력·네트워크, 조직관리가 더
욱 강화되어야 한다.

제6장 결론

제1절 연구결과의 요약

최근 국제사회의 많은 국가들은 경제적 위기에 직면해 있다. 그동안 자유시장주의를 채택하고, 신자유주의 경제체제를 신봉했던 여러 선진국은 경제위기의 타개를 위해 다각적인 노력을 기울이고 있다.

그러나 세계 여러 국가들은 여전히 경제위기에서 벗어나지 못하고 있고, 정부의 노력과 시장의 자생력으로 경제가 회복될 것이라 믿고 있다. 이러한 상황에서 사회적 기업은 정부 실패와 시장 실패의 대안으로서 경제위기 극복과 사회통합의 주체로 주목받고 있다.

사회적 기업은 본래 영국과 미국, 일본 등에서 오랜 역사를 가지고 발달해 왔다. 한국에 사회적 기업 소개된 지는 3년이 채 되지 못한 상황이다. 사회적 기업은 아직까지 한국사회에서 생소한 측면이 많다. 일반 시민들의 경우 아직 사회적 기업이 무엇을 하는지 모르는 경우가 많고, 알고 있다 해도 막연히 좋은 일을 하는 기업으로만 인식하는 경우가 대부분이다.

현재 한국정부는 사회서비스 제공과 고용창출을 위해 사회적 기업을 집중적으로 양성하려고 한다. 그러나 사회적 기업에 대한 양적인 성장에 집중한다는 비판과 정부 주도형 사회적 기업 육성이라는 비판에 직면해 있다. 본래 선진국들의 사회적 기업 사례를 살펴보면, 사회적 기업은 시민사회에서 자발적인 참여로 탄생하였고, 지역사회를 기반으로 발전하여 왔다. 또한 사회적 기업은 공익성과 영리성을 추구하는 혼성화 조직이라는 특성을 지니고 있기도 하다.

이러한 사회적 기업을 활성화하기 위해서는 다양한 측면의 고려가 있어야 한다. 사회적 기업은 정부의 정책적 노력이나, 사회적 기업 자체의 노력, 그리고 일반 기업의 지원만으로는 활성화되기 어렵다. 즉, 사회적 기업을 활성화하기 위해서는 정부와 기업, 시민사회가 협력하고 상호작용하는 거버넌스 구축이 전제가 되어야 한다.

지금까지 선행연구는 사회적 기업 활성화를 위한 정부의 정책이나 사회적 기업 자체의 역량 강화와 같은 단편적인 연구와 이론적·선험적인 연구가 주류를 이루었다. 따라서 사회적 기업 활성화를 위해서는 사회적 기업 활성화의 요인을 밝혀내어 어떠한 요인이 실제적으로 영향을 미치는지 검증하는 실증적인 연구가 필요하다.

이러한 문제인식에 따라 본서의 목적은 거버넌스적 시각에서 사회적 기업에 대한 개념을 명확히 정립하고, 향후 한국사회에 적합하고 지속 가능한 정부와 기업 그리고 시민사회가 상호작용하는 거버넌스 체제하에서 사회적 기업의 활성화 요인을 실증연구를 통해 밝혀내는 것을 목적으로 한다.

이에 따라 본서에서는 연구목적 달성을 위해 사회적 기업의 이해관계자들을 대상으로 설문조사와 심층 인터뷰 조사를 실시하였다. 설문조사는 주로 서울·강원권과 경인권을 대상으로 실시하였고, 사회적 기업 아카데미가 실시되는 전국을 대상으로 설문조사를 실시하였다. 설문조사지는 오프라인과 온라인을 통해 총 500부가 배포되었고, 수거된 설문지는 320부이고, 최종적으로 분석에 사용한 설문지는 총 298부이다. 또한 인터뷰 조사는 사회적 기업가, 예비 사회적 기업가, 사회적 기업 지원기관 근무자, 사회적 기업 관련 공무원 등을 대상으로 총 18명에게 실시되었다.

사회적 기업의 이해관계자들을 대상으로 설문조사와 인터뷰 조사의 결과는 다음과 같다.

첫째, 각 변수에 대한 응답결과를 분석한 결과 한국사회에서 전반적인 사회적 기업 활성화에 대한 인식은 평균값이 2.56으로 다소 부정적인 것으로 나타났다. 또한 사회적 기업의 효과라 할 수 있는 사회서비스 제공은 평균값이 3.17로 나타나 다소 긍정적인 응답을 하였고, 고용창출도 평균값이 3.42로 다소 긍정적인 응답을 하였다. 즉, 응답자들은 전반적인 사회적 기업 활성화에 대해서는 부정적이었지만, 사회적 기업의 효과에 대해서는 긍정적인 인식을 하고 있었다.

먼저, 독립변수인 정부 부문에서는 사회적 기업에 대한 법적 지원이 평균 2.93으로 다소 부정적으로 나타났고, 제도적 지원도 평균값이 2.72로 부정적으로 나타났다. 전자정부서비스 역시 평균값이 2.65로 부정적인 응답이 많았다. 따라서 대부분의 응답자들은 정부 부문의 변수들에 대해서는 부정적인 인식이 많았다. 인터뷰 결과에서도 사회적 기업에 대한 정부의 정책적 지원들이 부적절하다는 응답이 많았고, 이를 개선해야 한다는 의견이 많았다.

다음 시민사회 부문에서는 사회적 기업에 대한 신뢰가 평균 3.79로 다소 긍정적으로 인식하고 있었고, 착한 소비의 경우도 평균 3.76으로 긍정적으로 인식하고 있었다. 소통에 대한 응답 역시 평균 3.40으로 긍정적으로 인식하고 있었다. 즉, 응답자들은 시민사회 부문의 신뢰와 착한 소비, 소통에 대해 긍정적인 인식을 하고 있었고, 인터뷰 결과에서도 신뢰와 착한 소비, 소통에 대해 긍정적인 답변을 하였다.

마지막으로 기업 부문에서 기업윤리는 평균값이 2.67로 부정적인 인식을 나타내었다. 또한 협력·네트워크도 평균값이 2.65로 부정적인 인식을 나타내었고, 조직관리 역시 평균값이 2.95로 다소 부정적인 응답을 하였다. 즉, 응답자들은 대부분 한국 기업들의 CSR에 대해 부정적인 인식을 하였고, 일반 기업과 사회적 기업 간의 협력이나 사회적 기업 간의 협력체계가 구축되지 못한 것으로 인식하고 있었다. 또한 사회적 기업 내부의 조직관리도 체계적이지 못한 것으로 응답했다. 심층 인터뷰 결과에서도 설문조사 응답과 유사한 의견들이 많았다.

둘째, 각 변수들에 대한 인식 차이를 알아보기 위해 독립표본 T검정과 일원배치분산분석을 실시하였다. 인구사회학적 특성에 따른 분석결과 성별에서는 사회서비스 제공과 고용창출에서 인식의 차이가 나타났다. 연령에 따른 인식 차이는 법적 지원에서만 차이가 나타났다. 학력에 따른 인식 차이는 조직관리에서만 나타났다. 소속에 따른 인식 차이에서는 신뢰, 기업윤리, 협력·네트워크, 전반적인 사회적 기업 활성화에서 인식의 차이가 나타났다.

셋째, 전반적인 사회적 기업 활성화에 대한 독립변수들의 영향관계를 밝혀내기 위해 다중회귀분석을 실시하였다. 분석결과 통계적으로 유의미한 변수는 총 9개 독립변수 중 6개의 변수가 통계적으로 유의미한 결과를 나타내었다. 유의미한 독립변수는 법적 지원, 전자정부서비스, 신뢰, 기업윤리, 협력·네트워크, 조직관리 등이 통계적으로 유의미하였다. 반면, 제도적 지원, 착한 소비, 소통은 유의미한 결과가 나타나지 않았다.

넷째, 사회적 기업의 효과분석을 위한 경로 분석에서는 전반적인 사회적 기업 활성화를 매개변수로 하고, 사회서비스 제공과 고용창출을 종속변수로 하여 분석을 실시하였다. 분석결과 사회서비스 제공에 대한 직접효과는 제도적 지원, 신뢰, 조직관리가 통계적으로 유의미하였고, 간접효과는 법적 지원, 전자정부서비스, 신뢰, 기업윤리, 협력·네트워크, 조직관리가 통계적으로 유의미하였다. 고용창출에서는 직접효과로서 법적 지원, 착한 소비, 조직관리 변수가 통계적으로 유의미한 결과를 나타내었다.

제2절 연구의 함의

사회적 기업은 정부 실패와 시장 실패의 대안에서 탄생하였다. 사회적 기업은 영국을 비롯한 미국, 일본 등의 선진 국가들에서 경제위기 극복과 양극화, 사회통합의 새로운 해결책으로 주목받고 있다. 영국과 미국, 일본을 비롯한 사회적 기업의 선진국들은 오랜 역사와 전통을 가지고 있다. 그러나 한국은 사회적 기업이 공식적으로 탄생한 지 3년여밖에 지나지 않았다.

한국사회는 현재 글로벌 경제위기와 계속되는 경제위기로 인해 양극화와 사회통합이라는 난제에 직면해 있다. 이러한 위기를 극복하기 위해 사회적 기업은 한국사회에서 사회문제의 새로운 대안적 해결책이 되고 있다. 그러나 사회적 기업을 활성화하기 위한 많은 노력이 있었음에도 불구하고 아직 한국사회에서 사회적 기업은 낯설기만 하다.

사회적 기업이 활성화되기 위해서는 사회적 기업 스스로의 노력만이 아닌 정부와 기업, 시민사회의 거버너스 구축을 통한 협력적

노력이 필요하다. 또한 사회적 기업은 거버넌스 체계 속에서 주체적
으로 기업활동을 할 때 진정한 사회적 기업으로 거듭날 수 있다.

본서는 그동안 이론적 선험적 논의에만 집중되었던 연구에서 벗
어나 사회적 기업을 활성화하기 위한 방안을 모색하기 위해 설문조
사와 심층 인터뷰 조사를 실시하여 다음과 같은 함의를 도출하였다.

1. 이론적 함의

사회적 기업은 짧은 시간 동안 많은 연구가 진행되어 왔다. 그러
나 많은 연구들이 단편적인 이론적 선험적 논의에만 한정되어 실제
적으로 사회적 기업의 활성화에 영향을 미치는 요인들을 밝혀내지
못했다. 그러나 본서는 실증연구를 통하여 사회적 기업 활성화에 대
한 요인들을 밝혀내었다는 점에서 연구의 가장 큰 의의를 가진다.

또한 사회적 기업은 많은 개념들이 혼재되어 왔고, 여러 학문 분
야에서 접근하면서 사회적 기업의 개념에 혼란을 가중시켜 왔다. 사
회적 기업이 공익성과 영리성을 추구하는 기업이라는 점에서 공익
성 연구에 기반을 둔 행정학적 접근은 사회적 기업의 개념을 명확히
하는 데 학문적 기여를 하였다.

기존의 사회적 기업의 활성화 요인이나 성공요인을 다룬 선행연
구들은 그동안 사회적 기업 내부의 요인들을 중심으로 다루었다. 그
러나 본서는 사회적 기업 내부의 요인들에서 벗어나 정부 부문과 시
민사회 부문, 기업 부문을 포괄하여 거버넌스적 시각에서 접근을 시
도하였다. 이러한 접근방법은 사회적 기업이 단순히 중소기업이나

벤처기업 등에 한정되는 것이 아니라 사회를 구성하는 중요한 요소로서 거버넌스 체계에서 주체적으로 활동하는 기업이라는 것을 설명한다. 즉 사회적 기업은 정부와 기업, 시민사회가 상호작용하는 거버넌스의 체계 속에서 주체적으로 활동하는 기업이다.

마지막으로 본서는 통합적 연구방법을 적용하여 설문조사와 인터뷰 조사를 병행하였다. 설문조사가 가지는 한계점을 극복하고 보다 풍부한 논의를 위해서는 현재 활동하고 있는 사회적 기업가나 다양한 다른 사회적 기업 관련 이해관계자들을 통해 현장의 실제적인 목소리를 들어야 한다. 본서는 이러한 풍부한 논의를 통해 연구의 질을 높이는 데 주력하였다.

따라서 설문조사결과와 심층 인터뷰 결과를 종합했을 때 사회적 기업의 활성화는 기업 스스로의 노력만이 아니라 정부 부문과 시민사회 부문, 기업 부문이 협력적 관계를 구축하는 거버넌스 체계에서 활성화될 수 있다는 결론에 도달했다.

결국 사회적 기업은 공익성 추구와 영리성 추구라는 양면적 속성을 가진 조직으로서 두 가지 목표를 동시에 모두 달성하기는 현실적으로 매우 어렵다. 그러므로 사회적 기업은 사회적 목적 실현에 일차적인 목표를 두고 기업활동을 전개해 나가야 한다. 영리성 추구도 중요하지만, 사회적 기업의 영리성 추구는 2차적인 목표가 되어야 한다. 그 것이 바로 사회적 기업이 가지는 근본적 속성에 보다 부합한다고 판단된다. 사회적 목적 실현이 아닌 영리성 추구가 우선시될 경우 사회적 기업은 일반 기업화되는 제도적 동형화의 현상을 겪게 될 가능성이 크다.

2. 정책적 함의

본서는 사회적 기업 활성화 요인을 밝혀내어 한국사회에서 사회적 기업의 활성화 방안을 모색하는 것이다. 연구결과에 따라 다음과 같은 정책적 함의를 도출하였다.

먼저, 시민사회 부문에서 사회적 기업에 대한 신뢰의 수준을 더욱 높여야 한다. 설문조사 결과에서는 신뢰에 대한 인식 평균값이 3.79로 나타났다. 또한 신뢰가 사회적 기업 활성화에 중요한 영향요인으로 밝혀졌다. 이러한 결과는 사회적 기업에 대한 신뢰가 높을수록 사회적 기업이 활성화된다는 것을 의미한다. 사회적 기업에 대한 신뢰를 제고하기 위해서는 정부의 홍보도 중요하지만, 미디어 특히 인터넷, 소셜네트워크서비스, 스마트폰 등과 같은 온라인 매체를 활용한 홍보를 통해 사회적 기업에 대한 신뢰의 수준을 높여야 한다.

한편, 연구결과 착한 소비에 대한 인식은 평균값이 3.76이고, 소통에 대한 인식은 평균값이 3.40이었지만, 사회적 기업 활성화의 중요한 요인으로 밝혀지지 않았다. 그러나 인터뷰 결과 현장의 많은 사람들이 착한 소비와 소통이 사회적 기업을 활성화하는 데 중요한 역할을 한다고 응답하였다.

따라서 정책담당자는 향후 사회적 기업의 정책 수립 시 사회적 기업에 대한 신뢰 이외에 착한 소비나 소통을 증진시킬 수 있는 방안에 대해서도 적극 고려해야 한다.

둘째, 정부 부문에서는 법적 지원을 강화해야 한다. 법적 지원은 설문조사 결과 평균값이 2.93으로 부정적인 결과를 나타내었다. 그러나 법적 지원은 사회적 기업 활성화에 영향을 미치는 요인으로 밝혀졌다. 이에 대해 정책담당자는 사회적 기업에 대한 법적 지원에서 사회적 인증 제도를 유지하되 보다 완화된 기준에서 인증을 해야 한다. 인터뷰 결과에서도 사회적 기업가와 예비 사회적 기업가, 그리고 사회적 기업 종사자들은 정부의 법적 지원에 대한 중요성을 언급하였다. 그러나 인증제도의 복잡한 절차와 사회적 기업 육성법의 부실한 내용에 대해 불만을 호소하기 했다.

정책담당자는 이러한 현장의 요구에 따라 사회적 기업 육성법의 경우 지속적인 정비가 이루어지도록 해야 하며, 지방자치법이나 지방세법 등 다른 법령과 상호 모순이나 충돌이 일어나지 않도록 유기적인 법령 정비를 위해 노력해야 한다.

또한 정부 부문에서 제도적 지원에 대한 정비가 필요하다. 설문조사 결과에서 제도적 지원은 평균값이 2.72로 나타나 부정적인 응답이 많았다. 제도적 지원의 경우 사회적 기업 활성화의 요인으로 밝혀지지는 않았지만, 제도적 지원의 경우 재정지원에 집중되어 있고 대부분의 재정지원은 인건비 중심으로 지원되고 있었다. 인터뷰 결과에서도 인건비 중심이 재정지원만 고려되는 것에 문제점을 지적하고 있었고, 창업자금이나 초기 자본 수요에 대한 고려가 있어야 한다는 응답이 많았다.

따라서 정책담당자는 사회적 기업에 대한 제도적 지원에 있어서 인건비 중심의 재정지원 구조에서 벗어나 다양한 측면에서 사회적 기업의 요구를 충족시킬 수 있는 제도적 지원책을 마련해야 한다.

또한 정부 부문에서 사회적 기업을 위한 전자정부서비스 구축이 요구된다. 설문조사결과 전자정부서비스에 대한 인식은 평균값이

2.65로 나타나 부정적이었다. 그리고 전자정부서비스는 사회적 기업 활성화의 중요한 요인으로 밝혀졌다. 전자정부서비스에 대한 인터뷰 결과 현재 대부분의 사회적 기업에 대한 업무가 개인메일이나 전화 등을 이용하고 있는 것으로 나타났다. 한국은 현재 선진화된 전자정부시스템을 구축하고 있지만, 사회적 기업 업무에 대해서는 전자정부시스템을 제대로 이용하지 못하고 있다.

그러므로 향후 정책담당자는 사회적 기업 업무가 전자정부서비스로 연동될 수 있는 시스템 개발을 위해 노력해야 하며, 정부는 물론, 사회적 기업 지원기관, 사회적 기업 모두가 전자정부시스템 내에서 업무 처리가 가능하도록 해야 할 것이다.

셋째, 기업 부문에서는 먼저 기업윤리가 제고되어야 한다. 설문조사 결과에서 기업윤리는 평균값이 2.67로 부정적으로 나타났다. 그러나 기업윤리는 사회적 기업 활성화의 중요한 요인으로 밝혀졌다. 인터뷰 결과와 여러 학자들의 의견에서도 기업윤리는 사회적 기업의 활성화에 상승효과를 유발할 수 있다는 응답과 주장이 제기되었다.

정책담당자는 기업윤리가 사회 전반에 확산될 수 있도록 지속적으로 사회공헌 활동을 하는 기업들에 대해서 세제혜택이나 우수기업 선정 등 다양한 인센티브를 통해 기업윤리가 공유가치경영으로 사회 전반에 확산될 수 있도록 해야 한다.

또한 기업 부문에서 협력·네트워크를 구축해야 한다. 설문조사 결과에서 협력·네트워크는 2.65로 나타나 부정적인 응답이 많았다. 인터뷰 결과에서도 일반 기업과 사회적 기업의 협력체계 구축, 그리고 사회적 기업 간의 협력체계 구축, 일반 기업의 사회적 기업에 대한 지원에 대해 중요성을 지적하였지만, 실제적으로는 이러한 협력

체계가 구축되지 못하고 있다고 응답했다.

따라서 향후에는 정책담당자가 사회적 기업과 일반 기업이 연계될 수 있도록 다양한 지원책을 마련해야 한다. 예를 들어, 일사(一社) 일(一) 사회적 기업 연계와 같은 활동을 전개할 수 있도록 정부는 다양한 측면에서의 정책적 노력을 기울여야 한다. 또한 사회적 기업을 지원하는 일반 기업에 대해서는 일정 정도의 세제혜택이나 정부가 추진하는 사업에서 우선권을 부여받을 수 있는 등의 인센티브를 제공해야 한다.

또한 사회적 기업들 간의 협력체계 구축과 자립을 돕기 위해서 한시적인 지원책이 아닌 지속적인 사회적 기업 지원정책을 수립해야 한다. 이를 위해서는 사회적 기업 협의회 등과 정기적인 논의도 필요하지만, 사회적 기업을 지원하기 위한 전문재단의 설립과 사회적 기업의 재정에 도움이 될 수 있는 전문 금융지원기관을 설립하여 유기적인 네트워크를 구축하도록 해야 한다.

그리고 사회적 기업 내부의 전략적인 조직관리가 이루어져야 한다. 설문조사 결과에서 조직관리의 평균값은 2.95로 부정적으로 나타났다. 그러나 다중회귀분석결과 조직관리는 사회적 기업 활성화의 중요한 요인으로 밝혀졌다. 따라서 사회적 기업 스스로도 정부와 기업의 지원만이 아닌 조직 내부의 역량 개발에 힘써야 한다. 이를 위해서는 사회적 기업가의 역할이 중요시된다. 비록 사회적 기업이 의사 결정에서 모든 구성원들이 참여하는 수평적인 조직구조를 채택하고 있지만 현실적으로 조직의 리더로서 사회적 기업가의 역할은 매우 중요하다.

그러므로 향후 정책담당자는 사회적 기업 활성화를 위해 사회적 기업가를 양성하기 위한 체계적인 교육 훈련 시스템을 개발해야 한다. 현재의 사회적 기업가 아카데미도 지속적으로 추진되어야 하지만, 단지 사회적 기업가 아카데미를 수료하고 끝나는 것이 아니라 지속적인 전문교육을 통해 사회적 기업가가 갖추어야 할 전문성을 함양할 수 있도록 지원하여 변화하는 환경에 능동적으로 대처할 수 있도록 해야 한다.

마지막으로 정부의 많은 예산이 지원되는 만큼 사회적 기업에 대한 적정한 수준에서의 관리가 필요하다. 일부 사회적 기업의 경우 정부의 예산에만 의존하거나 형식적인 사회적 기업을 설립한 경우도 있다. 이를 방지하기 위해서는 사회적 기업의 기업활동에 자율성이 침해되지 않는 선에서 적절한 관리가 이루어져야 한다. 현재 많은 정부부처들과 자치단체들이 사회적 기업을 육성하기 위해 많은 예산과 노력을 기울이고 있다. 중앙정부와 지자체의 무분별한 사회적 기업 육성은 자칫 예산만 낭비되는 결과를 가져올 수 있다는 지적이 많았다.

결국 건강한 사회적 기업을 육성하기 위해서는 다른 여러 요인과 더불어 사회적 기업에 정부의 적정한 관리 감독뿐만 아니라 기업에서의 지원, 그리고 시민사회에서의 적극적인 관심과 지지가 요구된다.

제3절 연구의 한계

본서는 사회적 기업 활성화 방안을 모색하기 위해 실증적 연구를 시도하였다. 그러나 다음과 같은 연구의 한계를 갖는다.

첫째, 모집단인 사회적 기업을 전수 조사해야 했지만, 현실적인 시간과 비용의 한계로 전수 조사를 실행하지 못했다.

둘째, 설문조사에서 응답자들이 사회적 기업에 대해 편향된 응답을 하는 경우가 있었다. 이러한 설문조사가 가지는 한계점을 극복하기 위해 심층 인터뷰 조사를 병행하여 실시하였지만 편향된 의견을 완전히 통제하는 데는 한계가 있었다.

셋째, 다양한 분야에서 사회적 기업을 운영한 경험을 가진 대상자를 선정하여 인터뷰를 실시해야 했다. 그러나 실제 인터뷰에서는 몇몇 분야의 사회적 기업가만을 대상으로 인터뷰가 이루어져 다양한 분야의 현장 목소리를 듣는 데는 한계가 있었다.

넷째, 본서는 거버넌스적 시각에서 통합적인 변수를 구성하여 보다 구체적인 부분의 변수에 대해서는 고려하지 못했다. 후속연구에서는 보다 정교한 변수를 구성하여 설문조사를 진행해야 할 것이다.

다섯째, 다양한 이해관계자를 고려하였음에도 불구하고 설문조사 사례의 수가 적어 분석결과를 일반화하기에는 무리가 있다. 후속 연구에서는 보다 다양한 분야에서 다수의 사회적 기업 이해관계자들을 대상으로 하는 설문조사와 인터뷰 조사가 이루어져야 할 것이다.

참고문헌

1. 국내문헌

강병서 · 김계수. (2010). 『사회과학 통계분석』, 서울: 한나래아카데미.

강창현. (2002). 지역복지 공급 네트워크 연구: 네트워크 접근. 『한국 행정학보』, 제36권 제2호. pp.313~322.

곽선화. (2009). 2007 인증 사회적기업의 성과분석과 과제. 『사회적 기업 연구』, 제2권 제1호. pp.37~65.

권기헌. (2008). 『정책학: 현대 정책이론의 창조적 탐색』, 서울: 박영사.

권은정. (2010). 『착한 기업 이야기』, 서울: 웅진지식하우스.

고애란. (2009). 국내 소비자의 윤리적 소비행동 특성과 앞으로의 전망. 『패션정보와 기술』, 제6권. pp.54~62.

고용노동부. (2007). 『사회적 기업 활성화를 위한 고용지원센터와 지방자치단체간의 바람직한 역할 방안』.

__________. (2009). 『2008 사회적 기업 성과분석』.

__________. (2010a). 『사회적 기업 활성화 방안』, 비상경제대책회의 겸 국가고용전략회의 자료집.

__________. (2010b). 『사회적 기업 육성을 위한(예비)사회적 기업 일자리 창출사업 시행지침』.

__________. (2010c). 『지자체가 앞장서고 정부가 지원하는 함께 발전하는 미래』.

고용노동부 · 사회적기업연구원. (2010). 『사회적 기업 개요집』, 과천시: 노동부.

김경휘 · 반정호. (2006). 한국 상황에서의 사회적 기업의 개념과 유형에 관한 소고. 『노동정책연구』, 제6권 42호. pp.31~54.

김도영 · 한명섭. (2007). 국내기업의 사회공헌과 기업연계형 사회적 기업.『사회적 기업』, 통권 제3호. pp.5~9.

김동원 외. (2007).『전자정부론』, 서울: 대영문화사.

김미경. (2008). 뉴거버넌스 연구방향과 인식과제: Good Governance
의 형성과 우리 사회의 참여와 민관협력을 위한 논의. 오수길
편. (2008).『미래로 가는 길 뉴거버넌스』, 서울: 대영문화사.

김봉화·김재호. (2010).『세계 사회적 기업의 현황과 전략』, 파주:
한국학술정보(주).

김석준 외. (2000).『뉴거버넌스 연구』, 서울: 대영문화사.

________. (2001).『뉴거버넌스와 사이버 거버넌스 연구』, 서울: 대
영문화사.

김성기. (2009). 사회적 기업 특성에 관한 쟁점과 함의.『사회복지정
책』, 제36권 제2호. pp.139~136.

김성태. (2007).『신전자정부론: 이론과 전략』, 서울: 법문사.

김수영·권희연·한용외. (2010). 기업연계형 사회적 기업의 성과요인
에 관한 연구.『한국비영리연구』, 제8권 제3호. pp.133~166.

김신양. (2006). 사회적 기업의 법제화: 유럽 및 한국의 사례.『도시
와 빈곤』, 제80권. pp.75~91.

김순양. (2009). 사회적 기업 인증제도의 개선방안 고찰.『사회적 기
업 연구』, 제2권 제1호. pp.67~99.

김익성. (2009). 중소기업 컨설팅지원사업의 현황과 발전방안: e-쿠
폰제 컨설팅 지원 사업을 중심으로.『경상논총』, 제27권 제4
호. pp.41~67.

김유정. (2005). 인터넷 연구를 위한 심리학적 접근.『정보화 정책』,
제12권 제1호. pp.78~86.

김용호·송경수. (2009). 사회적기업의 행·재정지원제도 보완을 위
한 전략적 마케팅.『사회적 기업 연구』, 제2권 제1호. pp.5~35.

김윤호. (2010). 커뮤니티 비즈니스 개념정립에 관한 연구: 사회적기
업과의 구분을 목적으로.『한국사회와 행정연구』, 제21권 제1
호. pp.275~299.

김태영. (2009). 정책수단으로서의 사회적 기업.『2009 한국정책학회

동계학술대회 발표 논문집』. pp.3~24.

김정원. (2008). 사회적 일자리와 사회적 기업은 民의 대안이 될 수 있는가?. 『도시와 빈곤』, 통권 제89호. pp.78~93.

______. (2009). 『사회적 기업이란 무엇인가?』, 서울: 아르케.

______. (2010). 사회적 기업과 지역시민사회: 전북지역 사례를 중심으로. 『시민과 세계』, 제15호. pp.187~206.

김종수. (2009). 『지역기반형 사회적 기업의 태동과 운영에 관한 연구』, 서울시립대학교 대학원 박사학위논문.

김종수·김태영. (2010). 사회적 기업과 주민자치센터의 연계 가능성에 대한 연구. 『도시행정학보』, 제23집 제1호. pp.47~68.

김준환. (2004). 사회적 자본과 사회적 기업에 관한 고찰. 『한국사회』, 제5집. pp.88~120.

김태룡 외. (2010). 『현대사회와 NGO』, 서울: 대영문화사.

김태영. (2009). 정책수단으로서의 사회적 기업. 『2009년 한국정책학회 동계학술대회 발표 자료집』. pp.3~24.

김혁. (2005). e - 거버넌스 구현을 위한 전자투표(e - voting)의 가능성과 한계. 『의정연구』, 제11권 제2호. pp.147~292.

____. (2010). 거버넌스와 인터넷 시민 참여 제도화. 『한국정당학회보』, 제9권 제1호. pp.121~147.

김현성. (2006). 온라인 시민 참여와 전자민주주의의 관계에 대한 비판적 고찰: 대응성과 협업의 비교를 중심으로. 『경성대학교 사회과학연구』, 제22집 제1호. pp.91~119.

______. (2009). 유비쿼터스시대에서 지역정보화의 딜레마와 전자정부서비스 활성화 방안. 『한국지역정보화학회지』, 제12권 제1호. pp.103~129.

______. (2010). 공부문 정보화의 개념 재정립 및 정보화사업 유형 분류에 관한 고찰. 『한국지역정보화학회지』, 제13권 제1호. pp.1~23.

김혜원. (2009a). 한국 사회적 기업정책의 형성과 전망. 『동향과 전망』, 제75호. pp.74~108.

______. (2009b). 사회서비스 일자리 사업 평가,『노동리뷰』, 제10호. pp.21~36.

______. (2010). 한국의 사회적 기업 육성지원 정책.『2010 사회적 기업 지원정책 국제심포지엄자료집』. pp.14~29.

남승연·이영범. (2008). 우리나라 사회적 기업의 유형화와 발전방향에 관한 연구: 일자리 제공형 사회적 기업을 중심으로.『경희대학교 사회과학연구』, 제34권 제3호. pp.29~60.

남승연·조창현·정무권. (2010). 사회적 기업의 개념화와 유형화 논쟁.『창조와 혁신』, 제3권 제2호. pp.129~173.

남영찬. (2010). 사회적 기업의 발전을 위한 기업의 역할.『2010 기업의 사회적 책임과 사회적 기업: 한국과 노르웨이의 경험과 새로운 도전 발표집』. pp.69~79.

노대명. (2008). 한국의 사회적 기업과 사회서비스.『보건복지포럼』, 통권 제138호. pp.65~85.

문신용. (2009). e-거버넌스와 시민들의 온라인 정책참여: 광역자치단체 사례를 중심으로.『한국지역정보화학회지』, 제12권 제2호. pp.59~84.

박미혜·강이주. (2009). 윤리적 소비의 개념 및 실태에 대한 고찰.『한국생활과학회지』, 제18권 제5호. pp.1~16.

박상필. (2006).『NGO학 강의』, 서울: 아르케.

박은미. (2009). 의사소통과 실존적 상호소통: 하버마스와 야스퍼스 소통 개념에 관하여.『시대와 철학』, 제20권 제3호 pp.265~309.

박찬영. (1998).『기업사회공헌백서』. 전국경제인연합회.

박찬임. (2008). 사회적 기업의 현재적 의미.『월간 복지동향』, 제120호. pp.5~10.

______. (2009). 사회적 기업의 성장과 정부 지원: 평가와 새 방향.『시민과 사회』, 제115호. pp.165~186.

박희봉. (2009).『사회자본: 불신에서 신뢰로, 갈들에서 협력으로』, 서울: 조명문화사.

배응환. (2002). 지방정부와 지방환경 NGO관계: 개발논리에 대한 환

경보존노리의 대응을 중심으로. 『한국행정학보』, 제36권 제1
　　　호. pp.253~274.

배이화. (2007). 영국의 사회적 기업 육성 방향과 전략. 『국제사회보
　　　장동향』, 제3호. pp.33~41.

사공 목. (2006). 일본기업의 CSR(사회적 책임)전략과 시사점.
　　　(http://www.kiet.re.kr/kiet/report/economy_kr.jsp?viewmode＝
　　　read&serial＝1366 검색일 2010년 12월 5일)

사회적기업연구원. (2007). 영국 사회적 기업 네트워크. 『사회적기업』,
　　　통권 제1호. pp.36~37.

＿＿＿＿＿＿＿＿. (2008a). 사회적 기업에 대한 일반인 대상 인식
　　　조사 분석. 『사회적 기업』, 통권 제7호. pp.26~29.

＿＿＿＿＿＿＿＿. (2008b). 교육·빈곤·고용문제를 해결할 수 있는
　　　생산적 방안. 『사회적 기업』, 통권 제7호. pp.40~41.

＿＿＿＿＿＿＿＿. (2008c). 사회적 기업에 대한 일반인 대상 인식조
　　　사 분석. 『사회적 기업』, 통권 제5호. pp.24~27.

＿＿＿＿＿＿＿＿. (2009). 아름다운 환원이 우리 사회에 끼치는 영
　　　향. 『사회적 기업』, 통권 제8호. pp.28~29.

삼성경제연구소.(2009a). 청년 실업을 위한 사회적 기업의 역할. 『SERI
　　　경제 포커스』, 제272호. pp.1~22.

＿＿＿＿＿＿＿＿. (2009b). 커뮤니티 비즈니스와 지역경제 활성
　　　화. 『연구보고서』. pp.1~73.

＿＿＿＿＿＿＿＿. (2010). 확산되는 소셜 미디어와 기업의 新소
　　　통 전략. 『CEO Information』, 제764호. pp.1~24.

사회투자지원재단·고용노동부. (2009). 『해외 사회적 기업 법제도
　　　현황』, 서울: 사회투자지원재단.

서울특별시. (2010). 『2010년도 제3차 서울형 사회적 기업 신청 공고』.

성태제. (2007). 『SPSS/AMOS를 이용한 알기 쉬운 통계분석: 기술통
　　　계에서 구조방정식모형까지』, 서울: 학지사.

송백석·곽진오. (2010). 영국의 제3섹터 정책과 사회적 기업 정책:
　　　노동당 공동체주의로 이해하기. 『한국사회정책』, 제17집 제2

호. pp.103~134.

송지준. (2010). 『SPSS/AMOS 통계분석방법』, 파주: 21세기사.

송호신. (2010). 기업의 사회적 책임(CSR)에 대한 배경과 회사법적 구현. 『한양법학』, 제21권 제1호. pp.141~171.

신지숙. (2009). 사회공헌활동을 통한 삼성의 사회적 책임 활동에 대한 사적 고찰. 『경영사학』, 제24집 제2호. pp.9 - 43.

실업극복국민재단 함께 일하는 사회. (2006). 『사회적 기업 육성을 위한 민간자원 연계방안과 실업극복국민재단의 기업참여형 사회적 기업 기획창업 사례』. 서울: 실업극복국민재단 함께 일하는 사회.

심창학. (2007). 사회적 기업의 개념 정의 및 범위 설정에 관한 연구: 유럽의 사회적 기업을 중심으로. 『사회보장연구』, 제23권 제2호. pp.61~85.

안병훈·장대철. (2008). 기업의 사회책임 경영(CSR)의 정의와 역할. 『상장협연구』, 제57호. pp.21~45.

안재민. (2009). 서비스중심의 전자정부 구현전략. 『방송통신정책』, 제21권, 제8호. pp.24~41.

양만식. (2010). 기업의 윤리경영과 사회적 책임. 『기업법연구』, 제24권 제1호. pp.245~275.

양용희. (2006). 우리나라 사회적 기업의 과제와 방향: 미국의 사례를 중심으로. 『2006년 한국비영리학회 춘계학술대회 발표논문집』. pp.47~58.

_____. (2009). 우리나라 사회적 기업의 현황과 전망. 『한국로고스경영학회 2009년 정기총회 및 추계학술발표대회 발표논문집』. pp.70~80.

엄형식. (2005). 유럽적 의미의 사회적 기업 개념과 시사점. 『도시와 빈곤』, 통권 제76호. pp.78~115.

______. (2007). 빈곤과 실업의 새로운 대안, 사회적 기업. 『환경과 생명』, 통권 제54호. pp.148~162.

엘지경제연구원. (2009a). 사회적 기업의 지속 성장 가능성. 『LG Business

Insight 2009 5 6』. pp.41~50.

______________. (2009b). '착한 마케팅'의 명암과 성공 조건.『LG Business Insight 2009 10 28』. pp.17~29.

______________. (2010). CSR과 기업 경쟁력.『LG Business Insight 2010 8 4』. pp.2~14.

오강탁·최정현. (2009). 전자정부 서비스의 녹색효과(Green Effect) 분석: G4C를 중심으로.『2009년 한국정책학회 동계학술대회 발표 논문집』, pp.247~258.

오석홍. (2006).『조직이론 제5판』, 서울: 박영사.

OECD 대표부. (2006).『OECD국가의 사회적 기업과 시사점』. (http://www.koilaf.org/KFkor_new/korNationdata/bbs_read_dis.php?board_no＝335&page＝2&keyField＝&keyWord＝&keyCode1＝37 2010년 9월 20일)

유병선. (2010).『보노보 혁명: 제4섹터 사회적 기업의 아름다운 반란』, 서울: 도서출판 부키.

유재원·나찬영. (2008). 계층제, 시장, 네트워크: 한국 거버넌스 실태에 대한 실증적 분석.『2008년 정책학회 하계학술대회 발표 논문집』. pp.137~162.

은재호. (2009). 거버넌스의 이해. 은재호·오수길 편.(2009).『한국의 협력적 거버넌스』, 서울: 대영문화사.

이광우. (2008). 지속가능한 사회적기업의 성공요인에 관한 연구, 숭실대학교 대학원 박사학위논문.

이광택. (2008). '사회적 기업 육성법' 제정 및 시행 후의 발전방향.『법학논총』, 제20권 제20호. pp.33~72.

이도형·함요상. (2010). 제3부문의 가치 발견과 활성화 전략: 생활협동조합을 중심으로.『정부학연구』, 제16권 제1호. pp.181~214.

이명석. (2002). 거버넌스의 개념화: '사회적 조정'으로서의 거버넌스.『한국행정학보』, 제36권 제4호. pp.321~338.

이문국. (2007). 아름다운 기획과 실천: 자활사업과 사회적 기업 만들기.『한국 사회복지의 현실과 선택』, 서울: 나눔의 집.

이상석. (2009). 중국 진출 한국 중소기업의 경영컨설팅이 경영성과에 미치는 영향.『기업경영연구』, 제16권 제2호. pp.149~165.

이신모. (2009). 사회적 기업 창업을 통한 청년실업해소.『2009년 한국경영학회 통합학술대회 논문집』. pp.1~24.

이용탁. (2009). 사회적 기업가정신에 관한 이론적 고찰.『사회적 기업 연구』, 제2권 제2호. pp.5~28.

이원재. (2006). 사회적 기업 비즈니스 모델 현황: 한국, 미국, 유럽 사례 비교연구.『2006년 한국비영리학회 춘계학술대회 발표집』. pp.29~46.

______. (2010).『오바마노믹스의 본질』.
(http://goodeconomy.hani.co.kr/archives/137 검색일 2010년 11월 25일)

이윤재. (2010).『사회적 기업 경제』, 서울: 탑북스.

이은선. (2009). 사회적 기업의 특성에 관한 비교 연구.『행정논총』, 제47권 제4호. pp.363~397.

이은애. (2008). 사회적 기업 활성화를 위한 경영지원 과제.『윤리경영연구』, 제10권 제1호. pp.1~36.

______. (2009). 사회적기업활성화: 정부·시민사회협력은 사회적 기업 성공 전제.『도시문제』, 제44권 제490호. pp.27~31.

이정봉. (2010). 배움터: 사회적 기업의 노동조건 현황과 과제.『노동사회』, 제151권. pp.58~64.

이종수. (2010).『새 미래의 행정』, 서울: 대영문화사.

이학식·임지훈. (2010).『SPSS 16.0 매뉴얼』, 파주: 법문사.

임혁백 외. (2009).『사회적 경제와 사회적 기업: 한국형 사회적 일자리와 사회 서비스 모색』, 서울: 송정문화사.

장원봉. (2006).『사회적 경제의 이론과 실제』, 서울: 나눔의 집.

______. (2009). 한국 사회적 기업의 실태와 전망.『동향과 전망』, 통권 75호. pp.47~73.

______. (2010). 사회서비스 영역에서 사회적 기업의 역할과 과제.『보건복지포럼』, 통권 제162호. pp.42~56.

장정순. (2007). 미국의 사회적 기업의 재원조달 방안.『한국비영리연구』, 제6권 제1호. pp.273~318.

전국경제인연합회. (2009).『2008 기업 · 기업재단 사회공헌백서』.

정경희 외. (2006).『한국의 사회서비스 쟁점 및 발전전략』, 서울: 한국보건사회연구원.

정선희. (2006). 빈곤해결을 위한 일자리 정책: 사회적 기업이 지속가능한 발전.『도시와 빈곤』, 제80권. pp.64~74.

정충식. (2007).『전자정부론』, 서울: 서울경제경영출판사.

조영복 외. (2008). 사회적 기업 육성을 위한 중장기 정책 방향.『사회적 기업연구』, 제1권 제2호. pp.61~89.

조영복. (2010). 사회적 기업 육성을 위한 정책과제.『서울경제』, 통권 61호. pp.5~16.

조영삼. (2004). 중소기업발전을 위한 일자리 창출: 전망과 과제.『NSI Report』.

조화순. (2010).『디지털 거버넌스: 국가 · 시장 · 사회의 미래』, 서울: 책세상.

차태훈 · 하지영. (2010). 공정무역 제품구매에 대한 탐색적 연구.『소비문화연구』, 제13권 제1호. pp.1~20.

최종태 외. (2008).『사회적 기업, 새로운 세계: 미국 사회적 기업을 중심으로』, 서울: 실업극복국민재단 정책연구원.

최준. (2005). 자활은 지금 싸우고 있다.『월간복지동향』, 제84호 pp.28~29.

채종헌 · 이종한. (2009).『지속가능발전을 위한 사회적 기업의 역할과 활성화 방안에 관한 연구』, 서울: 한국행정연구원.

한국정보화진흥원. (2010).『2010 국가정보화백서』, 서울: 한국정보화진흥원.

한상진 · 황미영. (2010). 한국과 영국의 사회적 기업 제도화에 관한 비교연구: 영국의 공동체 이익회사와 한국의 노동부 인증 사회적 기업을 중심으로.『시민사회와 NGO』, 제8권 제1호. pp.91~124.

함유근 · 김영수. (2010).『지역 경제를 살리는 새로운 대안: 커뮤니티비즈니스』, 서울: 삼성경제연구소.

행정안전부. (2010a). 대한민국 전자정부, UN 진출 합의.『부처뉴스』,
　　　　2010년 6월 24일.
　　　　　　　. (2010b). 행안부, 자립형 지역공동체 사업 집중 육성 · 지
　　　　원: 2011년까지 232개 사회적 기업 인증을 목표로 추진. 보도
　　　　자료.
　　　　　　　. (2010c). 행안부, 지역풀뿌리형 사회적 기업 육성대책 마
　　　　련: 2013년까지 '지역형 예비사회적 기업' 1,840개 육성. 보도
　　　　자료.
현소은. (2009). 착한소비(윤리적 소비)와 공정무역(대안무역).『마케
　　　　팅』, 제43권 제11호. pp.7～10.
홍일유. (2008).『디지털 기업을 위한 경영정보시스템』, 서울: 법문사.
홍일유 · 이지은. (2008).『경영자 관점의 전자상거래』, 서울: 법문사.
홍현미라. (2008). 사회적 기업의 지역사회 접근전략에 관한 탐색적
　　　　연구.『사회과학논총』, 제23집 제2호. pp.135～155.
황덕순. (2004). 제4장 외국의 근로연계 복지정책 평가와 한국의 근
　　　　로연계 복지정책 발전방안. pp.1～79. 유경준 편. (2004).『취
　　　　약계층 보호정책의 방향과 과제』, 서울: 한국개발연구원.

2. 국외문헌

Agranoff, Robert. (2006). Inside Collaborative Networks: Ten lessons
　　　　for Public Managers. *Public Administration Review,* Special Issue.
　　　　pp. 56～65.(http://www.library.eiu.edu/ersvdocs/4362.pdf 검색일
　　　　2010년 9월 10일)
Aiken, Mike. (2006). 영국의 사회적 기업.『한국 노동 연구원 국제노
　　　　동브리프』, 제4권 제6호. pp.22～30.
Alter, Kim. (2007). Social Enterprise Typology. Virtue Ventures LLC.
　　　　(http://rinovations.edublogs.org/files/2008/07/setypology.pdf 검색

일 2010년 8월 17일)

Ansell, Chris & Gash, Alison. (2008). Collaborative Governance in Theory and Practice. *Journal of Public Administration Research and Theory,* Vol.18 No.4. pp.1~29.

Anttiroiko, Ari－Veikko. (2007). Democratic E－Governance: Basic Concepts, Issues and Future Trends. 『한국지역정보화학회지』, 제10권 제1호. pp.27~45.

Arendt, Hannah. (1958). The Human Condition. University of Chicago Press. 이진우・태정호 역. (2000). 『인간의 조건』, 서울: 한길사.

Arnold, M. (2003). Inter－nets, Community, and Social Capital: The Case of Williams Bay. *Technology & Society,* Vol.23 No.2. pp.1~15.

ASPA. (2002). Benchmarking E－Government: A Global Perspective. Assessing the progress of the UN member States.

Austin, James. (2001). Connecting with Nonprofits. Harvard Business School Working Knowledge. (http://hbswk.hbs.edu/item/2489.htm 검색일 2010년 8월 30일)

Auteri, M. (2003). The Entrepreneurial Establishment of a Nonprofit Organization. *Public Organization Review,* Vol.3 No.2. pp.171~189.

Bacchiega, A. & Borzaga, C. (2001). Social Enterprise as Incentive Structure: An Economic Analysis. Borzaga, Carlo & Defourny, Jacques(eds.). (2001). The Emergence of Social Enterprise. New York: Routledge.

Barber, Benjamin R. (1998). A Place for Us: How to Make Society Civil and Democracy Strong. 이선향 역. (2006). 『강한 시민사회 강한 민주주의』, 서울: 일신사.

Barney, Darin. (2004). *The Network Society.* Cambridge: Polity Press.

Beetham, D. (1996). *Bureaucracy.* 2nd edition. Buckingham: Open University Press.

Beozzo, Flavio. (2010). Cooperazione Trentina. 트렌토 협동조합 시스템. 『2010 원주 사회적 기업가 아카데미 초청특강 자료집』.

Birkhölzer, Karl. (2009). The Role of Social Enterprise in Local Economic

Development. pp.1~25.(http://www.emes.net/fileadmin/emes/PD-F_files/Selected_Papers/Serie_2_Theme_3/ECSP－T09－17_Birkh_lzer.pdf 검색일 2010년 10월 25일)

Billis, David. (2010). Towards a Theory of Hybrid Organizations. Billis, David(eds.). (2010). *Hybrid Organizations and the Third Sector*. New York: PALGRAVE MACMILLAN.

Blanchard, Anita. (2004). The Effect of Dispersed Virtual Communities on Face－to－Face Social Capital. Huysman, Marleen & Wulf, Volker.(eds.). (2004). *Social Capital and Information Technology*. Massachusetts: The MIT Press.

Birchall, J. (1994). *Co－op: The People's Business*. Manchester and New York: Manchester University Press.

Bornstein, D. (2007). *How to Change the World*. Oxford University Press.

Borzaga, Carlo & Defourny, Jacques(eds.). (2001). *The Emergence of Social Enterprise*. New York: Routledge.

Borzaga, Carlo & Santuari, Alceste. (2001). Italy: Form Traditional Co－operatives to Innovative Social Enterprise. Borzaga, Carlo. & Defourny, Jacques.(eds.). *The Emergence of Social Enterprise*. London: Routledge.

Bourdieu, Pierre. (1983). Forms of Capital. in Handbook of Theory and Research for the Sociology of Education, John G. Richardson(eds.). New York: Greenwood Press.

Brown, Tom J. & Peter, A. Dacin. (1997). The Company and the Product: Corporate Associations and Consumer Product Responses. *Journal of Marketing,* Vol.61 No.1. pp.68~84.

Burbidge, J. (1998). Introduction. In Burbidge, J.(eds.). *Beyond Prince and Merchant: Citizen Participation and the Rise of Civil Society*. New York: Pact Publication.

Campbell, Mike. (1999). The Third System Employment And Local Development. Report prepared for European Commission DvG,

Leeds Metropolitan University, Leeds.

Campbell, Sandy. (1998). Social Entrepreneurship: How to Develop New SocialPurpose Business Ventures. *Healthcare Strategic Management,* Vol.16 No.5. pp.17~18.

Carroll A. B. (1979). A Three Dimensional Conceptual Model of Corporate Performance. *Academy of Management Review,* Vol.4 No.4. pp.497~505.

Chang, Ha－Joon. (2009). 23 THINGS THEY DON'T TELL YOU ABOUT CAPITALISM. 김희정 · 안세민 역.(2010). 『그들이 말하지 않는 23가지: 장하준, 더 나은 자본주의를 말하다』, 서울: 부키.

Clark, D. & Southern, R. and Beer, J. (2007). Rural governance, Community Empowerment and the New Institutionalism: A Case Study of the Isle of Wight. *Journal of Rural Studies,* Vol.23 No.2. pp.254~266.

Cohen, J. and Arato, A. (1992). *Civil Society and Political Theory.* Cambridge: MIT Press.

Coleman, James S.(1988). Social Capital in the Creation of Human Capital. *American Journal of Sociology,* Vol.94 No.3. pp.95~120.

Cornelius, et al.(2008). Corporate Social Responsibility and the Social Enterprise. *Journal of Business Ethics,* Vol.81 No.2. pp.355~370.

Coyle, Karen.(1998). CPSR Fall 1998 Newsletter.(http://cpsr.org/prevsite/-publications/publications.html/ 검색일 2010년 8월 20일)

Darby, Lauren & Jenkins, Heledd. (2006). Applying substantiality indicators to the social enterprise business model: The development and application of an indicator set for Newport Wastesavers, Wales. *International Journal of Social Economics,* Vol.33 No.5/6. pp.411~431.

Dart, Raymond. (2004). The Legitimacy of Social Enterprise. *Nonprofit Management and Leadership,* Vol.14. No.4. pp.411~424.

Dees. J. G. (1998). The Meaning of "Social Entrepreneurship", *Center for the Advancement of Social Entrepreneurship,* Fuqua School of Business, Duke University. (http://www.fuqua.duke.edu/centers/case/Documents/dees_sedf.pdf 검색일 2010년 7월 2일).

__________. (2001). *The Meaning of Social Enterprise.* Stanford University: Palo Alto, CA.

Defourny, Jacques. (2001). From third sector to social enterprise. Borzaga, Carlo & Defourny, Jacques(eds.). (2001). *The Emergence of Social Enterprise.* New York: Routledge.

__________. (2006). 확장된 유럽에서의 사회적 기업: 개념과 현실.『한국 노동 연구원 국제노동브리프』, 제4권 제6호. pp.4~38.

Defourny, Jacques & EMES. (2004). Social Enterprise an Enlarged Europe: Concept and Realities.(http://www.ces − ulg.be/fileadmin/-ces − files/pdfs/Publications/2004/Defourny_J_2004_Social_enterprise_in_a_enlarged_Europe_concepts_and_realities.pdf 검색일 2010년 7월 1일)

Defourny, Jacques & Nyssens, Marthe. (2006). Defining Social Enterprise, in Nyssens, Marthe.(eds.). Social Enterprise. New York: Routledge.

__________. (eds.). (2008). Social Enterprise in Europe: Recent Trends and Developments. Working Papers Series, no. 08/01, Liège: EMES European Research Network. (http://www.emes.net/fileadmin/emes/PDF_files/News/2008/WP_08_01_SE_WEB.pdf 검색일 2010년 8월 25일)

Denhardt, Janet V. and Robert B. Denhardt. (2007). *The New Public Service: serving, not steering.* New York: M. E. Sharpe, Inc.

DiGaetano, A. & Lawless, P. (1999). Urban Governance and Industrial Decline: Agendas in Birmingham and Sheffield, England, and Detroit, Michigan(1980~1977). *Urban Affairs Review,* Vol.34 No.4. pp.546~577.

Doherty, Bob et al. (2009). *Management for Social Enterprise.* London: SAGE.

Domenico, MariaLaura Di & Hugh, Helen & Tracey, Paul. (2010). Social Bricolage: Theorizing Social Value Creation in Social Enterprises. *Entrepreneurship Theory and Practice,* Vol.34 No.2. pp.681~703.

DTI(Department for Trade and Industry). (2002). *Social Enterprise Strategy for Sucess*. DTI: London.

___________________________. (2006). Social Enterprise Unit in the Small Business Service(http://www.sbs.gov.uk/sbsgov/ May 2006 검색일 2010년 9월 10일)

Duleavy, Partrick et al. (2005). New Public Management IS Dead — Long Live Digital — Era Governance. *Journal of Public Administration Research and Theory Advance Access published September 8, 2005.* pp.467~494.

Dutta — Bergman, Mohan, J. (2006). The Antecedents of Community — Oriented Internet Use: Community Participation and Community Satisfaction. *Journal of Computer — Mediated Communication*, Vol.11 No.1. pp.1~26.

Edwards, Jacqueline M. (2008). *Hybrid Organizations: Social Enterprise and Social Entrepreneurship*. Publisher: LuLu.com

Elkington, J. & Hartigan, P. (2008). The Power of Unreasonable People, Schwab Foundation for Social Entrepreneurship. 강성구 역. (2008). 『비이성적인 사람들의 힘』, 서울: 에이지21.

European Council. (2005). Presidency Conclusions, European Council Brussels. Concl 1. 7619/1/05.(http://ue.eu.int/ueDocs/cmsData/docs/-pressData/en/ec/84335.pdf 검색일 2010년 8월 20일)

Evers, A. (2001). The Significance of Social Capital in the Multiple Goal and Resource Structure of Social Enterprise. Borzaga, Carlo & Defourny, Jacques(eds.). (2001). *The Emergence of Social Enterprise.* New York: Routledge.

Evers, A., Laville, J. L. & Borzaga, C. & Defourny, J. & Lewis, J. & Nyssens, M. and Pestoff, V. (2004). Defining the Third Scetor in Europe. In Evers, A. and Lavelle, J. L.(eds.). (2004). *The*

Third Sector In Europe. Edward Elgar: London.

Feeny, David. (1993). The demand for and Supply of Institutional Arrangements. In Vincent Ostrom, et al.(eds.). *Rethinking Institutional Analysis and Development: Issues, Alternative and Choices,* San Francisco: ICS Press.

Freeman, R. E. (1991). *Business Ethics: The State of The Art,* New York: Oxford University Press.

Fujii Athui. (2009). 일본에서 사회적 기업의 개념에 대한 수용과 사회적 기업 연구과제. pp.1~33.(http://www.ksif.kr/bbs/skin/ggambo7002_boardgallery/print.php?id=16&no=72 검색일 2010년 11월 15일)

Garson, D. G. (2006). *Public Information Technology and E－Governance : Managing the Virtual State.* MA: Jones and Bartlett Publishers.

Gate, C. (1999). Community Governance. *Futures,* Vol.31. No.1. pp.519~525.

Giddens, Anthony. (1998). *The Third Way: The Renewal of Social Democracy.* 한상진·박찬욱 역. (2008). 『제3의 길』, 서울: 생각의 나무.

Grant, R. M. (2004). *Contemporary Strategy Analysis*(5th edn). Oxford: Blackwell.

Habermas, Jürgen. (1983). *MoralbewuBtsin und Kommunikatives Handeln.* 황태연 역. (1997).『도덕의식과 소통적 행위』, 서울: 나남출판.

Hasenfeld, Yejeskel & Gidron, Benjamin.(2005). Understanding Multi－Purpose Hybrid Voluntary Organizations: The Contributions of Theories on Civil Society, Social Movements and Non－profit Organizations. *Journal of Civil Society,* Vol.1 No.2. pp.97~112.

Hartigan, Parmela. (2010). Reflection on Social Entrepreneurship: When being "Social" creates misunderstanding. 『2010년 사회적 기업가 정신 국제컨퍼런스 발표집』. pp.1~17.

Honneth, Axel. (2000). Das Andere der Gerechtigkeit. 문성은 외 역.(2009).『정의의 타자: 실천 철학 논문집』, 서울: 나남출판.
______________. (2005). *Verdinglichung Eine anerkennungstheoretische Studie.*

강병호 역. (2006). 『물화: 인정이론적 탐구』, 서울: 나남출판.

Hopkins, A. (1992). *The Law of Tax Exempt Organizations*. New York: Wiley.

Hosono, Sukehiro. (2000). *The Urban Renaissance: Smart Community*. 권윤경 역. (2009). 『스마트 커뮤니티』, 서울: 아르케.

Hosouchi, Nobutaka(eds.). (2006). *Minna Ga Syuyaku No Community Business*. 정정일 역. (2008). 『우리 모두 주인공인 커뮤니티비지니스』, 서울: 이매진.

Hosouchi, Nobutaka. (2010). 지역·사회를 바꾸다! 새로운 비즈니스 스타일:커뮤니티 비즈니스(CB), 소셜 비즈니스(SB). 『2010 사회적 기업 지원정책 심포지엄 발표집』. pp.122~137.

Huybcths, Benjamin & Deforuny, Jacques. (2010). EXPLORING THE DIVERSITY OF FAIR TRADE SOCIAL ENTERPRISES. pp.1~21. (http://www.emes.net/fileadmin/emes/PDF_files/Working_Papers/WP_10－02_Huyb_and_Defourny_WEB.pdf 검색일 2010년 10월 11일)

Hyden, Goran. (1999). Governance and the Reconstitution of Political Order. In Richard Joseph(eds.). State, Conflict, and Democracy in Africa. Boulder, CO: Lynne Rienner.

Ishii Yoshiaki. (2009). 사회적 기업을 지원하는 제도에 대해서. 『2009년 제1차 한·일 사회적 기업 포럼 자료집』. pp.1~8.

Itshiki Hiroki. (2010). 소셜 비즈니스 진흥에 대해서. 『2009년 제2차 한·일 사회적 기업 포럼 자료집』. pp.40~50.

Johnson, G. & Scholes, K. (2005). *Exploring corporate Strategy*(7th edn). Harlow: Prentice Hall.

Johnson, Toby & Spear, Roger. (2006). *Social Enterprise International Literature Review*. UK DTI Press. 조영복 외 역. (2009). 『사회적 기업의 국가별 정책과 전략』, 부산: 사회적기업연구원.

Jone, D. Keogh, B. and O' Leary, H. (2007). *Developing the Social Economy: Critical Review of the Literature*, Social Enterprise Institute: Edinburgh.

Kanoko, Ikuyo(eds.). (2003). *Komyuniti Bizinesu no Zidai*. 김정복 역. (2010). 『커뮤니티비지니스의 시대』, 서울: 이매진.

Kendall, Jremy. (2005). Third Sector European Policy: Organizations Between Market and State. the Policy Process and the EU. TSEP working paper No.1 2005. Study Supported by the EU Research and Technological Development Framework Programme. pp.1~36.(http://eprints.lse.ac.uk/29007/1/1TSEP.pdf 검색일 2010년 9월 10일)

Kerlin, J. (2006). Social Enterprise in the United States and Europe: Understanding and Learning from the Differences, *Voluntas*, Vol.17 No.3. pp.247~263.

__________. (2010). A Comparative Analysis of the Global Emergence of Social Enterprise. *Voluntas,* Vol.21 No.2. pp.162~179.

Keroguen, Yan de. (2009). '사회적 경제', 고삐 풀린 자본주의의 대안이 될 수 있을까. 『LEMONDE diplomatique』, 제10호. (http://www.ilemonde.com/news/articleView.html?idxno=387 검색일 2010년 10월 15일)

Kjaer, Anne Mette. (2004). *GOVERNANCE*. Cambridge: Polity Press. 이유진 역. (2007). 『거버넌스』, 서울: 도서출판 오름.

Klein, Jill & Niraj, Dawer. (2004). Corporate Social Responsibility and Consumers' Attributions and Brand Evaluations in a Product – Harm Crisis. *International Journal of Research in Marketing,* Vol.21 No.3. pp.203~217.

Kooiman, Jan. (2003). Models of Governance. In J. Kooiman. Governing as Governance. London: SAGE Press.

Lin, Nan. (2001). *Social Capital: A Theory of Social Structure and Action*. 김동윤·오소현 역. (2008). 『사회자본』, 서울: 커뮤니케이션 북스.

London, Manuel & Morfopoulos, Richard G. (2010). *Social Entrepreneurship: How to Start Successful Corporate Social Responsibility and Community*

−Based Initiatives for Advocacy and Change. New York: Routledge.

Loss, Monica. (2006). 이탈리아의 사회적 기업.『국제노동브리프』, 제 4권 제6호.

Luke, Belinda & Verreynne, Martie−Louise. (2006). Social enterprise in th public sector. MetService: thinking beyond the weather. *International of Social Economics,* Vol.33 No.5. pp.31~38.

Luhmann, Niklas. (2006). Soziale Systeme: Frundriβ einer allgemeinen Theorie. Frankfurt am Main: Suhrkamp. 박여성 역. (2007).『사회체계이론 1.2』, 서울: 한길사.

Lynn, Jr., L., C. Heinrich & C. Hill. (2001). *Improving Governance: A New Logic for Empirical Research.* Washington D.C.: Georgetown University Press.

March, James G. & Olsen, Johan P. (1995). *Democratic Governance.* New York: The Free Press.

Markellous, et al. (2007). Semantic Web Mining for Personalized Public E−Services. Al−Hakim, Latif(eds.). (2007). *Global E−Government: Theory, Applications and Benchmarking.* Hershey: Idea Group Publishing.

Martin, Frank & Thompson, Marcus. (2010). *Social Enterprise: Developing Sustainable Business.* London: PALGRAVE MACMILLAN.

Marx, Jerry D. (1996). Strategic Philanthropy: An Opportunity for Partnership Between Corporations and Health/Human Service Agencies, *Administration in Social Work,* Vol.20 No.3. pp.57~73.

Mawson, John. (2010). Social enterprise, strategic networks and regional development: The West Midands experience. *International Journal of Sociology and Social Policy,* Vol.30 No.1. pp.66~83.

Mazutani Eri. (2009). 사회적 사업과 돈: 의지를 사회화하는 구조를 만들자.『2009년 제1차 한·일 사회적 기업 포럼 자료집』. pp.1~40.

McCray, Janet. (2009). Social enterprise: A new challenge for nursing practice and collaborative partnerships. *International Journal of Nursing Studies,* Vol.46 No.2. pp.151~153.

McFarland, D. E. (1982). *Management and Society.* New York: Prentice – Hall.

McGregor, A. Glass & Clark, A. (2003). Revaluing the Social Economy, Training and Employment Research Unit. University of Glasgow. (http://www.socialeconomynetwork.org/PDFs/Publications/revaluin g – the – social – economy.pdf 검색일 2010년 9월 17일)

Meuleman, L. (2006). Internal Meta – Governance as New Challenge for Management Development in Public Administration. 2006 EFMD Conference PostBureaucratic Management: A New Age for Public Services? Aix – en – Provence.

Diochon, Monica C. (2010). Governance, entrepreneurship and effectiveness: exploring the link. *Social Enterprise Journal,* Vol.6 No.2. pp.93~109.

Muñoz, Sarah – Anne. (2010). Towards a Geographical research agenda for social enterprise. *Area,* Vol.42 No.3. pp.302~312.

Nakagawa, Sachiko & Laratta, Rosario. (2010). How can co – operative banks spread the spirit of co – operation in deprived communities?. *Social Enterprise Journal,* Vol.6 No.2. pp.162~180.

National Council for Voluntary Organizations. (2007). Adventures in strategy 1: renewing your strategy, National Council for Voluntary Organizations(www.askncvo.org.uk).

Nelmes, A. (2004). Community groups target social agenda, Resource(March – April).

Newman, Janet. (2001). *Modernizing Governance: New Labour. Policy and Society.* London: SAGE.

Newman, Janet & Barian, Barnes & Sullivan, Helen & Knops, Andrew. (2004). Public Participation and Collaborative Governance. *Journal of Social Policy,* Vol.33 No.2. pp.203~223.

Newton, Allison Odgen. (2010). *Social Enterprise in the UK: Supporting and growing social enterprise.* 『2010 사회적 기업 지원정책 국제 심포지엄 발표 자료집』, pp.54~59.

Nicholls, A. & Opal, C. (2004). *Fair Trade: Market —driven ethical consumption.* London and Thousand Oaks: SAGE PUBLICATION.

Nicholls, Alex. (2010). Institutionalizing Social Entrepreneurship in Regulatory Space: Reporting and Disclosure by Community Interest Companies. *Accounting, Organizations and Society,* Vol.35. No.4. pp.394~415.

Nickols, F. (2000). Strategy: definitions and meaning, Distance Consulting. (http://home.att.ent/~nickols/strategy_definition.htm 검색일 2010년 9월 10일)

Nishiyama Yasuo & Nishiyama Yaeko. (2008). 김영훈 외 역. (2009). 『영국의 거버넌스형 마을 만들기: 사회적 기업에 의한 도시 재생』, 서울: 기문당.

Norris, Pippa. (2007). *Digital Divide.* 이원태 외 역. (2007). 『디지털 시대의 민주주의: 정보 불평등과 시민참여』, 서울: 후마니타스.

Noya, Antonella(eds.). (2009). *The Changing Boundaries of Social Enterprises.* Paris: OECD.

OECD. (1999). *Social Enterprise.* Paris: OECD.

OTS. (2006). *Social Enterprise Action Plan: Scaling New Heights,* Office of the Third Sector: London.

_____. (2007). Social Enterprise Action Plan One year On. (http://yhcoe.rcoe.gov.uk/rce/aio/45494 검색일 2010년 11월 20일)

Ozcaglar — Toulouse, N. E. Shiu & D. Shaw. (2006). In Search of Fair Trade: Ethical Consumer Decision Making in France. *International Journal of Consumer Studies,* Vol.30 No.5, pp.502~514.

Paxton, P. (1999). Is Social Capital declining in the Unites States?: A Multiple Indicator Assessment, *The American Journal of Sociology,* Vol.105 No.1. pp.88~127.

Peattil, Ken & Morley, Adrian. (2008). *Social Enterprises: Diversity and*

Dynamics, Contexts and Contributions. Swindon: Cardiff University Press. 조영복 외 역. (2009). 『사회적 기업: 다양성과 역동성, 배경과 공헌』, 부산: 사회적기업연구원.

Pearce, John. (2003). *Social Enterprise in Anytown*. London: Calouste Gulbenkian Foundation

Perri 6, Dr. (2004). *E−governance: Styles of Political Judgment in the Information Agee Polity*. New York: PALGRAVE MACMILLAN.

Perrini, F. & Vurro, C. (2006). Social entrepreneurship: Innovation and social change across theory and practice. Robinson, J. et al.(eds.). (2006). *Social Entrepreneurship*. Basingstoke: PALGRAVE MACMILLAN.

Peters, B. G. (1995). *The Future of Governing: Four Emerging Models*. Lawrence, Kansas: University Press of Kansas. 고숙희 외 역.(1998). 『미래의 국정관리』, 서울: 법문사.

Peters, G. & Pierre, J. (2005). Toward a Theory of Governance. In Peters G. & Pierre J. *Governing Complex Societies Governance: New Government −Society Interaction*. New York: PALGRAVE MACMILLAN.

Pew Internet. (2008). The Future of the Internet Ⅲ (http://www.pewinternet.org/Reports/2008/The − Future − of − the − Internet − Ⅲ.aspx 검색일 2010년 8월 23일)

Pierre, Jon & Peters, B. Guy. (2000). *Governance, Politics and the State*. New York: St. Martin's Press. 정용덕 외 역. (2003). 『거버넌스, 정치 그리고 국가』, 서울: 법문사.

Pierre, Jon. (2000). Introduction: Understanding Governance. On Jon Pierre(ed.). *Debating Governance*. Oxford: Oxford University Press.

Polanyi, Karl. (1944). *The Great Transformation*. 홍기빈 역. (2009). 『거대한 전환: 우리시대의 정치 · 경제적 기원』, 서울: 도서출판 길.

Porter, Michael E. & Kramer, Mark R. (2002). The Competitive Advantage of Corporate Philanthropy, *Harvard Business Review,* December 2002.(http://www.expert2business.com/itson/Porter%2-0HBR%20Corporate%20philantropy.pdf 검색일 2010년 9월 25일)

Poter Michael E. & Kramer Mark R. (2011). The Big Idea: Creating Shared Value.
(http://hbr.org/2011/01/the-big-idea-creating-shared-value/ar/1 검색일 2011년 7월 19일)

Purser, Katharine. (2009). UK Social Enterprise Policy.
(http://ec.europa.eu/enterprise/newsroom/cf/document.cfm?action =display&doc_id=3416&userservice_id=1&request.id=0 검색일 2010년 10월 16일)

Putnam, R. D. (1993). The Prosperous community: Social Capital and Public Life. *The American Prospect*. Vol.4 No.13. pp.1~11.

___________. (2000). *Bowling alone: collapse and revival of American community*. New York: Simon and Schuster.

Quan－Haase, A. Wellman, B. (2004). How Does the Internet Affect Social Capital?. Huysman, M & Wulf, V.(eds.). (2004). *Social Capital and Information Technology*. Massachusetts: The MIT Press.

Reich, Robert B. (2007). *SUPERCAPITALISM*. 형선호 역. (2008). 『슈퍼자본주의』, 파주: 김영사.

Rhodes, R. A. W. (1996). The New Governance: Governing Without Government. *Political Studies*. Vol.44 No.4. pp.652~667.

Ridley－Duff, Rory. (2010). Communitarian Governance in Social enterprise: Case evidence from the Mondragon Cooperative Corporation and School Trends Ltd. *Social Enterprise Journal,* Vol.6. No.2. pp.125~145.

Rifkin, Jeremy. (2004). THE EUROPEAN DREAM: How Europe's Vision of Future Is Quietly Eclipsing the American Dream. 이원기 역. (2010). 『유러피언 드림』, 서울: 민음사.

Royce, Maureen. (2007). Using human resource management tools to support social enterprise: Emerging themes from the sector. *Social Enterprise Journal,* Vol.3 No.1. pp.10~19.

___________. (1997). Understanding Governance. Policy Networks, Governance, Reflexivity and Accountability. Buckingham: Open

University Press.

Spear, R. (2001). United Kingdom: a wide range of social enterprise, Carlo. & Defourny, Jacques(eds.). *The Emergence of Social Enterprise*. London: Routledge.

Shapiro, Andrew L. (1999). *The Control Revolution: How the Internet is Putting Individuals in Charge and Changing the World*. New York: Public Affairs.

Schmitter, P. (2002). Participation in Governance Arrangements: Is there any reason to expect it will achieve sustainable and innovative policies in a multi－level context? in Participatory Governance: political and societal implications(eds.). Grote, J"urgen, Gbikpi, Bernard, pp.51~70

Scholl, Hans. J. (2007). E－Government－Induced Business Process Change(BPC): An Empirical Study of Current Practices. Norris, Donald F.(eds.). (2007). *Current Issues and Trends in E－Government Research*. Hershey: CyberTech Publishing.

Singla, M L. (2002). E－Governance: Transforming the National Bone Marrow. *Journal of Management Research*, Vol.2 No.3. pp.161~175.

Smallbone, D. & Evans, M. & Ekanem, I. and Butters, S. (2001). Researching Social Enterprise, Final Report to the Small Business Service, Centre for Enterprise and Economic Development Research, Middlesex University: London.

Social Enterprise Coalition. (2003). *There's More to Business Than You Think; A Guide to Social Enterprise*. London: Social Enterprise Coalition.(http://www.socialenterprise.org.uk/data/files/theres_more_to_business_than_you_think.pdf 검색일 2010년 7월 3일)

Spear, Roser et al. (2009). The Governance Challenges of Social Enterprises: Evidence from a UK Empirical Study. *Annals of Public and Cooperative Economics,* Vol.80 No.2. pp.247~273.

Stavors Zouridis & Victor Bekkers. (2000). Electronic Service Delivery and the Democratic Relationships between Government and its Citizens. In Democratic Governance and New Technology. Jens Hoff, Ivan Horrocks, and Piter Tops, ed. London: Routledge: Rob Atkinson. 2000. Creating a Digital Federal Government. IMP: Information Impact Magazine. October. (www.cisp.org/imp 검색일 2010년 9월 15일)

Stowers, Genie N. L. (2004). Issues in E-Commerce and E-Government Service Delivery. Pavlichev, Alexei & Gaarson, G. David.(eds.). (2004). *Digital Government: Principles and Best Practices*. Hershey: Idea Group Publishing. pp.169~185.

Tanaka Takafumi. (2009). 일본의 시민사회: NPO 법인은 사회적 기업이 될 수 있을까? Civil Society in Modern Japan. 『2009년 제1차 한·일 사회적 기업 포럼 자료집』. pp.1~42.

Tani, Mario. (2009). Social Enterprise' social capital as a Source of Competitive Advantage. EMES International Conference on Social Enterprise. pp.1~28.(http://www.emes.net/fileadmin/emes/PDF_files/Selected_Papers/serie_2_Theme_4/ESCP-T09-26_Tani.pdf 검색일 2010년 11월 5일)

Tashakkori, Abbas & Teddlie, Charles. (1998). *Mixed Methodology: Combining Qualitative and Quantitative Approaches*. 염시창 역. (2007). 『통합 연구방법론: 질적·양적 접근방법의 통합』, 서울: 학지사.

Tapscott, Don. (2009). *Grown Up Digital: How the Net Generation Is Changing Your World*. 이진원 역.(2009). 『디지털 네이티브』, 서울: 비즈니스북스.

Tapscott, Don. & Williams, Antyony D. (2008). *WIKINOMICS: How Mass Collaboration Changes Everything*. 윤미나 역. (2009). 『위키노믹스: 경제패러다임을 바꾼 집단의 지성과 지혜』, 서울: 21세기북스.

Tencati, Antonio & Zsolnai, Laszlo. (2009). The Collaborative Enterprise. *Journal of Business Ethics,* Vol.85 No.3. pp.367~376.

Thompson, J. L. (2002). The World of the Social Entrepreneur. *The International Journal of Public Sector Management*. Vol.15 No.5. pp.412~431.

Tsukamoto Ichiro & Nishimura Marico. (2009). Social enterprise in Japan. Janelle A. Kerlin(eds.). *Social enterprise: A global comparison*. Lebanon, NH: Tufts University Press.

Tsukamoto Ichiro. (2010). 하이브리드 조직으로서의 사회적 기업의 자립성에 대해: 제도, 시장, 네트워크의 관점에서. 『제2회 한·일 사회적 기업 포럼 자료집』. pp.1~16.

United Nations. (2010). United Nations E‐Government Survey 2010: Leveraging e‐government at a time of financial and economic crisis. New York: United Nations.

UNDP. (2005). E‐Governance: Practice Note.(http://sdnhq.undp.org/~raul/egov/pn/egov‐pn‐v.99.pdf 검색일 2010년 8월 16일)

Vega, G. & Kidwell, R. E. (2007). Toward a typology of new venturer creators: similarities and contrasts between business and social entrepreneurs, *New England Journal of Entrepreneurship*, Vol.10. No.2. pp.15~28.

Visser et al. (2007). The A to Z of Corporate Social Responsibility: A Complete Guide to Concepts, Codes and Organizations. West Susses: John Wiley & Sons Inc Press. 임정재 역. (2009). 『기업의 사회적 책임: 기업의 사회적 책임에 대한 A부터 Z까지』, 서울: 재승출판.

Vogel, David. (2005). *The Market for Virtue*. 김민주·김선희 역.(2008). 『기업은 왜 사회적 책임에 주목하는가』, 서울: 기획출판 거름.

Wallace, S. L. (1999). Social Entrepreneurship: The Role of Social Purpose Enterprises in Facilitating Community Economic Development. *Journal of Developmental Entrepreneurship*. Vol.4 No.2. pp.153~154.

Walsh, Luca. (2007). Extending E‐government and Citizen Participation in Australia through the Internet. In *Encyclopedia of*

Digital Government, Vol. II. pp.812~818.

Weerawardena, J. & Sullivan, M. G. (2006). Investigating Social Entrepreneurship: A Multidimensional Model. *Journal of World Business*. Vol.44. No.1. pp.21~35.

Wellman, B. & Haythornthwaite C.(eds.). (2002). *The Internet in everyday life*. Oxford: Blackwell.

Wilson, Edward O. (1998). *Consilience: The Unity of Knowledge*. 최재천 · 장대익 역. (2010). 『지식의 대통합 통섭』, 서울: 사이언스북스.

Wolk, Andrew M. (2007). Social Entrepreneurship & Government: New Breed of Entrepreneurs Developing Solutions Social Problems. pp.1~62.(www.sba.gov/advo/research/sbe_07_ch06.pdf 검색일 2010년 10월 20일)

World Bank. (1992). *Governance and Development*. Washington D.C.: World Bank.

___________. (2003). *Sustainable Development in an Dynamic World*. Washington D.C.: World Development Report.

Yin, Robert K. (2009). *Case Study Research: Design and Methods Forth Edition*. California: SAGE Inc.

Young, dennis R. (2001). *Social Enterprise in the United States: Alternate Identities and Forms*. pp.1~14.(http://www.community−wealth.org/_-pdfs/articles−publications/social/paper−young.pdf 검색일 2010년 11월 20일)

3. 기타

고용노동부 사회적 기업(www.socialenterprise.go.kr)

아쇼카 재단(Ashoka Foundation)(www.ashoka.org)

법제처 국가법령정보센터. 『사회적 기업 육성법』(www.moleg.go.kr/)

사회적 기업 협의회(www.ikose.or.kr)

영국 사회적 기업 연합(www.socialenterprise.org.uk)

『위키백과』 기업의 사회적 책임(http://enc.daum.net/dic100/contents.do?-
　　　query1＝10XX393275 검색일 2010년 8월 17일)

산업정보연구회. (2010). 해크니협력개발(http://cafe.naver.com/kriic.cafe?-
　　　iframe_url＝/ArticleRead.nhn%3Farticleid＝6325 검색일 2010년
　　　10월 18일)

『국민일보』. (2010). 착한소비 GOOD BUY 지구촌과 빈곤 GOOD
　　　BYE… 굿네이버스 신개념 기부 캠페인. 2010년 4월 28일.

『서울신문』. (2009). [현장행정] 마포구 사회적 기업 육성. 2009년 4
　　　월 23일.

『조선비즈』. (2011). 기업도 살리고 공동체도 살리는 '相生 투자'를
　　　하라. 7월 14일.

『조선일보』. (2010). [더 나은 미래] 사회적 기업 1세대… 지난 3년
　　　간의 고민 "3년 내 자립은 힘들어 성장 차원의 지원 필요".
　　　2010년 6월 22일.

『조선일보』. (2010). [크로스미디어 리포트] "팔수록 적자"… 쓰러지
　　　는 '착한 기업들'. 2010년 6월 23일.

『파이낸셜뉴스』. (2010). 넷마블·한게임, 기부행사 반응 뜨겁네.
　　　2010년 9월 30일.

『YTN』. (2010). 대기업, 사회적 기업 설립 확산. 2010년 11월 6일.

부록 1: 설문지

거버넌스 구축을 통한 사회적 기업
활성화 요인에 관한 설문조사

안녕하십니까?

귀중한 시간을 내어 주셔서 대단히 감사드립니다.
본 설문조사는 **거버넌스 구축을 통한 사회적 기업 활성화 요인**의 영향요인
을 분석하여 향후 사회적 기업을 활성화하기 위한 정책적 대안을 모색하기
위해 실시하게 되었습니다.

본 설문조사는 학술적인 통계분석 목적으로만 사용되며, 신상에 관련된 사
항은 통계법 제13조(비밀의 보호 등)에 의하여 일체 비밀이 보장됩니다.

응답해 주신 내용은 연구의 소중한 자료로 사용될 것입니다. 번거롭고 바쁘
시더라도 귀하께서 가지고 계신 평소의 생각과 경험을 솔직하게 답변해 주
시기를 부탁드립니다.
다시 한 번 설문응답에 진심으로 감사드립니다.

2010년 10월
연구지: 강병준 드림
문의: mc828@hanmail.net
전화: 011 – 483 – 9337

'사회적 기업'이란?
사회적 기업(Social Enterprise)은 사회적 목적을 추구하고 이를 위해 수익
창출과 같은 영업활동을 수행하는 조직입니다. 일반적인 기업은 이윤을 주
로 추구하지만, 사회적 기업은 취약계층에게 일자리나 사회서비스를 제공하
는 등 사회적 목적을 추구합니다. 사회적 기업은 "빵을 팔기 위해 고용하는
것이 아니라 고용하기 위해 빵을 파는 기업"으로서 좋은 일을 하면서도 수
익을 내는 기업이라 할 수 있습니다.

Ⅰ. 다음은 **시민사회 부문**에 대한 질문입니다. 각각의 의견에 대해 귀하께서는 어떻게 생각하십니까?

※ 다음은 **신뢰**에 대한 질문입니다.

신뢰(SE)	전혀 그렇지 않다	그렇지 않은 편이다	보통 이다	그런 편이다	매우 그렇다
1 전반적으로 볼 때 사회적 기업은 믿을 만하다.	①	②	③	④	⑤
2 사회적 기업은 우리 사회에 도움을 준다.	①	②	③	④	⑤
3 사회적 기업의 거래과정은 공정하고 투명하다.	①	②	③	④	⑤

※ 다음은 **착한 소비**에 대한 질문입니다.

착한 소비	전혀 그렇지 않다	그렇지 않은 편이다	보통 이다	그런 편이다	매우 그렇다
4 공정무역은 제3세계의 발전에 기여한다.	①	②	③	④	⑤
5 사회적 기업의 상품을 구매하는 것은 취약계층의 복지에 도움이 되기 때문이다.	①	②	③	④	⑤
6 제3세계에서 만든 공정무역 상품을 구매하는 것은 친환경적 제품이기 때문이다.	①	②	③	④	⑤

※ 다음은 **소통**에 대한 질문입니다.

소통	전혀 그렇지 않다	그렇지 않은 편이다	보통 이다	그런 편이다	매우 그렇다
7 온라인커뮤니티는 사회적 기업에 관한 유용한 정보를 얻을 수 있다.	①	②	③	④	⑤
8 사회적 기업은 소비자들의 의견을 적극적으로 청취하고 소통한다.	①	②	③	④	⑤
9 사회적 기업들의 온라인커뮤니티는 사회적 기업 제품이나 서비스의 구매에 도움을 준다.	①	②	③	④	⑤

Ⅱ. 다음은 **정부 부문**에 대한 질문입니다. 각각의 의견에 대해 귀하
께서는 어떻게 생각하십니까?

	법적 지원	전혀 그렇지 않다	그렇지 않은 편이다	보통 이다	그런 편이다	매우 그렇다
10	정부의 사회적 기업 인증제도는 효과적으로 운영되고 있다.	①	②	③	④	⑤
11	우리나라 사회적 기업 육성법의 내용은 적절하게 규정되어 있다.	①	②	③	④	⑤
	제도적 지원					
12	우리나라 정부의 사회적 기업에 대한 재정지원은 적정하게 이루어지고 있다.	①	②	③	④	⑤
	전자정부서비스					
13	우리나라에서는 사회적 기업을 지원하기 위한 정보시스템 이나 전자정부서비스가 잘 구축되어 있다.	①	②	③	④	⑤

Ⅲ. 다음은 **기업 부문**에 대한 질문입니다. 각각의 의견에 대해 귀하
께서는 어떻게 생각하십니까?

※ 다음은 **기업윤리**에 대한 질문입니다.

	기업윤리	전혀 그렇지 않다	그렇지 않은 편이다	보통 이다	그런 편이다	매우 그렇다
14	우리나라 기업은 공정거래 질서와 관련 법규를 지키기 위해 노력한다.	①	②	③	④	⑤
15	우리나라 기업은 윤리적·도덕적 규범을 준수하기 위해 노력한다.	①	②	③	④	⑤
16	우리나라 기업은 기부, 자선활동, 지역사회봉사 등 사회공헌 활동을 위해 노력한다.	①	②	③	④	⑤

※ 다음은 **협력·네트워크**에 대한 질문입니다.

협력 · 네트워크	전혀 그렇지 않다	그렇지 않은 편이다	보통 이다	그런 편이다	매우 그렇다
17	일반 기업과 사회적 기업은 상호 간에 정보 공유 등 협력 관계를 유지하고 있다.	①	②	③	④	⑤
18	사회적 기업들 간에는 정보 공유, 네트워크 형성 등 협력 관계를 유지하고 있다.	①	②	③	④	⑤
19	일반 기업은 사회적 기업에게 경영컨설팅, 교육 훈련, 기술 지원 등을 제공해 주고 있다.	①	②	③	④	⑤

※ 다음은 **조직관리**에 대한 질문입니다.

조직관리	전혀 그렇지 않다	그렇지 않은 편이다	보통 이다	그런 편이다	매우 그렇다
20	사회적 기업 직원들은 관련 분야의 전문성을 충분히 갖추고 있다.	①	②	③	④	⑤
21	사회적 기업 직원들은 현재의 직장에 대해 긍지와 자부심을 가지고 있다.	①	②	③	④	⑤
22	사회적 기업 조직 내부의 경영시스템은 체계적으로 구축되어 있다.	①	②	③	④	⑤

Ⅳ. 다음은 **사회적 기업 현황**에 대한 질문입니다. 각각의 의견에 대해 귀하께서는 어떻게 생각하십니까?

사회적 기업 활성화	전혀 그렇지 않다	그렇지 않은 편이다	보통 이다	그런 편이다	매우 그렇다
23	전반적으로 볼 때 우리나라의 사회적 기업은 활성화되어 있다.	①	②	③	④	⑤
사회서비스 제공					
24	우리나라의 사회적 기업은 사회서비스를 잘 제공하고 있다.	①	②	③	④	⑤
고용창출					
25	우리나라의 사회적 기업은 사회서비스를 잘 제공하고 있다.	①	②	③	④	⑤

Ⅴ. 다음은 **인구사회학적 배경**에 대한 질문입니다.

26. 귀하의 성별은?
① 남성   ② 여성

27. 귀하의 연령은?
① 19세 이하   ② 20~29세   ③ 30~39세
④ 40~49세   ⑤ 50~59세   ⑥ 60세 이상

28. 귀하의 학력은?
① 중졸 ② 고졸 ③ 전문대졸 ④ 대졸 ⑤ 대학원졸 이상

29. 귀하는 다음 중 어디에 해당하십니까?
① 사회적 기업가 ② 예비 사회적 기업가 ③ 사회활동가
④ 사회적 기업 관련 공무원   ⑤ 사회적 기업 지원기관 근무자
⑥ 일반 시민   ⑦ 기타(   )

◆ 끝까지 설문에 응답해 주셔서 진심으로 감사드립니다.

부록 2: 인터뷰 조사 질문지

사회적 기업 활성화 요인에 관한 인터뷰 조사

안녕하십니까?

귀중한 시간을 내어 주셔서 대단히 감사드립니다.
본 인터뷰 조사는 **거버넌스 구축을 통한 사회적 기업 활성화 요인**에 관한
연구를 위한 것입니다. 연구를 진행함에 있어 사회적 기업에 관련하고 계신
분들의 현실적인 의견을 듣고, 사회적 기업의 현재 상황과 문제점들을 파악
하여 사회적 기업 활성화 정책을 모색하고자 인터뷰 조사를 실시하게 되었
습니다.

본 인터뷰 조사는 연구목적으로만 사용되며, 신상에 관련된 사항은 통계법
제13조(비밀의 보호 등)에 의하여 일체 비밀이 보장되며 익명처리가 됩니다.

응답해 주신 모든 내용은 연구의 소중한 자료로 사용될 것입니다. 번거롭고
바쁘시더라도 귀하께서 가지고 계신 평소의 생각과 경험을 솔직하게 답변해
주시기를 부탁드립니다.

인터뷰에 응해 주셔서 진심으로 감사드립니다.

연구자: 강병준 드림
문의: mc828@hanmail.net
전화: 011 - 483 - 9337

'사회적 기업'이란?

사회적 기업(Social Enterprise)은 사회적 목적을 추구하고 이를 위해 수익
창출과 같은 영업활동을 수행하는 조직입니다. 일반적인 기업은 이윤을 주
로 추구하지만, 사회적 기업은 취약계층에게 일자리나 사회서비스를 제공하
는 등 사회적 목적을 추구합니다. 사회적 기업은 "빵을 팔기 위해 고용하는
것이 아니라 고용하기 위해 빵을 파는 기업"으로서 좋은 일을 하면서도 수
익을 내는 기업이라 할 수 있습니다.

1. **다음은 시민사회 부문에 대한 질문입니다.** 사회적 기업은 기업 자체의 노력도 중요하지만 앞으로 더욱 성장하고 발전하려면 시민사회에서 시민들의 참여가 중요하다고 봅니다.

1) 귀하께서 보시기에 시민들의 사회적 기업에 대한 신뢰는 어떠하다고 생각하십니까? 시민들은 사회적 기업을 어떻게 생각한다고 보십니까?

2) 요즘 사회적 기업을 착한 기업이라고도 하고, 시민들 사이에서도 착한 소비에 대한 관심이 높아지고 있는 것 같습니다. 귀하께서는 착한 소비에 대해 어떻게 생각하십니까?

3) 우리나라는 인터넷 강국이라고 불리고 있습니다. 사회적 기업도 온라인에서 홈페이지를 구축하고 있는 기업이 많은 것 같습니다. 그리고 시민들도 온라인커뮤니티를 많이 활용하는 것 같습니다. 귀하께서는 온라인커뮤니티가 유용한 정보를 제공하고, 사회적 기업의 제품이나 서비스 구매에 어떤 도움을 줄 수 있을 것이라고 생각하십니까?

4) 우리 사회에서 소통의 문제가 화두로 되고 있습니다. 어떤 일
  이든 소통이 잘되어야 일이 잘된다는 의미인 것 같습니다. 귀
  하께서는 사회적 기업이 소비자들의 의견을 적극적으로 청취
  하고 소통한다고 생각하십니까?

2. **정부 부문에 대한 질문입니다.** 사회적 기업에 대한 업무는 대부
  분 고용노동부에서 담당하고 있고, 사회적 기업에 대한 각종 지원
  정책을 수행하는 것으로 알고 있습니다.

1) 정부의 사회적 기업 지원 정책과 새롭게 추진되거나 향후 계획
  중인 사회적 기업 지원 정책에는 어떠한 것들이 있습니까? 혹
  은 앞으로 어떤 지원 정책이 필요하다고 생각하십니까?

2) 귀하께서 보시기에 현재 정부에서 추진되고 있는 사회적 기업
  의 법적 지원, 제도적 지원, 전자정부서비스에서 문제점은 무
  엇이라고 생각하십니까? 그리고 어떠한 부분들이 개선되어야
  한다고 생각하십니까?

3) 귀하께서 보시기에 사회적 기업이 활성화되기 위해서 정부의
   역할은 어떠해야 한다고 보십니까?

3. **기업 부문에 대한 질문입니다.** 요즘은 민간기업들이 기업윤리,
   즉 기업의 사회적 책임에 대한 관심이 많은 것 같습니다. 대기업
   을 중심으로 사회적 기업을 직접 설립한 기업도 있고, 사회적 기
   업을 지원하는 경우도 있는 것으로 알고 있습니다.

1) 귀하께서는 우리나라 기업이 공정한 거래 질서, 윤리적 규범, 사
   회공헌 활동 같은 기업의 사회적 책임을 잘 수행하고 있다고 보
   십니까?

2) 최근에 대기업을 중심으로 사회적 기업을 설립하거나 사회적 기
   업과 협력하여 경영활동을 하는 경우가 있는데, 귀하께서는 민간
   기업과 사회적 기업이 협력 · 네트워킹 하는 것을 어떻게 생각하
   십니까?

3) 대부분의 사회적 기업이 기업경영에 애로사항을 호소하고 있습니다.
조직관리 차원에서 사회적 기업은 관련 분야의 전문성, 직원들의 직
장에 대한 긍지와 자부심을 가지고 있다고 보십니까? 그리고 사회적
기업이 내부 경영시스템을 체계적으로 구축하고 있다고 보십니까?

4. **다음은 사회적 기업의 현황에 대한 질문입니다.** 사회적 기업 정
책의 궁극적인 목표는 취약계층에 대한 사회서비스 제공과 고용
창출이라고 할 수 있습니다.

1) 귀하께서는 전반적으로 우리나라의 사회적 기업이 활성화되어
있다고 보십니까? 그리고 우리나라의 사회적 기업 활성화를 위
해서 어떠한 것들이 문제가 되고, 어떠한 것들이 필요하다고 생
각하십니까?

2) 귀하께서는 우리나라의 사회적 기업이 사회서비스 제공을 잘
수행하고 있다고 보십니까? 그리고 우리나라에서 사회적 기업
을 통해 고용창출에 효과가 있다고 보십니까?

◆ 긴 시간 동안 인터뷰에 응해 주셔서 진심으로 감사드립니다.

강병준

서울시립대학교에서 행정학 박사학위를 취득하고(논문제목: 「거버넌스 구축을 통한 사회적 기업 활성화 요인에 관한 실증적 연구」, 2011), 현재 서울시립대학교 사회과학연구소 사회적기업연구협력센터에서 근무하고 있다.

주요 관심 분야는 사회적 기업 정책, 인터넷 시민 참여 정책, 전자정부 등이다. 주요 논문으로는 「e-거버넌스 시대 공무원 의사소통의 활성화 정책」(2010)이 있다.

E-mail: mc828@hanmail.net

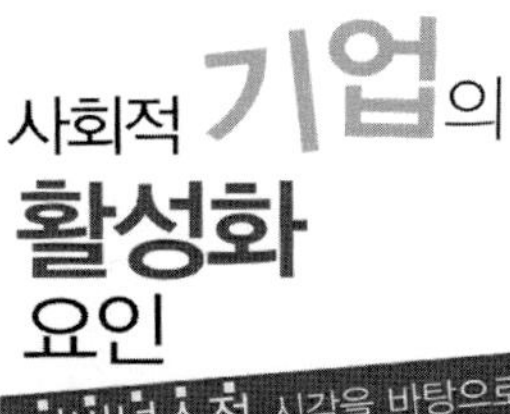

초판인쇄 | 2011년 8월 23일
초판발행 | 2011년 8월 23일

지 은 이 | 강병준
펴 낸 이 | 채종준
펴 낸 곳 | 한국학술정보㈜
주   소 | 경기도 파주시 교하읍 문발리 파주출판문화정보산업단지 513-5
전   화 | 031) 908-3181(대표)
팩   스 | 031) 908-3189
홈페이지 | http://ebook.kstudy.com
E-mail | 출판사업부 publish@kstudy.com
등   록 | 제일산-115호(2000. 6. 19)

ISBN   978-89-268-2502-0 93350 (Paper Book)
        978-89-268-2503-7 98350 (e-Book)

내일을여는지식 ■ 은 시대와 시대의 지식을 이어 갑니다.